MANUAL
DE REDACCIÓN Y ESTILO

MANUAL
DE REDACCIÓN Y ESTILO

Manuel Alvar Ezquerra,
M.ª Auxiliadora Castillo Carballo,
Juan Manuel García Platero,
Miguel Ángel Jiménez Cuenca
y Antonia M.ª Medina Guerra

ISTMO

Colección Fundamentos n.º 142

© Manuel Alvar Ezquerra, M.ª Auxiliadora Castillo Carballo,
  Juan Manuel García Platero, Miguel Ángel Jiménez
  Cuenca, Antonia M.ª Medina Guerra, 1999

© Ediciones Istmo, S. A., 1999
  Sector Foresta, 1
  28760 Tres Cantos
  Madrid - España
  Tel.: 91 806 19 96
  Fax: 91 804 40 28

Diseño de cubierta:
Sergio Ramírez

ISBN: 84-7090-338-1
Depósito legal: M. 18.900-1999

Impresión:
C + I, S. L., San Sebastián de los Reyes (Madrid)

Impreso en España / *Printed in Spain*

ÍNDICE

PRÓLOGO

Es de sobra conocido que la capacidad imaginativa es innata, pero la técnica para redactar puede adquirirse. Con este trabajo pretendemos advertir de los errores morfosintácticos y de las desviaciones léxicas y estilísticas más frecuentes en el español actual a los posibles lectores, alumnos de los últimos años de bachillerato, de la universidad, profesionales y personas preocupadas por la lengua, a la vez que facilitarles los mecanismos necesarios para su corrección. Nuestro repertorio intenta recoger los vicios lingüísticos más usuales, explicar el porqué de su incorrección y formular su buen uso.

Hemos considerado errores morfosintácticos las desviaciones más frecuentes que se producen en la lengua oral y escrita. Esto es, las desviaciones formales de las palabras y de las formas de flexión, así como las alteraciones producidas entre las relaciones que contraen los elementos oracionales en el plano sintagmático. Por lo que respecta al léxico y al estilo, tan solo se puede hablar de errores en lo concerniente al primero, ya que en el plano estilístico no se producen incorrecciones, sino inadecuaciones de la expresión al contexto, que no, por ello, son menos relevantes, pues la elegancia y el ritmo del enunciado se desvirtúan con las repeticiones y cacofonías, así como con el abuso de locuciones, adverbios, pronombres, etc.

La idea de este trabajo surgió como consecuencia de las tareas llevadas a cabo en una larga investigación para el proyecto europeo *GRAMCHEK*, que pretendía catalogar las equivocaciones más frecuentes en los distintos niveles de nuestra lengua. No se partió de planteamientos teóricos previos, sino del empleo que los hablantes del español hacen de su idioma, por lo que tuvimos de recurrir a un conjunto muy amplio de textos escritos (literarios, periodísticos, jurídicos, administrativos, científicos, etc.), entre los que ocupa una parte considerable el corpus *Vox-Biblograf*. Por otro lado, hemos creído que debíamos también tener en cuenta el lenguaje oral utilizado en los medios de comunicación audiovisuales; pero, debido al cierto grado de afectación del que participan los hablantes en estos medios, sin olvidar la habitual procedencia escrita de la mayoría de los mensajes comunicativos, consideramos conveniente ampliar el corpus oral con ejemplos extraídos de la conversación cotidiana. En los textos transcritos que nos sirven de ejemplificación, hemos marcado los usos erróneos o poco apropiados en letra negrita para diferenciarlos de los empleos correctos o recomendados que aparecen en redonda. Se trata, en definitiva, de insistir en el enfoque práctico, obviando, siempre que es posible, largas disertaciones teóricas.

La catalogación de los errores se ha completado con algunas pautas técnicas para la redacción y normas para la presentación de textos, centrándonos, por el tipo de público al que va dirigido nuestro libro, en la elaboración de los trabajos a los que se tiene que enfrentar el alumno en su vida académica.

Al final de este manual, dado su carácter didáctico, hemos incluido una serie de ejercicios sobre las diversas materias tratadas. De esta manera, el lector podrá comprobar si ha asimilado correctamente los aspectos teóricos expuestos en los capítulos precedentes.

I
PUNTUACIÓN

Los *signos ortográficos* nos permiten indicar en la escritura la pronunciación de las palabras (*tilde, diéresis*), la entonación (*exclamación* o *interrogación*) las pausas de la frase (*punto, coma, punto y coma...*), etc., haciendo más fácil y ágil la lectura de los textos y, por tanto, su comprensión. Una redacción no es correcta si se usan inadecuadamente los signos ortográficos, y en especial los signos de puntuación. La importancia de la *ortografía de la frase* ha sido puesta de relieve, entre otros, por Manuel Seco, para quien la enseñanza de la ortografía «[...] debería atender, primordialmente, a la ortografía de la oración (puntuación), como síntoma de expresión lograda y como necesidad para la comprensión del mensaje; en segundo lugar, a la ortografía de la palabra (acentuación y separación de palabras), como más necesaria para la identificación de la unidad léxica, y, por último, a la ortografía de la letra, que es el aspecto más conveniente y, por tanto, menos racional de esta técnica»[1].

Utilizamos los signos de puntuación para indicar ortográficamente las pausas[2]. Los signos de puntuación son los siguientes:

---

[1] «Repensar la ortografía», *Arbor*, n.º 350 (febrero), 1975, págs. 102-103.

[2] Sin embargo, como advierte la Academia, «La coma no siempre representa pausa; por ejemplo en *No, señor*; *Sí, señor*, es frecuente que no la haya; cosa semejante ocurre en algunos otros casos [...]» (*Ortografía*, 2.ª ed., Madrid, Imprenta Aguirre, 1974, pág. 30, nota n.º 1); algo parecido se puede decir, por ejemplo, del punto de las abreviaturas, siglas, etc.

a) coma (,)
b) punto y coma (;)
c) dos puntos (:)
d) puntos suspensivos (...)
e) punto (.)

No obstante, los signos de entonación (exclamación [¡!] e interrogación [¿?]), cuando coinciden con el final de la oración, también indican pausa, por lo que a los signos exclamativo e interrogativo de cierre (!, ?) nunca les sigue punto[3]: «El punto suscrito de la exclamación [o de la interrogación] oficia de punto ortográfico en los casos en que, de no aparecer aquella, necesariamente se pondría este. Añadir punto al signo es redundancia inadmisible»[4].

Junto a estos, la Academia[5] cita como signos de puntuación el paréntesis [( )], la diéresis o crema (¨), las comillas (« »," ", ' '), el guión (-), la raya (—) y las dos rayas (=)[6], que no lo son en sentido estricto.

Insistimos: tan solo se pueden considerar signos de puntuación los que indican pausa, y, así, debemos recordar que **no es conveniente escribir más de veinticinco palabras sin posibilidad alguna de pausa[7]; por tanto, una redacción es correc-**

---

[3] Por contra, sí les puede seguir cualquier otro signo de puntuación.

[4] José Martínez de Sousa, *Diccionario de ortografía*, Madrid, Ediciones Generales Anaya, 1985, pág. 170.

[5] *Ortografía, op. cit.*, § 43, y *Esbozo* (Madrid, Espasa-Calpe, 1973), 13.ª reimpr., Madrid, Espasa-Calpe, 1991, § 1.8.5. Al seguir a la Academia, muchos manuales de ortografía, y de redacción y estilo hacen la misma agrupación.

[6] Todos estos signos, salvo la diéresis o crema, se incluyen entre los llamados auxiliares y, como los signos de puntuación, corresponden a la *ortografía de la frase*.

[7] Esta idea se repite en varias ocasiones en *Estilística. Teoría de la puntuación. Ciencia del estilo lógico* (2.ª ed., Madrid, Paraninfo, 1979) de Mario Linares. Se trata, sin duda, de una regla de oro; pero, junto a ella, también ha de tenerse muy en cuenta la *trabazón semántica*, pues «En español, la puntuación parece a medio camino entre ambas fuerzas [trabazón prosódica y trabazón semántica] en los casos en que no coinciden. Se habla, por ello, del uso de la coma cuando el sujeto es muy largo, a manera de excepción de la norma —semántica-sintagmática— de que no se puede provocar ruptura entre el sujeto y el predicado, etc. Diremos, pues, que el motor de la puntuación española, como cualquier otra en el fondo, es semántico; que, cuando coincide con la pausa fonética, no hay problema; y, cuando se «distorsiona» lo semántico por excesiva longitud o hipérbato, se

ta cuando puede leerse con comodidad, sin asfixia. Leer el texto en voz alta nos ayudará a elegir entre varias redacciones posibles. Al escribir debemos pensar siempre en nuestros futuros lectores.

---

recurre a la puntuación prosódica como un amortiguador o encauzador, respectivamente. = [...] = Por otra parte, surge la pregunta, más general, sobre qué sistema es preferible para una lengua como el español. [...] Una puntuación fundamentalmente semántica —que ya coincide, en parte, con lo prosódico = correlación de forma y sustancia—, «corregida», en algunos casos, con soluciones —no sistema— meramente fonéticas (sujeto muy largo, hipérbaton, etc.), parece, sin duda, más económica y armoniosa que la acentuación fonética exhaustiva; y más clara y armoniosa que los otros dos sistemas (el abuso de la puntuación fonética puede «distraer», en el lector, la lógica unión semántica entre elementos en dependencia o interdependencia)» (José Polo, *Ortografía y ciencia del lenguaje*, Madrid, Paraninfo, 1974, págs. 111-114).

Reglas generales
para utilizar los signos de puntuación

Coma (,)

I. Para facilitar la lectura y una adecuada comprensión se recomienda escribir coma en los siguientes casos:

1) Después de la subordinada, cuando antecede a la oración principal:

> *Cuando don Ruperto sacaba el pañuelo, don Braulio lo miraba de reojo con atención suma; solía sorprender zurcidos muy bien hechos; manchas, nunca.*
>
> Leopoldo Alas, *Clarín*, *Ordalías*, en *Cuentos morales*.

> *Cuando el pasado invierno estuvieron esquiando en Sierra Nevada (Granada), hicieron unas fotografías muy bonitas.*

> *Aunque no logremos superar unas pruebas tan difíciles, debemos intentarlo.*

2) Después del complemento verbal, cuando encabeza oración:

> *Pocas semanas después, el herrero Huanca conversaba en Quivilca con Leónidas Benites y el apuntador y ex amante de la finada Graciela.*
>
> César Vallejo, *El Tungsteno*, en *El Tungsteno. Paco Yunque*, Barcelona, Plaza & Janés, 1984, pág. 133.

Con unos pequeños y puntiagudos destornilladores, consiguió extraer los diminutos tornillos de la cafetera.

De Ignacio, mejor ni hablar.

Es recomendable el uso de la coma sobre todo cuando el complemento, como en el segundo ejemplo, es largo. Así mismo, deben separarse con coma los complementos introducidos por locuciones prepositivas del tipo *a pesar de*, *en cuanto a*, *respecto de*, etc.:

> *A pesar de la inexplicable repulsión que sentían la una por la otra, las dos hermanas habían vivido hasta entonces en una especie de indiferencia, que hubiera podido confundirse con la paz y el afecto.*
>
> Gustavo Adolfo Bécquer, *El gnomo*, en *Obras completas.*
> 13.ª ed., 1.ª reimpr., Madrid, Aguilar, 1973, pág. 224.

> *Respecto a la anterior cuestión, creo que será mejor que la consideremos mañana.*

3) Entre el sujeto y el predicado[8], cuando el primero es muy extenso:

> *Tan solo los jóvenes que se habían clasificado en la última semifinal de la prueba de salto de obstáculos, obtuvieron medallas.*

> *El camarero que tan mal nos atendió el pasado fin de semana en el restaurante de tu amigo Juan Luis, ya no trabaja allí.*

II. Independientemente de su extensión, se suele emplear coma:

1) Delante de oraciones adversativas[9] o consecutivas:

> *El sobre de las colillas de Martín Marco salió de casa de su hermana. El sobre, bien mirado, es un sobre que ya no sirve para*

---

[8] Véanse, entre otros, J. Martínez de Sousa, *Diccionario de ortografía, op. cit.*, pág. 147, y G. Martín Vivaldi, *Curso de redacción*, 20.ª ed., Madrid, Paraninfo, 1986, págs. 19-20.

[9] Cuando son muy extensas, la *Ortografía* y el *Esbozo* académicos recomiendan, como veremos, el uso del punto y coma.

nada más que para llevar colillas, o clavos, o bicarbonato. Hace ya varios meses que quitaron las cédulas personales. Ahora hablan de dar unos carnés de identidad, con fotografía y hasta con las huellas dactilares, pero eso lo más probable es que todavía vaya para largo. Las cosas del Estado marchan con lentitud.

Camilo José Cela, La colmena, Madrid, Cátedra, 1988, pág. 241.

Le aconsejaron que no lo hiciera, luego no tiene excusa.

Él está seguro de que este curso aprobará todas las asignaturas, pero yo no lo creo.

No quiero comer, sino[10] dormir.

Especialmente, antes de *que* (precedido por *tanto, tal, tan*) en oraciones consecutivas:

Yo, señor, soy de Segovia. Mi padre se llamó Clemente Pablo, natural del mismo pueblo; Dios le tenga en el cielo. Fue, tal como todos dicen, de oficio barbero; aunque eran tan altos sus pensamientos, que se corría de que le llamasen así, diciendo que él era tundidor de mejillas y sastre de barbas. Dicen que era de muy buena cepa, y, según él bebía, es cosa de creer.

Francisco de Quevedo, El Buscón, Madrid, Cátedra, 1983, pág. 79.

Estaba tan cansado, que se quedó dormido en la silla.

Te esperaron tanto, que llegaron tarde a la cena.

2) Detrás de oraciones condicionales:

---

[10] «[...] normalmente, debe llevar delante algún signo de puntuación: coma, punto y coma, dos puntos o punto, según el tipo de *sino* y el ritmo de la frase ([...] se excluyen, naturalmente, ejemplos como *esto no es sino un robo, no sino haceos miel y paparos han moscas* —del Quijote este último—, etc.); en algún caso, sin embargo, por reajuste de la puntuación del conjunto podría ir sin nada delante; es probable que en estos reajustes influya la brevedad de las partes adversativas contrapuestas, pero no es eso solo. Dos planos, pues, en el sistema puntuario: normas —codificación— y salida ocasional de las mismas porque se conocen y se es consciente de lo buscado y de lo que se logrará con ello» (José Polo, *op. cit.*, pág. 307).

—Pero, ¡ay, Alvarín!, ¡si la pudieras ver en su cuarto, sobre todo cuando le da un ataque de esos que la hacen retorcerse...! ¡Cómo salta sobre la cama! Parece otra... Entonces, no sé por qué, me explico yo el capricho de la piel de tigre que dicen que le regaló un inglés americano. ¿Te acuerdas de aquel baile fantástico que bailaban los Bufos que vinieron el año pasado?

Leopoldo Alas, *Clarín*, *La Regenta*, Madrid, Espasa-Calpe,
1984, pág. 262.

Si nos visitas, podrás conocer a nuestros hijos.

Si en la próxima convocatoria consiguieran aprobar las oposiciones, se casarían.

III. Para separar los miembros de una enumeración, ya sean palabras, frases u oraciones:

Fue por esos días que en un descuido de Fernanda apareció en el corredor el pequeño Aurelio, y su abuelo conoció el secreto de su identidad. Le cortó el pelo, lo vistió, le enseñó a perderle el miedo a la gente, y muy pronto se vio que era un legítimo Aurelio Buendía, con sus pómulos altos, su mirada de asombro y su aire solitario

Gabriel García Márquez, *Cien años de soledad*, 4.ª ed.,
Barcelona, Plaza & Janés, 1975, pág. 291.

Juan, Manolo, Auxi e Inés vendrán a la inauguración del curso.

Antes de ir al parque compraremos pipas, chicles, caramelos y otras muchas ricas golosinas.

En la playa tomaremos el sol, pasearemos, nadaremos y practicaremos el esquí acuático.

Sin embargo, no se separan con coma (salvo para evitar confusiones) los elementos unidos por las conjunciones *y (e), o (u)*[11], *ni*[12]:

---

[11] Se puede emplear coma para separar los términos de una interrogación enlazados por la conjunción *o*: *¿Vienes, o te quedas? ¿Vas, o vienes?*

[12] Sí debe ir precedido de coma, cuando introduce una oración con valor incidental o accesorio: *No le creyó nadie, ni sus padres.*

Jamás en sus sermones se ponía a declarar contra impíos,
masones, liberales o herejes. ¿Para qué, si no los había en la
aldea? Ni menos contra la mala prensa. En cambio, uno de los
más frecuentes temas de sus sermones era contra la mala len-
gua. Porque él lo disculpaba todo y a todos disculpaba. No que-
ría creer en la mala intención de nadie [...].

Miguel de Unamuno, *San Manuel Bueno, mártir,* 5.ª ed.,
Madrid, Cátedra, 1982, pág. 104.

Juan e Inés vendrán a la inauguración del curso.

Antes de ir al parque compraremos pipas y otras muchas
ricas golosinas.

En la playa ni tomaremos el sol ni pasearemos ni nadaremos
ni practicaremos el esquí acuático; ¿para qué vamos a la playa?

Tampoco precede coma al primer elemento de la enumeración. Son incorrectas las comas que aparecen entre corchetes
en los siguientes ejemplos:

Antes de ir al parque compraremos [,] pipas, chicles, cara-
melos y otras muchas ricas golosinas.

Para arreglar la casa usaron [,] picos, palas, espátulas, etc.

IV. Los incisos se separan con coma del resto de la frase u
oración en la que se hallan[13]. El inciso tiene un valor secunda-
rio y, por tanto, puede ser suprimido sin que varíe el sentido del
texto. El inciso puede ir precedido de coma, seguido de coma
o entre comas, según el lugar que ocupe:

No creo que sea necesario, en absoluto.

En absoluto, no creo que sea necesario.

No creo, en absoluto, que sea necesario.

---

[13] También pueden utilizarse los paréntesis o las rayas para insertar incisos o
aclaraciones sin conexión gramatical con el resto del período. Véase Manuel Alvar
Ezquerra y Antonia M.ª Medina Guerra, *Manual de ortografía de la lengua espa-*
ñola, Barcelona, Biblograf, 1995, págs. 216-217.

Atendiendo a esta regla, se emplea la coma para enmarcar:

1) Las aposiciones:

> *Y cuando Luis, el repostero del* Cantabria, *le dijo: «¿No es hermoso el mar?», creyó en la posibilidad de que el mar pudiera resultar efectivamente hermoso, aunque él, Valladolid, de momento le odiase.*

Miguel Delibes, La partida, 6.ª ed., Madrid, Alianza,
1984, pág. 50.

> *Alicia, la sobrina de Auxi, es una niña muy traviesa.*

> *Inés, la secretaria, nos informará de los gastos de este trimestre.*

2) Oraciones intercaladas, como, por ejemplo, las explicativas de relativo, participio o gerundio:

> *Despedido del capellán, asenté por hombre de justicia con un alguacil; mas muy poco viví con él, por parecerme oficio peligroso, mayormente que una noche nos corrieron a mí y a mi amo a pedradas y a palos unos retraídos; y a mi amo, que esperó, trataron mal, mas a mí no me alcanzaron. Con esto renegué del trato. = [...] = En este tiempo, viendo mi habilidad y buen vivir, teniendo noticia de mi persona el señor arcipreste de Sant Salvador, mi señor, y servidor y amigo de vuestra Merced [sic], porque le pregonaba sus vinos, procuró casarme con una criada suya.*

Lazarillo de Tormes, en Tres novelas del Siglo de Oro, 2.ª
ed., Barcelona, Planeta, 1983, págs. 50-51.

> *Los niños, que no se acordaron de la fiesta de cumpleaños de Concha, no compraron ningún regalo.*

> *Yolanda, animada por sus compañeros, decidió participar en la carrera.*

> *La mujer, creyéndose culpable de la muerte de su marido, intentó suicidarse.*

Por su carácter explicativo, pueden escribirse precedidas de coma o entre comas las oraciones causales[14]:

> Llegaba la hora de cerrar y obedeciendo a regulaciones que no podían ser municipales, porque era de fatiga cotidiana, el hombre fue colocando las diez botellas, seis vasos y una copa del negocio en el cajón de madera que hacía de mostrador y anunció que iba a apagar la bombilla tísica [...].
>
> Luis Martín-Santos, *Tiempo de silencio*, 21.ª ed., Barcelona, Seix- Barral, 1983, pág. 128.

> Estuvieron a punto de perder el avión, pues unos minutos antes de salir, Juan no lograba recordar dónde había puesto los billetes la noche anterior.

> Esta es quizá una de las tareas más difíciles a la que tendremos que enfrentarnos este curso, porque no contamos con los suficientes medios técnicos para llevarla a cabo.

3) El autor de una cita o una obra, o la obra misma:

> El deporte, según Juan Miguel, beneficia al espíritu.

> Para el autor, como nos dice en Poesía, el amor no existe.

4) Adverbios, locuciones adverbiales o conjuntivas como *generalmente*, *no obstante*, *por consiguiente*, *sin embargo*, etc., o expresiones del tipo *es decir*, *esto es*, etc.:

> Toda esta guerra de vecindad, sin embargo, era sorda casi siempre y de poco alcance; pero otra cosa fue cuando surgió la cuestión, verdaderamente política y social, que se llegó a llamar lo del pique.
>
> Leopoldo Alas, *Clarín, El cura de Vericuento*, en *Cuentos morales*, 3.ª ed., Madrid, Alianza Editorial, 1984, pág. 26.

> Los asesinos, no obstante, lograron burlar el cerco policial.

> Tiene tan solo quince años, es decir, aún no es mayor de edad.

---

[14] Además de los ejemplos correspondientes, véase el fragmento del *Lazarillo de Tormes* transcrito más arriba.

Los resultados no han sido buenos; por consiguiente, repetiremos los exámenes antes del próximo mes.

V. Para separar nombres referidos a personas, seres o cosas personificadas a los que se suplica, invoca o interpela:

—Tú lo sabrás mejor que yo, papá; pero no me niegues que aquí pasa algo, que aquí hay, como si fuese una niebla oscura, una tristeza que se mete por todas partes, que tú no estás contento nunca, que sufres, que es como si llevases a cuestas una culpa grande...
[...]
—Dios me libre, papá, de tal cosa. Nada de quererjuzgaros.

Miguel de Unamuno, Abel Sánchez, 2.ª ed., Madrid, Clásicos
Castalia, 1987, pág. 136.

Rafa, no cambies tanto de canal de televisión.

Silvia, cuelga ya el teléfono.

VI. Por elisión de un verbo[15]:

Juan Manuel ha comprado la casa; Auxi, los muebles.
Joaquín es policía nacional; Ana, graduada social.

VII. En ocasiones, es necesario el uso de coma para evitar confusiones o anfibologías, como, por ejemplo, en los siguientes casos:

1) Delante del relativo, si aparece separado de su antecedente:

La lexicografía es una disciplina lingüística, que se encarga del estudio y elaboración de diccionarios.

Juan es un amigo de Luis, que vive en Madrid.

2) Delante de las conjunciones *y (e), o (u), ni:*

---

[15] Este tipo de coma se halla en muchos de nuestros refranes, por ejemplo, *perro ladrador, poco mordedor.*

Ayer, aunque inseparables y encariñados hasta el extremo de no poder vivir sino juntos y de que les costase todos los inviernos una enfermedad la ausencia, cimentaban su amistad, más que las finezas, los pescozones, cachetes y mordiscos, las riñas y enfados, la superioridad cómica que se arrogaba él, y las malicias con que ella le burlaba.

Emilia Pardo Bazán, *La madre naturaleza*, 5.ª ed., Madrid, Alianza Editorial, 1984, I, pág. 9.

El niño se ha tomado un doble café con leche y dos bollos suizos, y se ha quedado tan fresco.

Camilo José Cela, *La colmena*, Madrid, Cátedra, 1988, pág. 85.

A la fiesta vendrán Juan y María, y Pedro se quedará en casa.

A Juan Manuel le gusta mucho el cine, y el ballet le parece aburrido.

VIII. También se escribe coma:

1) En el encabezamiento de las cartas, entre el lugar y la fecha:

— *Ávila, 14 de octubre de 1939*
— *Aguilar de la Frontera, 17 de agosto de 1966*
— *Barcelona, 31 de mayo de 1995*

2) En los números, entre los enteros y los decimales:

El resultado de esta división es 1,45.

Conseguimos un préstamo a un interés de 10,5% anual.

3) Entre el nombre propio y su seudónimo o apodo:

Si el gato hubiera sido de Antonio, el Buche, o de las mismas Lepóridas, no hubiera ocurrido nada. Pero Lola, la Guindilla mayor, era una escandalosa y su amor por el gato una inclinación evidentemente enfermiza y anormal. [...]. Claro que esta costumbre, por otra parte, representaba para Daniel, el Mochuelo, y sus amigos, una estimable ventaja económica [...].

Miguel Delibes, *El camino*, Barcelona, Destino, 1980, pág. 141.

La Regenta fue escrita por Leopoldo Alas, Clarín.

La confitería de Juan, el Rucho, *era la mejor del pueblo.*

No se separa con coma el nombre de su cognomento (renombre que adquiere una persona por causa de sus virtudes o defectos, o un pueblo por notables circunstancias o acaecimientos):

> *Alejandro Magno murió sin descendencia.*

> *Catalina la Grande fue emperatriz de Rusia.*

> *Jaime I el Conquistador firmó con Alfonso X el Sabio el tratado de Almizra, que limitaba los territorios de conquista de castellanos y aragoneses.*

4) En las bibliografías y en las referencias bibliográficas, se pueden separar con comas el nombre del autor, título de la obra[16], ciudad, editorial, año, páginas, etc.:

> *Antonio Buero Vallejo,* Historia de una escalera, *11.ª ed., Madrid, Espasa-Calpe, 1987.*

> *Miguel Hernández,* El hombre y su poesía *(ed. J. Cano Ballesta), 4.ª ed., Madrid, Cátedra, 1979.*

Punto y coma (;)

El punto y coma es un signo de puntuación intermedio entre la coma y el punto. Se suele emplear para conseguir una mayor fuerza expresiva (eludiendo la redacción cortante y casi telegráfica del punto) y evitar la monotonía de la coma. Por tanto, se recomienda utilizar este signo en los siguientes casos:

I. Entre los términos de una enumeración que ya tienen coma o que sea demasiado extensa:

---

[16] Pueden utilizarse también los dos puntos para separar el nombre del autor del título. Véase el capítulo «Pautas técnicas para la redacción y normas para la presentación de textos».

A las cinco, la tertulia del café de la calle de San Bernardo se disuelve, y a eso de las cinco y media, o aún antes, ya está cada mochuelo en su olivo. Don Pablo y don Roque, cada uno en su casa; don Francisco y su yerno, en la consulta; don Tesifonte, estudiando, y el señor Ramón viendo cómo levantan los cierres de su panadería, su mina de oro.

> Camilo José Cela, *La colmena*, Madrid, Cátedra, 1988, pág. 166.

Juan, el amigo de Pedro; Ana, la vecina de Antonio, y José no han venido a la excursión.

No llegamos cansados del viaje: el autobús tenía unos asientos confortables, amplias ventanas, pasillos espaciosos; aire acondicionado, bar, aseo; radio, televisión e hilo musical[17].

II. Delante de oraciones adversativas o consecutivas de cierta extensión, especialmente cuando contienen algún inciso:

La niña, gran botánica por instinto, conocía todas las plantas y hierbas bonitas del país; pero jamás había encontrado, ni a la orilla de las fuentes, tan elegantes hojas péndulas, tan colosales y perfumados helechos, tanto pulular de insectos como en aquel lugar húmedo y caluroso.

> Emilia Pardo Bazán, *La madre naturaleza*, 5.ª ed., Madrid, Alianza Editorial, 1984, I, pág. 9,

Confiaban plenamente en su hijo; pero, sin embargo, decidieron en esa ocasión no prestarle el local para celebrar nochevieja.

No sabían leer; por tanto, a pesar del telegrama, no se enteraron de la muerte de José hasta que Ricardo fue a visitarlos.

Para algunos estudiosos las oraciones adversativas, largas o no, deberían ir precedidas por punto y coma[18], tal como lo hace, por ejemplo, Leopoldo Alas en este fragmento de *La Regenta*:

---

[17] Mario Linares dice que en enumeraciones extensas, para evitar el deslucimiento o la monotonía, es preferible formar grupos de varias palabras que se separan en el interior por comas y en el exterior por punto y coma (*op. cit.*, pág. 96).

[18] Mario Linares, *op. cit.*, pág. 90.

Quería emanciparse; pero ¿cómo?[19]. *Ella no podía ganar-se la vida trabajando; antes la hubieran asesinado las Ozores; no había manera decorosa de salir de allí a no ser el matri-monio o el convento.*

Leopoldo Alas, *Clarín, La Regenta*, Madrid, Espasa-Calpe, 1984, pág. 203.

III. Normalmente, entre oraciones yuxtapuestas[20]:

No faltó quien le dijese al huésped como estaba allí escon-dido; subió por él, y más por fuerza que por grado le hizo bajar; y aún no bajara si el mismo Corregidor no saliera al patio y le llamara por su nombre [...].

Miguel de Cervantes, *La ilustre fregona*, en *Novelas ejemplares.* 7.ª ed., Madrid, Cátedra, 1985, II, pág. 196.

Los cafés, los establecimientos y los almacenes se montan a la francesa; *nosotros leemos en francés y pensamos en francés con el autor que leemos; los poetas, cuyos versos repetimos de memo-ria; los filósofos en cuyas obras vamos a beber la ciencia, el gas que nos alumbra, los ferrocarriles en que viajamos, la horma de nuestras botas, la hechura y el material de nuestros sombreros, hasta la boquilla en que fumamos, todo es extranjero, todo; nada nos pertenece, nada hemos inventado, nada es producto de la ini-ciativa de nuestras artes, de nuestra industria o de nuestros pen-sadores; nos hemos sentado en el camino de los adelantos, y ese camino, hoy por hoy, no es más que uno; fuerza es que al volver a andar vayamos siguiendo las huellas de los que nos anteceden.*

Gustavo Adolfo Bécquer, *La nena*, en *Obras completas.* 13.ª ed., 1.ª reimpr., Madrid, Aguilar, 1973, págs. 692-693.

---

[19] Obsérvese que, en esta ocasión, no aparece coma entre la conjunción *pero* y la interrogación que le sigue. Sin embargo, en la misma obra se encuentran varios ejemplos en los que sí se emplea la coma para separar la conjunción de la interrogación (independientemente de que esta sea breve o no):
—Pero, ¿y si él se empeña en que vaya?
—Es muy débil... si insistimos, cederá.
—¿Y si no cede, si se obstina?
—Pero, ¿por qué? (*La Regenta*, Madrid, Espasa-Calpe, 1984, pág. 586).
La Academia no recoge en su *Ortografía* este uso de la coma; en otros trata-dos podemos encontrar opiniones a favor (por ejemplo, José Polo, *op. cit.*, págs. 323-324) y en contra (por ejemplo, José Martínez de Sousa, *Diccionario de orto-grafía, op. cit.*, pág. 147).
[20] Véase, como muestra, el anterior fragmento de *La Regenta*.

No quiero ir; me quedaré en casa.

No hay nada para comer; tendremos que ir al supermercado.

He sacado los billetes; salimos mañana a las nueve.

IV. Entre los miembros de un período largo cuando estos «[...] constan de más de una oración, por lo cual, o por otra causa, llevan ya alguna coma»[21]:

> *Obdulia, que había aprendido en Madrid de su prima Tarsila a premiar con sus favores a los ingenios preclaros, a los hijos ilustres del arte y de la ciencia; no de otro modo que la tarde anterior había vuelto loco de placer y voluptuosidad al señor Bermúdez, en premio de su erudición arqueológica, ahora vino a otorgar fortuitos y subrepticios favores al cocinero Vegallana con miradas ardientes, como al descuido, al oír una luminosa teoría acerca de la grasa de cerdo; un apretón de manos, al parecer casual, al remover una masa misma, al meter los dedos en el mismo recipiente, v. gr., un perol.*

> Leopoldo Alas, *Clarín, La Regenta*, Madrid, Espasa-Calpe, 1984, pág. 257.

> *Pensó que este año todo saldría mejor; porque, aunque las circunstancias no eran diferentes de las de años anteriores, esta vez contaba con la ayuda de un magnífico equipo de colaboradores.*

Dos puntos (:)

Los dos puntos indican una pausa algo mayor que la de la coma, intermedia entre esta y el punto; el escritor debe decir a continuación algo que encierre realmente interés[22]. Se emplean los dos puntos:

I. Antes de la ampliación o desarrollo de una proposición general:

---

[21] Real Academia Española, *Ortografía, op. cit.*, § 45.1, y *Esbozo, op. cit.*, § 1.8.5c.

[22] Mario Linares, *op. cit.*, pág. 98.

Despacito y buena letra:
el hacer las cosas bien
importa más que el hacerlas.

Antonio Machado, «Proverbios y cantares», *Nuevas canciones* en *Poesías completas*, 9.ª ed., Madrid, Espasa-Calpe, 1983, n.º XXIV, pág. 271.

La estación convida a mirarnos el alma, Platero. Ahora tendremos otro amigo: el libro nuevo, escogido y noble. Y el campo todo se nos mostrará abierto, ante el libro abierto, propicio en su desnudez al infinito y sostenido pensamiento solitario.

Juan Ramón Jiménez, «Viñeta», *Platero y yo*, 10.ª ed., 3.ª reimpr., Madrid, Aguilar, 1977, pág. 231.

El gitanito, a la luz de un farol, cuenta un montón de calderilla. El día no se le dio mal: ha reunido, cantando desde la una de la tarde hasta la once de la noche, un duro y sesenta céntimos.

Camilo José Cela, *La colmena*, Madrid, Cátedra, 1988, pág. 127.

Por ello, en muchas ocasiones, se anteponen a una enumeración, y es obligado cuando a esta le precede un elemento catafórico:

> *Los mejores jugadores del equipo son los siguientes: Juan, Luis y Antonio.*

> *Creo que los hermanos de Juan Castro Lucena son tres: Ana, Silvia y Rafa.*

Aunque no es incorrecto, es preferible evitar los dos puntos en oraciones como estas (pues, como hemos dicho, debe justificarse el «suspense»):

> *Los mejores jugadores del equipo son [:] Juan, Luis y Antonio.* (A no ser que pretendamos revelar, por ejemplo, a los ganadores de un trofeo o premio.)

> *Los hermanos de Juan Castro Lucena son [:] Ana, Silvia y Rafa.*

Tampoco deben ponerse los dos puntos detrás de una preposición. Es incorrecto, por tanto, el uso que de ellos se hace en el siguiente texto:

> *Ni se plantea el problema matrimonial más allá de lo que tiene de estrecha relación humana, quiero decir apelando a exigencias del matrimonio cristiano como sacramento —el entremés no consentía tema tan grave— y todo se concluye en:*
>
> *más vale el peor concierto*
> *que no el divorcio mejor.*

Prólogo de Miguel de Cervantes, Entremeses, 3.ª ed.,
Madrid, Espasa-Calpe, 1980, pág. 18.

II. Antes de la sentencia en la que se recogen las conclusiones, causas, consecuencias, etc., o se resume lo expuesto con anterioridad:

> *Cuando se fue a servir al rey dejó sus cuartos en la caja postal y, cuando lo licenciaron, retiró su dinero y compró una panadería; en doce años había ahorrado veinticuatro mil reales, todo lo que ganó: algo más de una peseta diaria, unos tiempos con otros.*

Camilo José Cela, La colmena, Madrid, Cátedra, 1988,
pág. 106.

> *Luego, se sintió otra vez sereno. La mujer se había incorporado. En efecto, era bajita: sus pies solo rozaban el suelo. El pelo teñido dejaba ver un fondo negro bajo la maraña desordenada de rizos rubios.*

Mario Vargas Llosa, La ciudad y los perros, Barcelona, Seix
Barral, 1983, pág. 94.

> *Suspendieron todos los preparativos, anularon las invitaciones, se lo comunicaron a sus padres y a los amigos más cercanos: no se casarían ese año.*

III. En los casos de estilo directo, antes de la cita literal:

> *—No sé qué responderos —dijo Peralta—, si no es traeros a la memoria dos versos de Petrarca, que dicen:*
>
> Che chi prendre diletto di far frode;

Non si de'lamentar s'altri l'inganna.

Miguel de Cervantes, *Novela del casamiento engañoso*, en *Novelas ejemplares*. 7.ª ed., Madrid, Cátedra, 1985, II, pág. 291.

El caballero replicó: «No me convenía ni era necesario llevar a mi tierra tanta baluma de árboles y carga de edificios, que allá tenemos muchos y muy buenos. Demás que no les tengo la afición que a los caballos, y lo que de otro modo que por pintura no puedo gozar, eso huelgo de llevar».

Mateo Alemán, *Guzmán de Alfarache*, en *Novela picaresca española*, 1.ª, I, 1.

IV. Se pueden utilizar antes de exponer un ejemplo, como se ve en muchos lugares de este libro.

V. Se emplean los dos puntos por convención:

1. Detrás del encabezamiento de una carta:

Queridos amigos:El [el][23] tiempo, que hasta aquí se mantenía revuelto y mudable, ha sufrido últimamente una nueva e inesperada variación, cosa, a la verdad, poco extraña a estas alturas, donde la proximidad del Moncayo nos tiene de continuo, como a los espectadores de una comedia de magia, embobados y suspensos con el rápido mudar de las decoraciones y las escenas.

Gustavo Adolfo Bécquer, *Desde mi celda. Carta IV*, en *Obras completas*, 13.ª ed., 1.ª reimpr., Madrid, Aguilar, 1973, pág. 540.

Querida Susana:
Me gustaría que me enviases información sobre los cruceros que organiza tu agencia para este verano [...].

2. Después de la conjunción *que* introducida por verbos como *exponer, hacer constar, decir,* etc., en los textos jurídicos y administrativos[24]:

---

[23] En las cartas, si no se cambia de renglón, es preferible utilizar detrás de los dos puntos la minúscula (José Polo, *op. cit.,* págs. 313-314).

[24] Tan solo en estos casos la conjunción *que* puede preceder a los dos puntos.

*D. Rafael Castro Lucena, con DNI 25 300 098,
hace constar que:
Habiendo recibido el informe correspondiente al año
1995 [...].*

3. En las bibliografías también puede separarse con dos puntos el nombre del autor del título de la obra:

COROMINAS VIÑAS, J.: *Introducción al control de procesos por ordenador*, Universidad Politécnica de Barcelona, 1976.

En la *Ortografía* de la Academia se afirma: «Después de los dos puntos se escribe indistintamente con letra mayúscula o minúscula el vocablo que sigue»[25]. Sin embargo, se suele utilizar la minúscula, excepto en los siguientes casos:

a) si al cambiar de renglón se quiere destacar de un modo especial cada uno de los puntos o apartados de una enumeración;
b) tras los encabezamientos de cartas, sentencias, etc.;
c) al iniciar las citas de textos que comienzan en el original con mayúscula[26].

Puntos suspensivos (...)

Los puntos suspensivos están compuestos por tres puntos consecutivos, y solo tres. Bien utilizados son, sin duda, un verdadero recurso expresivo, pues con ellos el autor puede, por ejemplo, mantener el suspense o, incluso, exigir la participación del lector al obligarle a completar la frase. Se emplean en los siguientes casos:

I. Para expresar duda, temor, emoción, etc.:

Cuando al despuntar la mañana me veías tomar la ballesta y dirigirme al monte, no fue nunca para perderme entre sus

---

[25] *Op. cit.*, § 46.5.
[26] Véanse a este respecto, J. Polo, *op. cit.*, págs. 189-190.; J. Martínez de Sousa, *Diccionario de ortografía, op. cit.*, pág. 166; y L. Gómez Torrego, *Manual del español correcto*, 5.ª ed., Madrid, Arco/Libros, 1994, I, pág. 98.

*matorrales en pos de la caza, no; iba a sentarme al borde de
la fuente, a buscar en sus ondas... no sé qué, ¡una locura! El día
en que salté sobre ella con mi* Relámpago, *creí haber visto bri-
llar en su fondo una cosa extraña..., muy extraña...: los ojos
de una mujer.*

Gustavo Adolfo Bécquer, *Los ojos verdes*, en *Obras completas*,
13.ª ed., 1.ª reimpr., Madrid, Aguilar, 1973, pág. 137.

VÍCTOR

¿Qué coses?

YERMA

Corto unos pañales.

VÍCTOR

¡Vamos!

YERMA
(Ríe.)
Los voy a rodear de encajes.

VÍCTOR
Si es niña le pondrás tu nombre.

YERMA
(Temblando.)
¿Cómo?...

VÍCTOR

Me alegro por ti.

YERMA
(Casi ahogada.)
No..., no son para mí. Son para el hijo de María.

Federico García Lorca, *Yerma*, en *Bodas de sangre. Yerma*,
9.ª ed., Madrid, Espasa-Calpe, 1981, págs. 138-139.

II. Para evitar palabras fáciles de sobrentender o malsonantes:

—*Ya le he dicho, señor comisario —respondió Pasamonte—,
que se vaya poco a poco; que aquellos señores no le dieron esa
vara para que maltratase a los pobretes que aquí vamos, sino
para que nos guiase y llevase adonde Su Majestad manda. Si
no, ¡por vida de... basta!, que podría ser que saliesen algún día
en la colada las manchas que se hicieron en la venta; y todo*

el mundo calle, y viva bien, y hable mejor, y caminemos; que
ya es mucho regodeo este.

Miguel de Cervantes, *El ingenioso hidalgo don Quijote de la*
Mancha, cap. XXII.

TRI.— Sosia amigo, otro seso más maduro y experimentado
que no el mío era necesario para darte consejo en este negocio.
[...]. Quería vender su cuerpo a truque de contienda. Óyeme, y
si así presumes que es, armale trato doble, cual yo te diré: que
quien engaña al engañador... y me entiendes. Y si sabe mucho la
raposa, más el que la toma. Contraminale sus malos pensamien-
tos, escala sus ruindades cuando más segura la tengas, y cantarás
después en tu establo: uno piensa el vayo, otro el que lo ensilla.

Fernando de Rojas, *La Celestina*, 10.ª ed., Barcelona,
Bruguera, 1980, pág. 297.

III. En enumeraciones, para indicar que son muchos los términos que podrían citarse:

Ah, conmovedora doña Emilia, de quien poco tiempo antes
un jovenzuelo de diecisiete años, que huía de las aulas para esca-
par cada mañana a la Biblioteca Nacional, se había leído mucha,
mucha novela, mucho, muchísimo cuento, mezclados a los rela-
tos de sus compañeros: Alarcón, Valera, Pereda, Galdós...

Vicente Aleixandre, *Poesía y prosa. Biografía*, Barcelona,
Bruguera, 1982, págs. 408-409.

Son muchas las provincias que tienen problemas con el
abastecimiento de agua: Almería, Sevilla, Granada, Valencia,
Alicante...

IV. Los puntos suspensivos se usan entre corchetes ([...])[27]
para indicar la omisión de parte de un texto copiado literalmente. Si los puntos suspensivos no se hallan al final de la cita, debe
respetarse antes y después la puntuación del texto original:

---

[27] No debe usarse el paréntesis (...), pues cualquier manipulación que se haga
del texto original debe ir entre corchetes. Tampoco conviene olvidar que si de vez
de sangrar el texto en párrafo aparte se utilizan las comillas, los puntos entre corchetes deben ir dentro de ellas, y que la puntuación antes y después de las comillas dependerá del contexto en que se encuentren.

Dejándola con esta preocupación se fue al marido y le dijo
lo mismo. Cuando este llegó a su casa y vio a su mujer triste
y que ya no se alegraban el uno con el otro, quedaron los dos
aún más preocupados. Al salir el marido le dijo la falsa mujer
a la buena esposa que, [...], buscaría a algún hombre que supie-
ra hacer algún encantamiento con que su marido perdiera la
mala voluntad que le estaba mostrando. La mujer, deseosa de
vivir con su marido en la misma armonía que antes, le dijo que
le agradecería mucho que lo hiciera.

Don Juan Manuel, *El conde Lucanor*, 10.ª ed., Madrid,
Castalia, 1981, pág. 154.

Cuando los puntos suspensivos entre corchetes se encuentren
al final de la cita, la puntuación detrás de las comillas dependerá del contexto; si la cita está sangrada, puede escribirse punto
después de los puntos suspensivos entre corchetes:

> *El siguiente fragmento pertenece a la obra de don Juan*
> *Manuel* El conde Lucanor:

> *Dejándola con esta preocupación se fue al marido y le dijo*
> *lo mismo. Cuando este llegó a su casa y vio a su mujer triste*
> *y que ya no se alegraban el uno con el otro, quedaron los dos*
> *aún más preocupados. Al salir el marido le dijo la falsa mujer*
> *a la buena esposa que, [...], buscaría a algún hombre que supie-*
> *ra hacer algún encantamiento con que su marido perdiera la*
> *mala voluntad que le estaba mostrando [...].*

Don Juan Manuel, *El conde Lucanor*, 10.ª ed., Madrid,
Castalia, 1981, pág. 154.

Punto (.)

De los signos de puntuación, es el punto el que indica una
pausa mayor[28]. Se escribe *punto y seguido* entre oraciones con sentido completo relacionadas entre sí; el *punto y aparte* indica que

---

[28] «Es la mayor pausa sintáctica que la ortografía señala. En la lectura, la
duración de la pausa indicada por el punto puede variar más o menos, según el
sentido y la interpretación del lector; pero en todo caso, es mayor que la que señala
la coma y el punto y coma» (Real Academia Española, *Ortografía, op. cit.*, § 47,
y *Esbozo, op. cit.*, § 1.8.5f).

tratamos de un asunto o tema diferente del expuesto inmediatamente antes[29], y el *punto y final* marca la conclusión del texto. Véanse estos distintos usos del punto en el siguiente ejemplo[30]:

> *Ángeles, la hermana de Román, vino con nosotros a la azotea. Al mirar la primera prueba, Román y yo nos contemplamos sin decirnos una palabra. Sobre la cabeza de Ángeles se veía una sombra blanca de mujer de facciones parecidas a las suyas. En la segunda prueba se veía la misma sombra, pero en distinta actitud: inclinándose sobre Ángeles, como hablándole al oído. Nuestro terror fue tan grande, que Román y yo nos quedamos mudos, paralizados. Ángeles miró las fotografías y sonrió, sonrió. Esto era lo grave.*
>
> *Yo salí de la azotea y bajé las escaleras de la casa tropezando, cayéndome, y al llegar a la calle eché a correr, perseguido por el recuerdo de la sonrisa de Ángeles. Al entrar en casa, al pasar junto a un espejo, la vi en el fondo de la luna, sonriendo, sonriendo siempre.*
>
> *¿Quién ha dicho que estoy loco? ¡Miente!, porque los locos no duermen, y yo duermo... ¡Ah! ¿Creíais que yo no sabía esto? Los locos no duermen, y yo duermo. Desde que nací, todavía no he despertado.*

> Pío Baroja, *Médium*, en *Cuentos*, 13.ª ed., Madrid, Alianza,
> 1984, pág. 22.

También se escribe punto, aunque no indica pausa alguna:

I. Después de las abreviaturas[31]:

---

[29] Se emplea también en los diálogos cada vez que un personaje diferente toma la palabra, si el texto no requiere otro signo ortográfico.

[30] Obsérvese también el uso de los espacios en blanco. A este respecto dice la Academia: «En la escritura, se le llama *punto y seguido* (o *punto seguido*), cuando el texto continúa inmediatamente después del punto en el mismo renglón, o en el siguiente sin blanco inicial; y *punto y aparte* (o *punto aparte*), cuando termina párrafo, y el texto continúa en otro renglón más entrado o más saliente que los demás de la plana. Por último, *punto final* es el que acaba un escrito o una división importante del texto (parte, capítulo, etc.). = [...] = Resta advertir que en toda clase de escritos suelen hacerse después del punto final ciertas separaciones o divisiones llamadas *párrafos*, cada una de las cuales ha de empezar en renglón distinto de aquel en que acabe el anterior, y más adentro que las otras líneas de la plana. Deben principalmente usarse tales divisiones cuando se va a pasar a diverso asunto, o bien a considerar el mismo desde otro aspecto» (*Esbozo, op. cit.,* §1.8.5f).

[31] Sin embargo, los símbolos del Sistema Internacional no van seguidos de punto: *Este coche puede alcanzar los 200 km/h en una buena carretera.*

> *«Más por agradar a v. m. que por hacer lo que me importaba, he dejado la compañía; que, para mí, cualquiera sin la suya es soledad. Ya seré tanto más suyo, cuanto soy más mío. Avíseme cuándo habrá locutorio, y sabré juntamente cuándo tendré gusto»*, etc.
>
> Francisco de Quevedo, *El Buscón*, Madrid, Cátedra, 1983, pág. 267.

> *A este respecto, véanse la pág. 8 y ss.*

> *El Excmo. Sr. Rector asistirá a la ceremonia de inauguración del curso académico.*

Por tanto, se puede escribir punto después de cada una de las letras que constituyen una sigla (R.A.E, C.S.I.C., T.V.E.). Sin embargo, la tendencia actual es la de no ponerlo, pues las siglas son un caso especial de abreviaturas, y esto es debido a que no todas las siglas se forman con la primera letra de cada una de sus palabras, lo que complica el empleo de los puntos (AVIACO, BANESTO). Por ello, es preferible escribir las siglas sin punto alguno, antes que emplearlo mal, o de forma chocante.

> *Amador sabe que Muecas tiene MNA. El Illinois importado no ha de haberse perdido del todo. Tras el transporte en cuatrimotor o tal vez bimotor a reacción, con seguro especial y paga de prima y examen con certificado del servicio veterinario [...], ha venido luego el transporte a manos del Muecas [...].*
>
> Luis Martín-Santos, *Tiempo de silencio*, 21.ª ed., Barcelona, Seix Barral, 1983, pág. 11.

II. Antes de las fracciones de la hora (*9.30 h primera sesión*), excepto cuando se indica el tiempo invertido en una competición (*el ciclista hizo un tiempo de 5:30:27*). Se escriben sin punto los números de cuatro o más cifras y los números de teléfono[32].

Así mismo, conviene recordar que la costumbre más extendida es la de escribir el número que remite a una nota final o a pie de página antes del punto y volado o entre paréntesis[33].

---

[32] Para los números y su escritura, véase Manuel Alvar Ezquerra y Antonia M.ª Medina Guerra, *op. cit.*, págs. 143-146.

[33] Véase el capítulo «Pautas técnicas para la redacción y normas para la presentación de texto».

Los signos de puntuación
y otros signos ortográficos

Las comillas[34]

La puntuación dentro y fuera del entrecomillado dependerá de la estructura de la frase. Las reglas más generales a este respecto son las que exponemos a continuación:

I. El punto se pone fuera de las comillas si se abrieron una vez iniciada la frase. En cambio, si las comillas abarcan toda la frase, el punto se escribe dentro del entrecomillado:

Solía curar de balde a los amigos; pero si la enfermedad se agravaba, se inhibía, mandaba llamar a otro y no se ofendía. «Él no servía para ver morir a una persona querida.»

Al lado de sus enfermos siempre estaba de broma. «—¿Conque se nos quiere usted morir, señor Fulano? Pues vive Dios que lo hemos de ver..., etcétera.»

Esta era una frase sacramental; pero tenía otras muchas. Así se había hecho rico. No usaba muchos términos técnicos; porque, según él, a los profanos no se les ha de asustar con griego y latín. No era pedante, pero cuando le apuraban un poco,

---

[34] En español se emplean las *comillas latinas* (« »), las *comillas inglesas* (" ") y las *comillas sencillas* o *simples* (' '). Para el correcto uso de este y de los restantes signos auxiliares, véase Manuel Alvar Ezquerra y Antonia M.ª Medina Guerra, *op. cit.*, págs. 212-214.

cuando le contradecían, invocaba el sacrosanto nombre de la ciencia, como si llamase al comisario de policía.
«La ciencia manda esto, la ciencia ordena lo otro.»

Leopoldo Alas, *Clarín*, *La Regenta*, Madrid, Espasa-Calpe, 1984, pág. 321.

Le prometí devolvérselo en mi cumpleaños y él se rió y dijo: «por supuesto. Me pagarás cuando puedas. Toma». Cuando tuve el sol en el bolsillo, me puse feliz y esa noche no dormí, al día siguiente bostezaba en clase todo el tiempo. Tres días después dije a mi madre: «voy a almorzar en Chucuito, donde un amigo». En el colegio, pedí permiso al profesor para salir media hora antes, y como yo era uno de los más aplicados me dijo que bueno.

Mario Vargas Llosa, *La ciudad y los perros,* Barcelona, Seix Barral, 1983, pág. 99.

II. La coma, el punto y coma y los dos puntos del período en el que se halla el entrecomillado se escriben siempre después de las comillas de cierre (», ”, ’):

BERGANZA.—*Digo, pues, que yo me hallaba bien con el oficio de guardar ganado, por parecerme que comía el pan de mi sudor y trabajo, y que la ociosidad, raíz y madre de todos los vicios, no tenía que ver conmigo, a causa que si los días holgaba, las noches no dormía, dándonos asaltos a menudo y tocándonos a arma los lobos; y apenas me habían dicho los pastores: «¡Al lobo, Barcino!», cuando acudía, primero que los otros perros [...].*

Miguel de Cervantes, *Novela y coloquio que pasó entre Cipión y Berganza [...]*, en *Novelas ejemplares*, 7.ª ed., Madrid, Cátedra, 1985, II, pág. 310.

La raya

Para el correcto uso de este signo deben seguirse las siguientes consideraciones:

I. Las rayas, como el paréntesis o las comillas, no guardan espacio con lo que se escribe dentro de ellas[35], sí lo guardan con la palabra antecedente y siguiente (si la hay):

---

[35] Salvo en la enumeración de conceptos o cuando se utiliza para suplir a una palabra escrita con anterioridad, por ejemplo, en las bibliografías.

> *El sacristán era sastre. Y cuando el día primero de año iban*
> *a felicitarle por ser el de su santo —su santo patrono era el*
> *mismo Jesús Nuestro Señor—, quería don Manuel que todos se*
> *le presentasen con camisa nueva, y al que no la tenía se la rega-*
> *laba él mismo.*

Miguel de Unamuno, *San Manuel Bueno, mártir*,
Madrid, Cátedra, 1982, pág. 101.

II. En cuanto a la puntuación dentro y fuera de la raya, ha de tenerse en cuenta:

1. Los signos de puntuación correspondientes al período en el que van insertas las rayas se colocan detrás de estas (solo los puntos suspensivos pueden ir delante de las rayas):

> *—Perucho... —murmuró Gabriel Pardo, como si se le atra-*
> *gantase el nombre—. Perucho... es un muchacho de poca edad.*
> *—Poca edad... ¡Quién me diera en la suya! —exclamó el*
> *hidalgo, respirando por la herida de su decadencia física—.*
> *¡A esa edad, que la echen a uno encima disgustos y leguas de*
> *mal camino! [...].*

Emilia Pardo Bazán, *La madre naturaleza*, 5.ª ed., Madrid,
Alianza, 1984, II, pág. 60.

2. La puntuación dentro de las rayas es independiente del resto del período.

> *—Te queda bien el uniforme —dijo Teresa, en voz baja, des-*
> *pués de unos segundos.*
> *—No me gusta el uniforme —dijo él, con una furtiva son-*
> *risa—. Me lo quito apenas llego a mi casa. Pero hoy no he ido*
> *a Miraflores.*
> *Hablaba sin mover los labios y su voz era blanca, hueca.*
> *—¿Qué ha pasado? —preguntó Teresa—. ¿Por qué estás*
> *así? ¿Te sientes mal? Dime, Alberto.*
> *—No —dijo Alberto, desviando la mirada—. No tengo nada.*
> *Pero no quiero ir a mi casa ahora. Tenía ganas de verte —se*
> *pasó la mano por la frente y el pliegue se borró, pero solo un*
> *instante—. Estoy en un problema.*

Mario Vargas Llosa, *La ciudad y los perros*, Barcelona,
Seix Barral, 1983, pág. 233.

«*Sí —pensaba el ex regente, mientras el Magistral volvía a enumerar los sacrificios de amor propio, pundonor y otras muchas cosas que exigía la religión a un buen cristiano a quien su mujer engañaba—, sí, he estado ciego, me he portado indignamente, he debido matar a Mesía de una perdigonada, sobre la tapia, o si no, correr en seguida a su casa y obligarle a batirse a muerte acto continuo; el mundo lo sabe todo, Vetusta entera me tiene por... un... por un...*», y saltaba don Víctor cerca del techo al oírse a sí mismo en el cerebro la vergonzosa palabra.*

Leopoldo Alas, *Clarín, La Regenta*, 1984, pág. 722.

III. Por razones estéticas:

1. Se suele suprimir la segunda raya cuando coincide con punto y aparte o punto final:

> —*¡Son misteriosos los caminos de la*
> *Providencia! —sentenció el anarquista.*
> *[...]*
> —*¡Y admirarla! —añadió Augusto.*
> —*¿Admirarme? —exclamó Eugenia.*

Miguel de Unamuno, *Niebla*, 5.ª ed., Madrid, Cátedra, 1985, pág. 145.

2. No deben dividirse palabras con guiones cerca de las rayas y, cuando las rayas encierran un inciso, hay que procurar que no quede al final o principio de línea:

> *Se habla, por ello, del uso de la coma cuando el sujeto es muy largo, a manera de excepción de la norma —semántica-sintagmática— de que no se puede provocar ruptura entre el sujeto y el predicado, etc.*

El paréntesis

Como sucede con las comillas, el punto se pone fuera del paréntesis si este se abrió una vez iniciada la frase. En cambio, si abarca toda la frase, el punto se escribe dentro de él, excepto cuando, detrás de una cita literal, y en el mismo renglón, se encierra entre paréntesis el autor o la obra de la que se toma; en este caso es preferible que el punto vaya detrás[36]. Véanse los siguientes ejemplos:

> *Desde la madrugada anterior, ella se había soñado muchas veces, dirigiendo el firme revólver, forzando al miserable a confesar la miserable culpa y exponiendo la intrépida estratagema que permitiría a la Justicia de Dios triunfar de la justicia humana. (No por temor, sino por ser un instrumento de la Justicia, ella no quería ser castigada.) Luego, un solo balazo en mitad del pecho rubricaría la suerte de Loewenthal. Pero las cosas no ocurrieron así.*

Jorge Luis Borges, El Aleph, 14.ª ed., Buenos Aires, Alianza, 1984, pág. 67.

> *Matías explicó al abogado la misma historia que a sus conocidos prepotentes, un poco deformada (porque la experiencia le había aconsejado). Contada descarnadamente, su mismo amigo ardillesco podría negarse a tomar cartas en el asunto.*

Luis Martín-Santos, Tiempo de silencio, 21.ª ed., Barcelona, Seix Barral, 1983, pág. 235.

En cuanto a la puntuación dentro y fuera del paréntesis, véase lo dicho para las rayas. Valgan como ejemplos los siguientes:

> *Su carro andaba siempre repleto de roncaroleros de trece, catorce, quince años y, los domingos, se aparecía en el «Waikiki» (hazme socio, papá, la tabla hawaiana era el mejor deporte para no engordar y él también podría ir, cuando hiciera sol, a almorzar con la vieja, junto al mar) con pandillas de criaturas [...].*

Mario Vargas Llosa, Los cachorros, Madrid, Cátedra, 1982, pág. 118.

> *En el año de quinientos cincuenta y cinco, reinando en España el glorioso rey godo Atanagildo, sucedió en esta ermi-*

---

[36] Los nombres del autor y su obra se ponen entre paréntesis cuando siguen a una cita. Cuando el paréntesis se halla inmediatamente después de la cita textual, es preferible que el punto aparezca detrás de él; pero si se pone en otra línea y sangrado con respecto a la cita, entonces el punto va dentro del paréntesis. Véase, por ejemplo, los textos que utilizamos como ejemplos en este libro.

*ta que dos judíos, cuyos nombres eran Sacao y Abisáin, vinien-
do de su huerta de Campo Rey (que hoy nuestro hispanismo
llama Huerta del Rey), pasando por esta ermita y viéndola sola,
hallando tiempo oportuno a su intento, por el rencor que tiene
el judaísmo con Cristo Señor Nuestro, se determinaron, ¡oh bár-
bara obstinación!, a ultrajar su verdadero retrato, que estaba
en el altar mayor (que es del cedro que ellos trajeron de Jeru-
salén para la sinagoga, que la tenían donde está hoy Santa
María la Blanca), y así lo hicieron [...].*

Gustavo Adolfo Bécquer, «El Cristo de la Luz», *Historia
de los templos de España*, en *Obras completas*. 13.ª ed.,
1.ª reimpr., Madrid, Aguilar, 1973, pág. 919.

Los corchetes[37]

Como hemos visto, los puntos suspensivos van entre corchetes ([...]) para indicar la omisión de parte de un texto copiado literalmente. La puntuación antes y después de ellos dependerá de si se hallan o no al final de la cita[38].

Los signos de entonación

Los signos de entonación son los de *exclamación* (¡!) e *interrogación* (¿?). En español, a diferencia de otras lenguas, los signos de exclamación e interrogación se ponen al principio y al
final de la palabra, sintagma, frase u oración que deban llevar-
los. Los signos de aperturas son (¡) y (¿), y los de cierre, (!) y (?).

Para el uso correcto de estos signos deben atenderse las
siguientes consideraciones:

1. No siempre los signos de exclamación o interrogación
abren el período. Estos deben colocarse donde comience la
exclamación o la pregunta:

---

[37] Conviene recordar que, entre otros usos, se emplea el corchete para enmarcar los incisos dentro de un período que ya va entre paréntesis. Para este y otros
empleos del corchete, véase Manuel Alvar Ezquerra y Antonia M.ª Medina
Guerra, *op. cit.*, págs. 218-220.

[38] Véase lo que a este respecto hemos dicho al ocuparnos de los puntos suspensivos.

—*Pero mis semillas, mis semillas, ¿quién me las ha echa-*
do a rodar?
　　—*El gato, ¿qué duda tiene? El gatito pequeño, el Moreno,*
el mismo que habrá llevado el guante a la glorieta..., ¡es lo más
urraca!

Leopoldo Alas, *Clarín*, *La Regenta*, Madrid, Espasa-Calpe,
1984, pág. 459.

2. Como hemos visto, a los signos exclamativos o interro-
gativos de cierre (!, ?) les pueden seguir coma, punto y coma o
puntos suspensivos, pero nunca punto. Valga como ejemplo el
anterior fragmento de *La Regenta*.

3. La exclamación y la interrogación se colocan antes de
los puntos suspensivos si el enunciado tiene sentido completo,
y detrás si no lo tiene:

> DIONISIO. *Yo estoy borracho... Yo no quiero beber... Mi*
> *cabeza zumba... Todo da vueltas a mi alrededor... ¡Pero soy*
> *feliz! ¡Yo nunca he sido tan feliz...! [...]. Pero mañana... maña-*
> *na. (De pronto, fijándose en buby.) ¿Tú tienes algo interesan-*
> *te que hacer mañana...? Yo, sí... ¡Yo voy a una fiesta! ¡A una*
> *gran fiesta con flores, con música, con niñas vestidas de blan-*
> *co..., con viejas vestidas de negro...! Con monaguillos..., con*
> *muchos monaguillos... ¡Con un millón de monaguillos! [...]. Y*
> *luego, un tren... Y un beso... Y una lágrima de felicidad... ¡Y*
> *un hogar! ¡Y un gato! ¡Y un niño...! Y otro niño... ¡Yo no quie-*
> *ro emborracharme...! ¡Yo la quiero...! [...].*

Miguel Mihura, *Tres sombreros de copa*, 7.ª ed., Madrid,
Cátedra, 1983, pág. 112.

4. Cuando las exclamaciones o interrogaciones son cortas
y van una detrás de otra, todas, excepto la primera, pueden
comenzar con minúscula. Se separan por coma o punto y coma:

RAQUEL
¡Ay de mí triste!,
¡qué confusión!, ¡qué susto!

Vicente García de la Huerta, *Raquel,* jornada III.

5. Se pueden volver a utilizar los signos de exclamación o
interrogación dentro de un período exclamativo o interrogativo:

¡Que la obra no se sienta
a sí misma; que no comprenda ¡ay!
su hermosura!
    —¿Tampoco el sol se siente,
y lo envidiamos inmortal?—
        ¡Ay, libros
solos, cuando me voy de ellos
—el sol se queda lento y ciego, iluminándolos—
y no los miro con mis ojos!

> Juan Ramón Jiménez, «Biblioteca mía», *Poesía [en verso] [1917-1923]*, Madrid, Taurus, 1981, pág. 63.

6. Si la oración es exclamativa e interrogativa a la vez, se pueden combinar los dos signos de entonación. Dice la Academia que «Hay cláusulas que son al par interrogativas y admirativas, y en ellas habrá de ponerse nota de admiración al principio y de interrogación al fin, o viceversa: *¡Que esté negado al hombre saber cuándo será la hora de su muerte? ¿Qué persecución es esta, Dios mío!*»[39].

7. Los signos de cierre de interrogación (?) y de exclamación (!)[40] entre paréntesis indican duda, ironía, sorpresa..., o la incertidumbre de un dato:

> *Según algunos arqueólogos, estos pueblos del sur peninsular sufrieron numerosas invasiones durante casi un siglo (¿427?-¿317? a. J. C.).*

> *Murió hace algún tiempo; quizá en 1981 (?).*

---

[39] Real Academia Española, *Ortografía*, *op. cit.*, § 49, 5°.

[40] Según José Polo, en estos casos es preferible utilizar el juego completo (*op. cit.*, pág. 320).

Estilos de puntuación

Las reglas anteriores nos permitirán utilizar los signos de puntuación sin que, objetivamente, sobre ni falte ninguno, es decir, ateniéndonos a criterios puramente normativos y, por lo tanto, a una *puntuación neutra, funcional* o *básica*. Sin embargo, algunos de los usos que hemos comentado aquí son, o pueden serlo, *facultativos* u *opcionales,* por ejemplo, la coma entre un sujeto extenso y su predicado, entre un complemento corto y su verbo, o el empleo de punto y coma delante de las adversativas cortas. Estos y otros usos estarían en los linderos de la puntuación estilística, y tan solo en el contexto de la puntuación estilística se pueden utilizar, como hace José Polo, los términos de *puntuación trabada* y *puntuación suelta*:

> Convendría aclarar que los conceptos de puntuación trabada y suelta no parece que deban inducirse «superficialmente» por la mera presencia de tal o cual cantidad de estos signos. Con este criterio obtendríamos, realmente, muy poca información al respecto; pues, aun descartando el caso de juicio erróneo por estar mal puntuado el texto, no poseen el mismo valor diez signos puntuarios, por ejemplo, en un texto en donde podrían ir quince o veinte —en cuyo caso esos diez signos significarían puntuación suelta— que en un texto en donde no podrían ir más. En este segundo caso, se trataría de puntuación *trabada* si cabe poner algunos menos, y *neutra* si no hay tal posibilidad de sumar o restar: si están los únicos posibles. Así, pues, parece

conveniente reservar estos dos términos, 'suelta' y 'trabada', para el contexto de puntuación estilística —donde haya variantes *facultativas* u *opcionales* y no *combinatorias* u *obligatorias*—, y no para el de puntuación *funcional* o básica (esto no niega que los hechos estilísticos sean *funcionales* en su propia concentricidad o estrato)[41].

Como admite el mismo José Polo, su manera de puntuar se encuadraría, sin duda, dentro de la puntuación trabada; valga como ejemplo el texto transcrito más arriba que podría haberse escrito con una puntuación algo más suelta del siguiente modo:

Convendría aclarar que los conceptos de puntuación trabada y suelta no parece que deban inducirse «superficialmente» por la mera presencia de tal o cual cantidad de estos signos. Con este criterio obtendríamos realmente muy poca información al respecto; pues, aun descartando el caso de juicio erróneo por estar mal puntuado el texto, no poseen el mismo valor diez signos puntuarios, por ejemplo, en un texto en donde podrían ir quince o veinte —en cuyo caso esos diez signos significarían puntuación suelta— que en un texto en donde no podrían ir más. En este segundo caso se trataría de puntuación *trabada* si cabe poner algunos menos, y *neutra* si no hay tal posibilidad de sumar o restar: si están los únicos posibles. Así, pues, parece conveniente reservar estos dos términos, 'suelta' y 'trabada', para el contexto de puntuación estilística —donde haya varian-

[41] José Polo, *op. cit.*, pág. 108. Ilustra los distintos tipos de puntuación con numerosos ejemplos (véanse la pág. 109 y ss.). Especialmente interesante es el apartado titulado «Norma y experimento en la puntuación literaria: introducción teórica», en el que pone de relieve «[...] que no existe, en principio, ninguna puntuación literaria especial: existe un sistema de puntuación que es aprovechado, solo en parte, en las situaciones que nos plantean los temas y la intención anexa en lo que escribimos normalmente; y que pueden presentarse situaciones semántico-prosódicas tan complejas en cualquier continuo del hablar —sea literario o no—, que, al traducirlo al sistema gráfico, nos vemos obligados a salirnos de la norma —porque la conocemos—, a llevar el sistema de representación gráfica más allá de lo usual» (pág. 116). Es más, «Una puntuación especial caracteriza a su autor, independientemente de que sea errónea o no (punto de vista normativo). Acontece, sin embargo, que en este terreno de lo normativo, no sabemos qué es lo especial: si la buena o la mala puntuación. De hecho, parece más general la mala puntuación; por lo tanto, una buena puntuación sería más caracterizante o estilística: nos daría más información del escrito en cuestión» (pág. 117).

tes *facultativas* u *opcionales* y no *combinatorias* u *obligatorias*—, y no para el de puntuación *funcional* o básica (esto no niega que los hechos estilísticos sean *funcionales* en su propia concentricidad o estrato).

Otro ejemplo de puntuación trabada es el siguiente texto:

> *Bernardo acabó su lectura con la carta de Laura, copiada en el diario de Eduardo. Sintió un deslumbramiento: indudablemente [,]*[42] *la que allí gritaba su angustia era aquella amante desconsolada de quien le hablaba Oliverio la noche anterior, la querida abandonada de Vicente Molinier. Y Bernardo comprendía [,] de pronto [,] que era aún el único, gracias a la doble confidencia de su amigo y del diario de Eduardo, en conocer el doble aspecto de la intriga. Representaba aquello una ventaja que no conservaría mucho tiempo; tratábase de actuar rápida y prudentemente. Adoptó en seguida una resolución: sin olvidar [,] por otra parte [,] nada de lo que había leído primero.*

> André Gide, *Los monederos falsos*, Barcelona, Seix Barral, 1984, pág. 128.

Una puntuación más suelta presenta este fragmento de Cabrera Infante:

> *En África hay pocos ríos tan hondos que obliguen a una bestia enorme como el elefante a nadar y corriente es ver las manadas migratorias vadeando corrientes. A menudo el agua no llega más allá de la rodilla (del elefante), pero a veces cubre todo el animal. Entonces caminará sobre el lecho del río, no dejando más que la trompa fuera del agua, como periscopios respiratorios.*

> G. Cabrera Infante, *Tres tristes tigres*, Barcelona, Seix Barral, 1984, pág. 331.

Otra posibilidad hubiera sido puntuar como sigue:

> *En África [,] hay pocos ríos tan hondos que obliguen a una bestia enorme como el elefante a nadar [,] y corriente es ver las manadas migratorias vadeando corrientes. A menudo [,] el*

---

[42] Si el autor hubiese optado por puntuar el texto con un estilo más suelto, podría haber suprimido los signos de puntuación que se hallan entre corchetes.

agua no llega más allá de la rodilla (del elefante) [;] pero a veces cubre todo el animal. Entonces, caminará sobre el lecho del río, no dejando más que la trompa fuera del agua, como periscopios respiratorios.

II
PROBLEMAS
MORFOSINTÁCTICOS

Anacolutos:
falta de concordancia

En líneas generales, el anacoluto es un fenómeno sintáctico en el que se manifiesta una incoherencia gramatical. Si en la lengua hablada se puede ser algo tolerante ante esta incorrección sintáctica, fruto de la improvisación que la caracteriza, sobre todo en los niños y en personas poco formadas intelectualmente, en la lengua escrita resulta ser un error en gran medida reprobable[43].

De especial relevancia en cuanto al anacoluto es la falta de concordancia, esto es, de la igualación del género y el número entre el sustantivo, el adjetivo, el artículo y el pronombre; o del número y persona entre sujeto y verbo.

La discordancia se produce cuando en la sintaxis se espera una concordancia que no se da, y que obedece generalmente a razones psicológicas, por lo que se podría pensar que se trata de un fenómeno más bien estilístico.

---

[43] A este respecto, Rafael Lapesa dice lo siguiente: «Nuestros escritores del Siglo de Oro no sentían por el rigor gramatical una preocupación tan escrupulosa como el que ahora se exige; las incongruencias del habla pasaban con más frecuencia a la lengua escrita» (*Historia de la lengua española,* 9.ª ed., Madrid, Gredos, 1986, pág. 98). Igualmente, Samuel Gili Gaya apunta que tal vez «[...] la preferencia por el párrafo largo, tan peculiar de los prosistas españoles de los siglos XVI y XVII, favoreciese los descuidos y olvidos de la concordancia gramatical, que el párrafo corto hace resaltar» (*Curso Superior de Sintaxis Española,* Barcelona, Biblograf, 1970, § 15).

Concordancia entre sujeto y predicado

El sujeto gramatical (primera, segunda o tercera persona del singular o del plural) se expresa mediante el morfema verbal de persona, que aparece reflejado en la desinencia del verbo. Pero cuando es conveniente hacer referencia, en una situación determinada, a la persona gramatical expresada por el verbo, es necesaria la presencia de un sujeto explícito (oficio representado por cualquier elemento de carácter sustantivo). A este respecto, Emilio Alarcos dice que «[...] la relación de dependencia entre el segmento que funciona como sujeto explícito y la terminación de persona (o sujeto gramatical) del verbo se hace patente mediante la concordancia, que consiste en igualar los morfemas de persona y número entre ambos sujetos»[44].

Falta de concordancia entre sujeto y verbo

El sujeto debe concordar con el verbo en número y persona, pero, en ocasiones, se descuida este aspecto; aunque, en la mayoría de los casos, obedece a la ignorancia, en otros, son causas deliberadas, más bien psicológicas, las que sustentan la discordancia.

> **La idea son** *estar allí dos meses, estar entrenando un mes y medio y después ir a correr esas dos semanas, una a Chile y otra a Argentina.*
> (Correcto: *La idea es [...].*)
> Manuel Castro, *La jugada*, Canal Sur Radio, 10-IV-94

> *El primer ministro nipón completó su atuendo de cowboy con un gran pañuelo atado al cuello, que algunos temían que utilizase en cualquier momento para taparse la cara, ya que* **su gesto** *serio en medio del jolgorio general le* **hacían** *parecer el malo de la película.*
> (Correcto: *[...] su gesto serio en medio del jolgorio general le* hacía *[...]*)[45].
>
> *ABC*, 10-VII-90, 32a.

---

[44] Emilio Alarcos Llorach, *Gramática de la lengua española*, Madrid, Espasa Calpe, 1994, § 320.
[45] Este error tal vez estaría motivado por la lejanía del sujeto explícito respecto del verbo de la oración.

En determinadas circunstancias la persona del verbo no concuerda con el sujeto, aunque sí el número.

> **Los españoles** *no* **estamos** *de acuerdo con la situación política del país.*
> (Correcto: *Los españoles no* están *de acuerdo [...].*)
> **Los españoles** *no* **estáis** *convencidos de que el país salga adelante.*
> (Correcto: *Los españoles no* están *convencidos [...].*)

Aunque lo correcto sería concordar el sujeto *los españoles* con una tercera persona del plural y no con una primera o segunda del plural, Alarcos se muestra condescendiente en este caso[46].

Los colectivos se deben concordar siempre en singular[47]. Sin embargo, en aquellos casos en que van seguidos de un complemento en plural unido por la preposición *de* se permite la concordancia tanto en singular como en plural:

> *Hay otros de pistas, pues, que van recogiendo todo lo que se ha marcado para balizar, todo lo que se ha utilizado para balizar o marcar las pistas por donde han ido transcurriendo cada itinerario de un esquiador; lo que es el* área *de oficinas, pues* empiezan *a hacer los balances finales, todo eso que se hace cuando se cierra una empresa.*

> Manuel Santaella, *La vida alegre*, Canal Sur Radio, 10-IV- 94.

> La gente *es cobista por estupidez y, a veces,* sonríen *aunque en el fondo de su alma sientan una repugnancia inmensa, una repugnancia que casi no pueden contener.*

> Camilo José Cela, *La colmena*, Madrid, Cátedra, 1988, pág. 54.

---

[46] «Si se considera que la tercera persona es extensiva, o sea, que puede utilizarse por las otras dos cuando no es necesaria su puntualización, no debe extrañar su uso en estos casos, donde la persona del verbo, por estar en plural, incluye en su designación a la primera o a la segunda persona junto con otras personas y es por tanto prescindible la concordancia» (Alarcos, *op. cit.,* § 321).

[47] A este respecto, dice Alarcos que «[...] el alejamiento respecto del sujeto explícito colectivo facilita la aparición del plural en el verbo: *La pareja*, tomando los mosqueteros con ambas manos [...] *empezaron* a empujar suavemente a los próximos» (*op. cit.,* § 322). Por su parte, Gili Gaya nos explica que «[...] el alejamiento produce en el que habla olvido o debilitamiento de la claridad de la forma gramatical empleada en el primer elemento, en tanto que permanece claro su sentido». Y puntualiza además que «es natural, por otra parte, que si los elementos relacionados se hallan en oraciones distintas, crezcan las posibilidades de descentramiento de la atención» (*op. cit.*, § 21).

Si el sujeto consta de dos o más miembros en singular coordinados, se impone el plural en la forma verbal, salvo que dichos elementos se conciban como una unidad[48].

El vino y el agua son *el sustento del hombre.*

A veces el sujeto puede estar constituido por elementos coordinados que se refieren a distintas personas gramaticales. En este caso, la persona que se debe imponer en la forma plural del verbo será siempre la segunda a la tercera y la primera a todas las demás[49].

Juan, tú y yo llegaremos *cualquier día al final de este tortuoso e insufrible camino.*

Falta de concordancia en frases con *se*

Las oraciones impersonales construidas con *se* se relacionan histórica y psicológicamente con las de pasiva refleja, en las que el agente de la acción ocupa un segundo plano. Si en estas el sujeto paciente se refería a persona, surgía una superposición de significados, de reciprocidad y pasividad. Con el fin de soslayar esta ambigüedad, a partir del siglo XV se empieza a anteponer la preposición *a* al sujeto pasivo y a inmovilizar el verbo en singular, originando oraciones activas de sujeto indeterminado, es decir, impersonales. Así, en frases como *Se aceptaron los niños* se evita la ambigüedad formulándola de la siguiente forma: *Se aceptó a los niños.* Este fenómeno, por analogía, se extendió más tarde a todo

---

[48] Cfr. Leonardo Gómez Torrego, *Manual de español correcto,* tomo II, *op. cit.,* pág. 407. El ejemplo que este autor nos proporciona es «[...] la compra y venta de automóviles ha aumentado este año». El *Esbozo* de la Real Academia puntualiza que si se disocian «[...] los sustantivos anteponiendo a cada uno de ellos el artículo o un demostrativo, la concordancia en plural tiende a imponerse» (Real Academia Española, *Esbozo, op. cit.,* § 3.6.8.).

[49] Bello en su *Gramática* lo explica así: «"Vosotros, ellas y yo nos vimos expuestos a un gran peligro"; *vosotras, ellas y yo* concuerdan con *vimos,* primera persona de plural, y consiguientemente son reproducidos por *nos*» (Andrés Bello, *Gramática de la lengua castellana destinada al uso de los americanos,* Ramón Trujillo [ed.], Tenerife, Instituto Universitario de Lingüística Andrés Bello, Cabildo Insular de Tenerife, 1981, § 825).

tipo de sujetos, aunque, como es lógico, sin preposición cuando se referían a cosas, por lo que se originan construcciones del tipo *se vende pisos*. Actualmente, se da una marcada vacilación entre esa construcción y *se venden pisos* (pasiva refleja). Esta última es la más usual, pues es la que domina en la lengua literaria, mientras que la impersonal activa se abre camino en el habla corriente[50]. La Academia nos dice que «[...] con todo, hoy por hoy parece recomendable atenerse al uso culto, literario y más generalizado[51]»:

> Se necesita *un churrero y un cocinero para cafetería-restaurante céntrico.*

> *Sur,* 30-X-90, 59f.

Igualmente, también en las oraciones impersonales con *se* se tiende, en muchas ocasiones, a concordar el verbo con el sintagma que funciona como complemento directo de persona con *a*:

> **Se obsequiaron a los alumnos** *del colegio con un diploma.*
> (Correcto: Se obsequió *a los alumnos [...].*)

> **Se citaron a varios banqueros** *para declarar en este juicio.*
> (Correcto: Se citó *a varios banqueros [...].*)

Impersonalidad de haber

Dentro también del ámbito de la impersonalidad gramatical habría que tener en cuenta los errores que frecuentemente se producen en el empleo del verbo unipersonal *haber*. Esta forma verbal, cuando funciona autónomamente, y no como primer elemento de los tiempos compuestos, se utiliza únicamente en tercera persona de singular (*hay*, en presente de indicativo[52]). Sin embargo, en algunas

---

[50] Sobre todo en Hispanoamérica, aunque se constate también en otras zonas geográficas. Por otro lado, habría que apuntar que la hipótesis de la Academia y de otras gramáticas, de que este fenómeno sea un galicismo de la traducción de *on*, es rechazada por Gili Gaya, pues piensa que se trata de una evolución espontánea del idioma y que un fenómeno tan extenso no podía ser consecuencia de un hecho tan particular (Samuel Gili Gaya, *op. cit.,* § 61).

[51] Real Academia Española, *Esbozo de una nueva gramática de la lengua española, op. cit.,* § 3.5.6.

[52] Cuando denota una circunstancia temporal se usa *ha*. Pero se trata de una forma desusada, en favor de *hace*.

ocasiones, se llega a considerar sujeto el complemento directo de este verbo, por lo que se incurre en una discordancia[53]:

> **Habían muchos niños** *en aquella adorable ciudad, asomada a esos grandes acantilados del Cantábrico.*
>
> (Correcto: Había *muchos niños [...].*)
>
> **Hubieron grandes tormentas** *en el mes de agosto del año pasado.*
>
> (Correcto: Hubo *grandes tormentas [...].*)
>
> *El pasado mes,* **habían habido numerosos terremotos** *en la zona oriental de Andalucía, especialmente en la provincia de Almería.*
>
> (Correcto: [...], había *habido numerosos terremotos [...].*)

Concordancia de género

El género se expresa en español mediante los morfemas *-o, -e, -ø* para el masculino, *-a* para el femenino y *-o* para el neutro[54], y se manifiesta exclusivamente en sustantivos, adjetivos, artículos y algunos pronombres. Por lo que respecta al sustantivo y a pesar de estas consideraciones generales, lo más habitual es que en muchos de ellos el género sea un rasgo inherente (el sustantivo *mano*, independientemente de su terminación morfemática, está adscrito al género femenino; *tema*, al género masculino, etc.).

En otras ocasiones (también en el caso de los sustantivos), el sexo viene determinado por la relación de concordancia que se produce entre un sustantivo y su determinante (*el mártir / la mártir*)[55], es decir, una misma forma para el masculino y para el femenino.

---

[53] Alarcos apunta que este fenómeno se produce «[...] en las hablas vulgares (más en América) y en la expresión de gentes alolingües (como los catalanes)» (*op. cit.,* § 330). Por lo que respecta a la Academia, la vaga significación de *haber* (y también *hacer*) denotando existencia o presencia explica «[...] que en algunas provincias españolas de Levante y en numerosos países hispanoamericanos, se interpreten con verbos personales [...] concertando el verbo con su complemento plural, porque no es sentido como complemento, sino como sujeto», (Real Academia Española, *Esbozo, op. cit.,* § 3.5.7.).

[54] El género neutro (solo para el singular) se presenta en español en el artículo y los pronombres. El hecho de que estas categorías de palabras se reserven para el neutro el morfema *-o,* origina un desplazamiento en el género masculino donde solo funcionan los morfemas *-e* y *-ø.*

[55] Son los llamados nombres de género común.

Por lo que respecta a los adjetivos, no hay que olvidar que los hay de dos terminaciones —una forma para el masculino y otra para el femenino—, pero también de una sola terminación, lo que quiere decir que son invariables (es el caso de *breve, fácil, alegre,* etc.).

Los adjetivos de dos terminaciones se expresarán en masculino o femenino atendiendo al género del sustantivo al que acompañan, mientras que los de una terminación modificarán indistintamente a sustantivos pertenecientes a uno u otro género.

> *Los ojos de doña Bárbara estaban empezando a cubrirse con una* película azulada, *como los ojos de los recién nacidos [...].*
>
> Rosa Montero, *Bella y oscura*, Barcelona, Seix Barral, 1993, pág. 132.

> *Tita pronunció las palabras mágicas para hacer desaparecer a Mamá Elena para siempre.* La imponente imagen *de su madre empezó a empequeñecer hasta convertirse en una diminuta luz.*
>
> Laura Esquivel, *Como agua para chocolate*, Barcelona, Mondadori, 1994, pág. 172

Cuando un adjetivo acompaña a varios sustantivos, si todos ellos son del mismo género, deberá expresarse en ese género. Pero si concurren dos o más sustantivos de género distinto, el adjetivo siempre adoptará el masculino:

> Los abrigos y los zapatos baratos *son los pioneros de la mala calidad en los grandes almacenes.*

> *Cuando llegan las vacaciones,* los hombres y mujeres murcianos *se van en desbandada a las playas de la costa.*

Frente a esta regla general, se tiende a concordar el adjetivo con el sustantivo más inmediato, especialmente cuando el adjetivo precede a los sustantivos[56]. En este sentido, el *Esbozo académico* dice que «[...] el adjetivo antepuesto, por su carácter sub-

---

[56] En estos casos, la falta de concordancia puede producir cierta ambigüedad; pues se puede interpretar que el adjetivo afecta semánticamente solo al sustantivo con el que concuerda. Véase Francisco Marsá, *Diccionario normativo y guía práctica de la lengua española,* Barcelona, Ariel, 1990, págs. 125-126.

jetivo, tiende a limitar su alcance al sustantivo que inmediatamente le sigue, y con ello la concordancia, puesto que se trata de una matización emotiva indiferenciada, que se puede propagar a todos los sustantivos sin necesidad de expresarla gramaticalmente[57]»:

> El amor y la felicidad eterna *no han visto aún la luz en esta vida que agoniza de dolor*[58].

> La oscura soledad y silencio *me lanzaron sin remedio al abismo más profundo, ese que no tiene retorno.*

Por otro lado, los determinantes (artículos, demostrativos, posesivos e indefinidos) generalmente deben acompañar a cada uno de los sustantivos que aparecen coordinados en el discurso y establecer una relación de concordancia con ellos, debiéndose evitar expresiones como

> **Mis perro y gata** *juegan todo el día sin parar.*
> (Correcto: Mi perro y mi gata *[...].*)

> *Esta tarde he llegado a ver* **los sol y luna** *al mismo tiempo.*
> (Correcto: *[...]* el sol y la luna *[...].*)

> **Esos coche y motocicleta** *están a la venta desde el mes pasado*[59].
> (Correcto: Ese coche y esa motocicleta *[...].*)

Los títulos y fórmulas de tratamiento, idénticas para el masculino y el femenino, deben concordar con el adjetivo (si funciona como predicativo o atributo) atendiendo al sexo de la persona a la que se refieren. Pero si el adjetivo funciona como adyacente se empleará el género femenino.

> *—De todos los personajes de este drama, señor Astarloa,* usted *ha sido el más* crédulo; *el más entrañable y digno de lástima —las palabras parecían gotear lentamente en el silencio—.*

> Arturo Pérez-Reverte, *El maestro de esgrima*, Madrid, Alfaguara, 1992, pág. 268

---

[57] Real Academia Española, *Esbozo, op. cit.,* § 3.6.10. En este mismo lugar también se nos dice que «[...] el adjetivo pospuesto, objetivamente descriptivo, ha de tender por lo general a señalar su extensión múltiple por medio de la concordancia en plural».

[58] En este ejemplo cabría la posibilidad de interpretar que el adjetivo *eterna* solo modifica al sustantivo *felicidad* y no también a *amor.* Véase la nota anterior.

[59] Este tipo de construcciones disparatadas no obedecen más que a una aplicación inflexible de las reglas generales de la concordancia.

Si un sustantivo se refiere a una persona de sexo distinto al género que expresa, el adjetivo puede concordar con aquel[60]:

> Bienvenido *sea* la alegría *de esta casa.*

> *Ayer se veía* cansado *a* Su Majestad *el Rey.*

Concordancia de número

En español el número se expresa con los morfemas -ø para el singular, y con -*s* o -*es* para el plural[61], y se manifiesta en las siguientes categorías de palabras: sustantivos, adjetivos, artículos, pronombres y verbos. Pero, mientras el número en los sustantivos y pronombres nos informa sobre si lo referido es uno (singular) o más de uno (plural), en los adjetivos y artículos marca la relación de concordancia, igual que sucede en el verbo donde se establece su relación con el sujeto.

No hay que olvidar que algunas palabras son invariables en cuanto al número, es decir, no admiten nunca el singular, las llamadas *pluralia tantum*: *víveres, enseres, gafas,* etc., o no admiten el plural, las llamadas *singularia tantum*: *caos, sed, salud,* etc.

El adjetivo, como regla general, concuerda con el sustantivo al que modifica; cuando acompaña a varios se expresará en plural, aunque alguno aparezca en singular:

> El embrujo, el aullido y el estupor extremados *nos redimen en la noche de los tristes recuerdos.*

---

[60] Lo mismo sucede con la aposición y denominaciones cariñosas o irónicas del tipo *vida mía, cielito, corazón,* etc. (*Esbozo, op. cit.,* § 3.6.4.): *¡Qué bonita es mi cielito!*

[61] La terminación morfemática -*s* se usa para aquellos sustantivos que acaban en vocal átona, mientras que -*es* se emplea para los que terminan en consonante distinta de *s* (en cuyo caso si la última sílaba es átona la oposición singular/plural solo se marcará con la ayuda del artículo u otro determinante, pero si es tónica seguirá la misma regla mencionada). En el caso de que una palabra acabe en vocal acentuada se adopta, por lo general, la terminación -*es* (de mayor prestigio) compitiendo con -*s* (más coloquial y espontánea); si bien, existen formas únicas en -*s*. Véase para más información el apartado *El número: problemas.*

Sin embargo, se pueden dar situaciones en las que el adjetivo concuerde en singular. Esto ocurre cuando con el adjetivo se quiere calificar solo al sustantivo más cercano:

> El cansancio y el calor sofocante *nublaron mi entendimiento*.

Y es así también cuando el grado de sentido unitario de los sustantivos es muy grande[62]:

> *A Juan le gusta mucho* la historia y literatura contemporánea.

Igualmente, por la tendencia, ya aludida, de concordar el adjetivo con el sustantivo más próximo, en especial si aquel va antepuesto, se puede producir una atracción del número del sustantivo respecto del adjetivo[63]:

> El deseado descanso y silencio *llegarán con el paso de los años.*

Concordancias anómalas entre los formantes de un compuesto

Para formar palabras compuestas, el español se sirve de varios mecanismos[64]. De todos ellos, nos interesan los que presentan problemas de concordancia de número entre sus elementos integrantes:

— compuestos por disyunción, que no se han soldado gráficamente, pero constituyen una unidad léxica (del tipo *cuento chino, guerra civil, goma arábiga, tinta china*):

> *Para Octavio Paz, tanto la espontaneidad de la revuelta de Chiapas como su carácter puramente indígena, son* cuentos chinos.
>
> *El Mundo*, 11-IV-1994, 79e.

---

[62] Véase Real Academia Española, *Esbozo, op. cit.*, § 3. 6. 10.

[63] Para la concordancia de artículos y pronombres, véase lo dicho en el apartado anterior, y para lo que concierne al verbo, el apartado dedicado a la concordancia entre sujeto y predicado.

[64] Como presentación general, véase Manuel Alvar Ezquerra, *La formación de palabras en español*, 2.ª ed., Madrid, Arco/Libros, 1995.

Y Roldán, agente de lujo, cumplió las normas oficiales del CESID, donde «agente es la persona adiestrada para realizar actividades secretas, legales o no». ¿Qué cuentos chinos, pues, relata Narcís Serra, que era «el Jefe»?

El Mundo, 14-V-94, 4b.

Yo nunca habré luchado lo bastante para deshacer el mito de la idealización de las guerras civiles, y la española no hace excepción.

El Mundo, 9-IV-94, 25a.

— compuestos por contraposición, que se escriben unidos mediante un guión (del tipo *buque-escuela, coche-cama, físico-químico*):

Marta vive ahora, con sus tres hijos y una decena de vecinos, en una furgoneta amarilla que sestea junto a decenas de coches-cama.

El Mundo, 19-I-94, 1d.

— compuestos por yuxtaposición, que están unidos gráficamente (del tipo *casatienda, aguardiente, pelirrojo, latinoamericano*, etc.):

Se trata de uno de los futbolistas latinoamericanos *con mayor proyección internacional, y tiene asegurada una plaza en su selección nacional.*

El Mundo, 18-I-94, 69d.

En sus programas, abierto el primero con la «Marcha solemne», de Villa, alternaban «Suspiros de España» y «Petrouchka», sin olvidar «Agua, azucarillos y aguardiente*», al actuar en Recoletos.*

ABC Cultural, 15-I-93, 47b.

Cada día iba acompañado de una señorita diferente, el muy canalla. Unas veces, con una que yo diría que era la mismísima Kathleen Turner, derritiendo el pasillo mientras caminaba con zapatos de tacón de aguja del calibre 33. Otras, con una pelirroja *que hacía temblar el patio de butacas y que era exacta a Katharine Hepburn.*

ABC Cultural, 23-IV-1993, 14c.

Como norma general, los nombres compuestos formarán el plural atendiendo a la cohesión de sus componentes. En las composiciones imperfectas (disyunción y contraposición[65]) la desinencia de plural irá en los dos elementos o solo en el primero[66] (por ejemplo, *cuentos chinos*, *coches cama*). En las composiciones perfectas (yuxtaposición) solo se marcará el plural en el último elemento (por ejemplo, *aguardientes*). No obstante, existen excepciones, pues no siempre está muy clara en el uso la distinción entre los diversos mecanismos de composición, y, en ocasiones, se dan desplazamientos de unos tipos a otros[67]. Por ejemplo, se escribe igualmente *coche cama* que *coche-cama*, *café teatro* que *café-teatro*, o *navarroaragonés* que *navarro-aragonés*.

> *«Nos tenemos que replantear cómo va a funcionar la sala. Queremos pelearnos para que venga más gente: desde la exhibición de* café teatro *hasta matinales para público infantil, actuaciones los fines de semana, campañas escolares...».*
>
> El Mundo, 19-XII-94, 33c.

> *El Teatro Alfil ha sido objeto de una larga polémica desde hace dos años con motivo de los intentos del Ayuntamiento, y especialmente del entonces presidente de la Junta de Centro, Ángel Matanzo, de cerrarlo si no cumplía con los requisitos para funcionar como* café-teatro.
>
> El Mundo, 8-XI-94, 35a.

De todos modos, y en casos en que no se presentan estos desplazamientos, también se da una concordancia anómala como sucede en *gentilhombre* cuyo plural es *gentileshombres*, o *medianoche*, plural *mediasnoches*[68].

> Los gentileshombres *tienen garantizado llegar sin dificultad a la cima.*

> *Juan Manuel no sabe cocinar; sin embargo, todos sus amigos adoran* sus mediasnoches *rellenas de jamón.*

---

[65] También habría que incluir aquí aquellos casos de yuxtaposición en los que, a pesar de escribirse la palabra compuesta sin ningún espacio en blanco, el proceso de lexicalización se ha detenido o no ha llegado todavía a su fin (*ricahembra*, plural *ricashembras*; *ricohombre*, plural *ricoshombres*).

[66] Una excepción a esta regla lo constituye *cualquier, quienquiera* (composición perfecta) que hacen el plural (*cualesquiera, quienesquiera*).

[67] Esto sucede especialmente con los compuestos formados por contraposición que pasan al grupo de los constituidos por disyunción.

[68] Véase nota 65.

Sustantivos y adjetivos

El género: problemas

En español el sustantivo es el que impone el género al adjetivo, que puede tener o no flexión genérica. Esta es la razón por la que es muy importante saber el género de los sustantivos, en los que no siempre está muy claro, a pesar de que parezca ser una regla general la terminación -o para el masculino y -a para el femenino.

Teniendo en cuenta todas las terminaciones posibles en la categoría sustantiva, se puede establecer a grandes rasgos lo siguiente:

I. Son masculinos:

1. La mayoría de los sustantivos terminados en -e como *aceite, vinagre, alambre*, etc., aunque son muy numerosas las excepciones[69]. Valgan los siguientes ejemplos:

> *Ellos no se han arrepentido de nada, porque, de haberlo hecho, habrían revelado durante su proceso los nombres de la*

---

[69] Entre otros, *acné, apócope, barbarie, catástrofe, clase, creciente, estirpe, eximente, fiebre, higiene, leche, noche, sangre, tarde, ave, base, cumbre, fuente, hemorroide, hueste, intemperie, mente, nave, nube, peste, suerte, costumbre, especie, fase, hambre, laringe, llave, madre, muerte, mugre, nieve, patente, superficie, torre,* todos ellos femeninos.

*trama que ordenó y financió la instigación de sus crímenes,
entre ellos el asesinato de un objetor de conciencia refugiado
en Francia, que ni de lejos tenía nada que ver con ETA; y eso
en el dudoso supuesto de que comerse a los caníbales sea* un
eximente *moral o judicial.*

El Mundo, 29-VII-1994, 5b.

*El presidente sobrevoló en helicóptero la zona del epicentro,
aún humeante, donde más de 20000 familias siguen durmiendo a* la intemperie *por temor a un nuevo temblor de tierra.*

El Mundo, 29-I-94, 66d.

*El Consorcio de Transportes, que odia el metro, se ha pro-
puesto que una buena parte de los usuarios también lo odie, y
pues se han revelado insuficientes* la mugre, *el abandono, el
desmantelamiento de las taquillas, la desatención al viajero y
la clausura de las cabinas del jefe de estación, ha ideado un
método mucho más convincente: 86000 pesetas de multa al que
se fume un cigarro en un pasillo.*

El Mundo, 22-I-94, 52a.

*Mantiene buenas relaciones con el líder, a quien le resul-
ta indispensable tratar con él si quiere mantener la paz en* las
huestes *del partido.*

El Mundo, 18-III-94, 48j.

2. Los terminados en *-i* (excepto *hurí, metrópoli,* y algún
otro) y en *-o* (a excepción de *mano, dinamo, nao* y pocos más):

*La cultura de cuartel, que no conozco porque no hice el ser-
vicio militar (soy el primer objetor de España), parece que consiste en un curioso cruce de violencia y ternura, de machismo y
cabos con deditos de* hurí *lasciva, que imagino serán los menos.*

El Mundo, 24-II-94, 84b.

*Y además de razón, asume también parte de la responsa-
bilidad quien, ejerciendo acciones de gobierno en cualquier
país europeo, se ha dejado arrastrar por* la fácil dinamo *mili-
tarizada de la guerra fría.*

El Mundo, 15-I-94, 4f.

Con el reloj de ruedas, la máquina de vapor y la turbina y
la dinamo, *el hombre gobierna y utiliza a su arbitrio las ener-
gías mecánica, térmica y eléctrica de la naturaleza, y este es*

precisamente el modo de la técnica a que se refiere el análisis de Heidegger.

Pedro Laín Entralgo, *Ciencia, técnica y medicina*,
Madrid, Alianza Universidad, 1986, 145.

3. Los terminados en *-u* (salvo *tribu*):

Algunos diplomáticos han afirmado que el presidente demandaba una salida para cientos de sus seguidores de la tribu Krahn. *Otros sugerían que los hombres de Doe podrían tenerle como rehén para salvaguardarse a sí mismos.*

El Sol, 10-7-90, 21.

4. Los terminados en *-j* (menos *troj*, que es femenino):

Hoy no se consumen ratas, ni siquiera en los restaurantes chinos. Por eso vemos tantas entre los cubos de basura, como liebres. El ratón es más rural, más aseado, prefiere la harina, **los trojes** *y parece ser que de la harina ha saltado al horno.*

El Mundo, 11-III-94, 39b.

5. Los terminados en *-l* (pero *cal, credencial, piel, cárcel, sal, miel, señal*, etc., son femeninos):

Con estas credenciales, *Andrés no se anduvo por las ramas y se afirmó en su idea de que ninguna otra entidad española está tan preparada para abordar los retos del futuro.*

El Mundo, 6-II-94, 64d.

La señal *sonó muchas veces sin que ocurriera nada. Yo sostenía el teléfono con un ensañamiento inmóvil, temiendo que no respondiera nadie, casi agradeciéndolo.*

Antonio Muñoz Molina, *Beltenebros*, 11.ª ed., Barcelona,
Seix Barral, 1991, pág. 155.

6. Los terminados en *-n* (también son muchas las excepciones, especialmente para los terminados en *-ión*[70]):

El tema sobre el que se urde la trama importa menos que la trabazón *de sus escenas. ¿Hay que decir o no a un marido que*

---

[70] *Comezón, sinrazón, trabazón, sartén, imagen, salazón, nación, realización, aparición, anunciación*, etc.

su mujer le engaña? Coincidencias, enredos, agilidad y sorpre-
sa nos llevarán a comprender que todos son engañados y mejor
es «no decirlo».

El Mundo, 23-II-94, 72a.

La fisonomía de un invierno, tomado en su conjunto, es de
por sí difícil de individualizar, y ya llevaba cinco avecindada
en Madrid Andrea Barbero cuando vino a sentirse picada por
la comezón de desglosar de aquel que concluía, al calor de los
primeros soles de marzo, el perfil de cada uno de los otros.

Carmen Martín Gaite, *Cuentos completos*, Madrid,
Alianza, 1989, pág. 10

La señorita Matilde se acuerda de que el año pasado subieron
ellas allí de merienda, una tarde que se ahogaba uno en el valle,
y, después de las fatigas de la escalada, solo se veían otros mon-
tes muy cerca de aquél, tan cerca que daban ganas de subírselos
también, porque entraba como una comezón *de llegar a lo llano.*

Carmen Martín Gaite, *Cuentos completos*, Madrid,
Alianza, 1989, pág. 234

7. Los terminados en -*r*, como *calor*, *color*, etc. (pero no *flor*,
segur, *labor*, *mujer*, etc.):

La calor *en Sevilla es, sencillamente, insoportable. Sudar*
en el momento que se entra en el recinto es lo más común para
cualquiera que esté acostumbrado a brisas mediterráneas.

Sur, 6-IX-91, 51.

8. Los terminados en -*s* en su forma singular como *apoca-*
lipsis, *pus*, etc. (a excepción de palabras como *bilis*, *elipsis*, *pará-*
frasis, *tesis*, *síntesis*, *apoteosis*, *parálisis*, etc., la mayoría de ellas
son nombres de origen griego):

El Simbolismo se precipitará en el apocalipsis *surrealista*
y las muy diversas tentaciones del modernismo estético de la
época (futurismo, dadaísmo, etcétera).

ABC Literario, 2-VII-92, 21.

Cuando Ted Turner explica el éxito de la CNN, siempre
acaba reconociendo cuatro o cinco momentos decisivos: el aten-

tado contra *Reagan, la explosión del Challenger, Tiananmen, el muro de Berlín y* —la apoteosis final— *la guerra del Golfo.*

El Mundo, 29-IV-94, 34a.

9. Los terminados en *-t* y *-x* (sin excepción):

> *Antonio, jugando al fútbol, se lesionó gravemente en* el tórax.

II. Son femeninos:

1. Los sustantivos que acaban en *-a,* entre ellos los que son de origen griego cuya última sílaba es *-ma,* si bien hay un gran número que es de género masculino[71]:

> *En* Fedón, *Sócrates cuenta cómo consiguió y leyó un libro de* Anaxágoras, *y en la* Defensa de Sócrates *se dice que un libro de este sofista se podía comprar por* **un dracma** *en la orquestra, nombre de una terraza semicircular al pie de la Acrópolis en el ágora ateniense.*

Hipólito Escolar, *Historia del libro,* Madrid, Pirámide, 1988, pág. 136.

2. Los terminados en *-d* (excepto *áspid, césped, ardid, adalid, laúd, ataúd, alud, abad,* etc.):

> *Para todos nosotros él es como* el adalid *de los libros antiguos, pues su biblioteca contiene muchos ejemplares.*

> *Desatado el proceso, lo que sale a flote es de tal calibre que es difícilmente evitable que no se lleve por delante incluso a los que apretaron el botón creyendo así que podrían salvarse. La corrupción es* un alud *ya incontrolado.*

El Mundo, 2-X-94, 4b.

3. Los terminados en *-z* (pero algunos son masculinos como *albornoz, avestruz, regaliz, pez, testuz, tragaluz, matiz, antifaz, barniz, arroz, almirez, altramuz,* etc.):

---

[71] *Anagrama, antípoda* (se usa habitualmente en plural: *los antípodas), sofisma, teorema, albacea, mapa, día, diploma, idioma, lema, clima, panorama, drama, edema, planeta, síntoma, poema,* etc.

[...] y tú a sondar: chilla, chilla, le dices, que aquí nadie te
*oye (**las avestruces** solemnes del barrio se ocultan sagazmen-*
te en sus abrigados reductos): y él a gritar aún (mejor así), [...].

Juan Goytisolo, *La reivindicación del conde don Julián*,
Madrid, Cátedra, 1985, pág. 286.

Pero esta beatífica argumentación –absolutamente satis-
*factoria para **las avestruces**– ignora que aquellos terrores que*
parte de la humanidad experimentó frente al año 1000 proce-
dían de un turbio conjunto de supersticiones y supuestas pro-
fecías de adivinos, [...].

Prudencio García, *Ejército: presente y futuro*, tomo I,
Madrid, Alianza, 1975, pág. 216.

III. Son de género ambiguo, es decir, tanto femeninos como
masculinos: *mar, linde, casete, margen, azúcar, canal, arte, dote,
armazón, tizne, herpe, maratón, agravante, interrogante*, etc.[72]:

El atletismo español cerró ayer su brillante participación
en los Europeos de Helsinki con el histórico triplete en la mara-
tón, logrado por Martín Fiz, Diego García y Alberto Juzdado.

El Mundo, 15-VIII-1994, 2b.

Este atleta, aunque había sido un discreto corredor de cross,
se ha convertido en una de las figuras mundiales del maratón.

IV. Son invariables para el género masculino y femenino los
sustantivos referidos a personas como los siguientes: *tipo, nego-
ciante, paciente, criminal, escribiente, estudiante, cantante,
dibujante, cónyuge, consorte, fiscal, testigo, periodista, protagonista, joven*, etc.[73]

---

[72] En el caso de *casete*, se prefiere la forma masculina para designar al mag-
netófono, y el femenino para la cinta magnetofónica; en cuanto a *arte*, se suele
dejar la forma masculina para su uso en singular y la femenina para la forma
en plural.

[73] Se puede observar que la mayoría de los sustantivos son adjetivos sus-
tantivados y pertenecen a aquellos que terminan en una desinencia distinta de
-*o* o -*a*, con lo cual su aspecto formal no nos indica si estamos ante un masculino
o un femenino, sino su combinación con un determinante o adjetivo. Por otro
lado, habría que señalar que palabras como *rea* o *modisto*, en algunos manuales no se consideraban correctas, pero en la última edición del *Diccionario* aca-

La dibujante *y guionista francesa los cómics no pueden entrar en la controversia entre la grande culture y la cultura de masas porque no son ningún producto cultural.*

El Sol, 4-VII-90, pág. 50.

El número de estas aumentó cuando **el políglota** *y deportista inglés Henry Creswicke Rawlison copió la leyenda persa del monte Behistun, grabada a cien metros de altura en una roca cortada a pico y donde está representado Darío enfrentado a diez rebeldes sometidos por él.*

Hipólito Escolar Sobrino, *Historia del libro*, Madrid, Pirámide, pág. 51.

Fue, además, **un autodidacta***, prototipo del futuro americano que triunfa y escala los primeros puestos sociales gracias a su esfuerzo.*

Hipólito Escolar Sobrino, *Historia del libro*, Madrid, Pirámide, pág. 497.

¿Verdad, tú, que tengo razón? ¿Qué te parece a ti? Por **testiga** *te pongo. —Testigo se dice, niña; no* **testiga***. —Yo digo* **testiga** *porque nosotras, señor mío, para que lo sepa, somos muy mujeres; y esta aquí es mi* **testiga***.*

Francisco Ayala, *Jardín de las delicias*, Madrid, Espasa-Calpe, 1978, pág. 69.

V. Algunas palabras cambian su significación según se usen en masculino o femenino: *el clave/la clave, la corte/el corte, el cura/la cura, la frente/el frente, la parte/el parte, la pendiente/el pendiente, la radio/el radio*:

---

démico (1992) ya se registran como entrada independiente. Para Gómez Torrego *(Manual del español correcto, op. cit.,* II, pág. 17), la inclusión de *modisto* supone una forma de violentar la morfología del sufijo *-ista*, que es invariable, como se ve en *electricista, pianista, telefonista*, etc. Se trata de una concesión al uso. En cuanto a las formas *polígloto, -ta* y *autodidacto, -ta*, el uso prefiere las segundas; pues bien, la Academia admite las dos, por lo que será correcto hallarlas escritas de las dos maneras, según corresponda al género femenino o masculino, aunque en el caso de *políglota,* con terminación en *-a,* es posible su uso para el masculino, ya que el *Diccionario* también registra esta forma como entrada aparte con la categoría *com.* (= común).

Lo único que se conoce es que, a los cuatro años, los dulces ojos claros de la bella italiana perdieron su brillo para adquirir esa apagada melancolía que toda la corte *respiraba por los cuatro costados.*

El Mundo, 25-IX-94, 33e.

Pero, sobre todo, habría que señalar que es muy desagradable el elevado número de cortes publicitarios *en televisión.*

El número: problemas

En cuanto al número, los sustantivos y adjetivos presentan, en determinadas ocasiones, ciertas dificultades, pues la regla genérica de añadir -*s* o -*es* para el plural no siempre se cumple.

I. Añaden -*s*:

Sustantivos y adjetivos terminados en vocal átona (*mesa/ mesas; silla/sillas, remo/remos, metrópoli/metrópolis*[74], etc.).

Todavía más: ¿cuánto debe gastar **una metrópolis** *para que, a trueque de perturbar químicamente el sabor originario, pueda ingerirse en ella agua salubre, o al menos no insalubre?*

Pedro Laín Entralgo, Ciencia, técnica y medicina,
Madrid, Alianza Universidad, 1986, pág. 126.

En una etapa inicial se produce el lógico rechazo por parte hispana de la tradición de **la metrópolis** *y un intento de buscar sus raíces culturales en culturas ajenas, como la anglosajona o francesa.*

Antonio Ramos Gascón (ed.), España hoy I. Sociedad,
Madrid, Cátedra, 1991, pág. 11.

*Nos encontramos, pues, en presencia de una formación nueva —***la metrópolis***—, distinta no solo de la aldea y de la*

---

[74] La forma *metrópolis* se usa, a veces, como singular, pero lo realmente correcto es la forma *metrópoli*, pues, como indica el *Diccionario* académico, se trata de un femenino antiguo por *metrópoli*.

ciudad medieval, sino también de la propia ciudad industrial,
cuya aglomeración urbana se eleva al máximo, y que es el resul-
tado último de la concentración industrial.

Francisco Ayala, *Introducción a las ciencias sociales*,
Madrid, Cátedra, 1988, pág. 219.

La industria textil algodonera creció al amparo de una fuer-
te protección arancelaria, que le reservó los mercados de la
metrópoli *y de ultramar (Cuba, Filipinas y Puerto Rico).*

Ramón Tamames, *Introducción a la economía española*,
19.ª ed., Madrid, Alianza, 1991, pág. 252.

Hodge Backmaker, el protagonista, es un jovencito que emi-
gra desde el campo a la frustrada metrópoli *y se convierte en*
tenaz investigador de aquella guerra civil.

El Sol, 1-7-90, 48.

No hay que confundir la desinencia *-s* de plural con la terminación también en *-s* de algunos sustantivos y adjetivos polisílabos de sílaba final átona (*crisis, atlas, tesis, análisis, lunes,*
etc.)[75], ya que en estos casos la distinción del número se manifiesta solo a través de los determinantes.

II. Añaden *-es*:

Sustantivos y adjetivos terminados en consonante, a excepción de los mencionados en el apartado I (*árbol/árboles, ver-*
dad/verdades, ciudad/ciudades, cartel/carteles, etc.)[76]:

Los *carteles empezaron a hacerse el otro día, antes de que*
tú me llamaras por teléfono tan enfadado.

Aquella explosión provocó una nube de gases *que cubrió*
una extesa superficie de la zona sur de la ciudad.

---

[75] En estos casos, «[...] la distinción de número se manifiesta [...] sólo gracias a las variaciones del artículo (u otros elementos de la secuencia)», Emilio
Alarcos Llorach, *op. cit.*, § 75.

[76] Los monosílabos terminados en *-s* también añaden *-es: mes/meses,*
gas/gases.

III. Fluctúan entre añadir -*s* y -*es*:

Sustantivos y adjetivos acabados en vocal tónica. La mayoría de los terminados en -*á*, -*í*, -*ú* tónicas ha preferido la forma -*es*, muchas veces compitiendo con -*s*[77] (*así tenemos faralá/faralaes, albalá/albalaes, bigudí/bigudíes-bigudís, frenesí/frenesíes-frenesís, hurí/huríes-hurís, maniquí/maniquíes-maniquís, rubí/rubíes-rubís, jabalí/jabalíes-jabalís, maravedí/maravedíes-maravedís, bambú/bambúes-bambús, tabú/tabúes-tabús, zulú/zulúes-zulús*, aunque suele preferirse el plural con -*s*; y son casi formas únicas las de *mamás*, *papás* (con notable frecuencia *sofás*, *bajás* frente a *sofaes*, *bajaes*), *bisturís*, *chacolís*, *esquís*, *gachís*, *pirulís*, *popurrís*, *ambigús*, *canesús*, *champús*, *menús*, *tisús*, etc.; mientras que los polisílabos terminados en -*é* y -*ó* tónicas parecen haber consolidado su plural en -*s* (*café/cafés*, *canapé/canapés*, *chapó/chapós*, *dominó/dominós*, *gachó/gachós*, *paletó/paletós*, *rondó/rondós*, así como *carné*, *parqué*, *chaqué*, *corsé*, *bidé*, *bufé*, que por haber sufrido un proceso de castellanización hacen el plural de acuerdo con esta regla). Son erróneos plurales como *cafeses*, *jabalises*, *maravedises*, etc., construidos por analogía con *anises*, *meses*, etc.[78] Veamos unas pocas muestras de lo dicho:

> [...] *cuando se lo permiten sus «tabús» religiosos, propende, como en la ornamentación gótica, a concentrarse en formas vegetales y animales, preferentemente estas, presentadas como en enlaces y luchas de monstruos donde la línea comienza y termina en sí misma.*
>
> Adolfo Salazar, *Conceptos fundamentales en la historia de la música*, Madrid, Alianza, 1991, pág. 84.

> *Son muchos los tabúes que aún perviven en esta sociedad en la que vivimos.*

> *Cerrado el grifo del dispendio, muchos restaurantes quebraron, y los menús de ocasión sustituyeron a las delicias de bogavante.*

> *Se sirven bebidas y* canapés *y, en teoría, los diplomáticos*

---

[77] La primera terminación parece tener un mayor prestigio literario, mientras que la segunda responde a un nivel de uso más coloquial y espontáneo (véase Real Academia Española, *Esbozo, op. cit.*, § 2.3.3.).

[78] Emilio Alarcos Llorach, *op. cit.*, §76.

pueden pulsar el estado del país en que se hallan y la opinión de sus colegas sobre ciertos temas.

Ángel Amable, *Manual de las buenas maneras*, 5.ª ed., Madrid, Pirámide, 1991, pág. 281.

Nos quedará como mucho el consuelo de poder contemplar a Winona Ryder en todo su esplendor de los veinte, sin corsés *ni trajes de época, con vaqueros ajustados (Venus con jeans, que titulaba el Rolling Stone) y fumando pitillos en cadena.*

El Mundo, 5-XI-94, 35e.

Para los sustantivos y adjetivos terminados en un diptongo tónico, aunque en su origen se empleara la terminación -*s,* en la actualidad se ha impuesto la forma en -*es,* pese a que en palabras de incorporación más reciente a nuestra lengua se dé una alternancia (mientras de *ay, convoy, carey, noray,* se forman *ayes, convoyes, careyes, norayes,* de *jersey, paipay, guirigay, rentoy,* tenemos *jerséis, paipáis, guirigáis, rentóis*):

Se trata de una región atravesada por conflictos religiosos y étnicos durante muchos siglos. Los Estados Unidos miran hacia atrás y comprueban en qué podría terminar una intervención que trate de proteger a los convoyes *enviados por tierra.*

Sur, 1-VII-92, 21.

Mientras tanto, en el salón de actos, unos jóvenes de pelo largo y amplios jerséis, *más parecidos a los hippies de los 60 que a los distinguidos estudiantes de hoy, desplegaban un enorme cartel que rezaba: «Droga, una alternativa al deporte.»*

El Mundo, 30-XI-94, 30e.

IV. Sustantivos que carecen de plural (*singularia tantum*):

Son palabras que, atendiendo a su significación, solo abarcan la singularidad, por lo que el uso de los mecanismos morfológicos para expresar el plural es innecesario, como *zodiaco, cenit, este, sed, salud, cariz, caos,* etc.:

Si alguien, por otra parte, pudiera pensar que el cariz *religioso de estas editoriales condiciona de alguna forma los textos está equivocado.*

ABC Cultural, 10-VII-92, 16.

> *La anciana comprobó que le habían robado una pulsera*
> *de oro, otra esclava con colgantes que llevaban inscritos los*
> *signos del* zodiaco, *dos medallas de oro, dos sortijas y un reloj*
> *de oro y brillantes, según manifestó la denunciante en la comi-*
> *saría de Universidad.*

El Sol, 10-X-90, 28.

No es posible decir **los carices religiosos**, verbigracia, o **los signos de los zodiacos**.

Existen algunas palabras en las que la formación del plural produce un cambio de significado como sucede en los nombres de algunas ciencias o profesiones *medicina, pintura,* etc.[79]:

> *A pesar de su carácter semioficial, la homeopatía se fun-*
> *damenta en unos principios radicalmente distintos a los de* la
> medicina *científica*.

El Mundo, 19-V-94, 65a.

> *Pero* las medicinas *le producían terribles dolores de cabe-*
> *za e irritabilidad, así que en octubre pasado, tras darle vuel-*
> *tas al asunto durante tres meses, decidió dejar de tomarlas.*

El Mundo, 13-VI-94, 86a.

V. Sustantivos que carecen de singular (*pluralia tantum*):

Son palabras que desde un punto de vista formal no se pueden expresar mediante los morfemas propios del singular; pero la caren-cia de singular no implica imposibilidad de significado en singu-lar[80], es decir, se pueden emplear para referirse a una sola entidad, sea cosa, animal o persona; son voces como *las albricias, las angari-llas, las fauces, los víveres, los comestibles, las creces, los enseres, las exequias, las afueras, las nupcias, las entendederas, las fac-ciones, los honorarios,* etc. Lo mismo sucede con los plurales refe-ridos a objetos compuestos de dos partes simétricas como *las gafas, las tijeras, las tenazas, las pinzas, los alicates, los grillos, las espo-sas, los pantalones*; aunque es posible emplearlos también en sus respectivas formas singulares, y con la misma significación:

---

[79] Mientras el plural le atribuye el significado de los productos de dichas actividades (*las medicinas, las pinturas*), el singular se puede referir a la cien-cia o al arte.

[80] Francisco Marsá, *op. cit.*, pág. 123.

*Al parecer, David, el mayor de los dos hermanos, decidió
encender una estufa de gas butano para combatir el frío que rei-
naba en la vivienda, lo que provocó un fuego que se propagó
rápidamente por toda la casa y destrozó* los enseres *familiares.*

El Mundo, 12-I-94, 32d.

*La reestructuración de la siderurgia comunitaria ha obli-
gado al Gobierno a meter* la tijera *en varias empresas.*

El Mundo, 19-IV-94, 52i.

El jefe de protocolo facilitó unas tijeras *al ministro para que
cortara la cinta, con lo que quedaba inaugurado un nuevo
tramo de autovía*

VI. Plurales de los nombres propios:

Los apellidos referidos a una familia entera pueden adoptar
la desinencia propia del plural, o también permanecer invariables marcando la pluralidad únicamente con el determinante que
le antecede (*los Herrero[s], los García[s], los Baena[s], los Castro[s]*); en este grupo se incluyen aquellos nombres de apellidos que terminan en consonante (*los Jiménez, los Pérez, los
Ruiz*). La designación, en muchas ocasiones, de las obras artís-
ticas mediante el nombre de su autor da lugar igualmente a la
pluralización (*los Goyas, los Picassos, los Murillos*).

También admiten el plural los nombres de lugar (*las Españas, las Castillas, los Pirineos*[81]):

Los Garcías *son muy comunes en nuestro país.*

*Desde que empezó a gestarse la unión política de España
o de* las Españas, *Navarra mantuvo unas cotas de soberanía fiscal especiales o excepcionales.*

El Mundo, 1-IV-94, 10i.

En 1996, se van a ver muchos goyas *en todas las exposi-
ciones anunciadas.*

VII. Otros plurales problemáticos:

Existe un buen número de sustantivos que —en su mayoría
extranjerismos tomados del francés o del inglés— presenta, según

---

[81] En el caso de *los Pirineos*, se sobrentiende el sustantivo plural *montes*.

su grado de integración en la lengua española, la desinencia -*es* o -*s* en la formación del plural, o bien puede permanecer invariable[82].

álbum/álbumes	gag/gags
anorak/anoraks	gigoló/gigolós
argot/argots	gueto/guetos
ballet/ballets	hippy/hippies
bloc/blocs	hobby/hobbies
boicot/boicots	jersey/jerséis
claxon/cláxones	majorette/majorettes
club/clubes	penalti/penaltis
cóctel/cócteles	pub/pubs
complot (compló)/complots (complós)	rally/rallies
debut/debuts	récord/récords
déficit/déficit	robot/robots
desiderátum/desiderata	sándwich/sándwiches
dossier/dossieres	sketch/sketchs
dúplex/dúplex	souvenir/souvenirs
entrecot/entrecots	suéter/suéteres
eslogan/eslóganes	suite/suites
esmoquin/esmóquines	superávit/superávit
esnob/esnobs	tándem/tándem
estándar/estándares	telefilme/telefilmes
fax/fax	télex/télex
flas/flases	yupy/yupies

Son incorrectos:

No podía dormir debido al intenso ruido de los **claxons** *en la calle.*

El equipo se clasificó después de lanzar la tanda de **penalties.**

Aquellas gentes vivían en un mundo distinto y no se quitaban los pantalones vaqueros ni los **jerseys** *deshilachados.*

Los **déficits** *en los distintos sectores económicos obligan a una eficaz intervención en la marcha de la economía.*

---

[82] Veáse Manuel Alvar Ezquerra y Antonia M.ª Medina Guerra, *op. cit.,* págs. 152-154.

El grado del adjetivo

Los grados del adjetivo, comparativo y superlativo, se expresan en español mediante construcciones sintéticas o analíticas. El comparativo analítico viene marcado por las expresiones *tan...como* (para el de igualdad), *más...que* (para el de superioridad), *menos...que* (para el de inferioridad), mientras que el sintético se construye con una sola palabra procedente de las mismas formas correspondientes del latín. El superlativo analítico se expresa con *muy* (también *enormemente, extraordinariamente...*), y el sintético se expresa con el sufijo *-ísimo* o, en algunos casos, con *-érrimo* (muy culto)[83], aunque también es posible hacerlo con un lexema diferente al del grado positivo.

Son muchos los problemas y las dudas que plantea la gradación del adjetivo, por lo que habría que hacer algunas aclaraciones:

I. Las formas comparativas *mayor, menor, inferior, superior, peor* y los superlativos *máximo, mínimo, pésimo, óptimo, ínfimo* no deben usarse junto con los adverbios *más, menos, tan* y *muy*[84]:

> *¡Las tabletas equis (Marco, por ejemplo) le harían a usted feliz sin que le atacasen lo* **más mínimo** *al corazón! Martín va entusiasmado con la idea.*
>
> Camilo José Cela, La colmena, Madrid, Cátedra, 1988, pág. 333.

---

[83] Tanto al superlativo analítico como al sintético se les da el nombre de *absoluto;* pero existe también el *relativo* que se construye con el adjetivo en grado comparativo precedido del artículo, sobrentendiéndose un complemento preposicional con *de,* en aquellas casos en que no se explicite *(el más bueno [de todos]).*

[84] La expresión *más mínimos* está muy extendida, por lo que piensa Gómez Torrego que no habría que ver en ella una incorrección muy grave (Leonardo Gómez Torrego, *Teoría y práctica de la sintaxis,* Madrid, Alhambra, 1985, pág. 163). Por otro lado, para el caso de *mayor* habría que admitir la combinación *más mayor* o *muy mayor* siempre que se refiera a la edad y no al tamaño; pues aquella carece de adjetivo en grado positivo, «[...] es decir, existe una casilla vacía que vienen a ocupar *mayor* haciéndose *positivo,* por lo que el lugar del comparativo tiende a llenarse con *más... que* y el del superlativo con *muy*» (Leonardo Gómez Torrego, *Teoría y práctica de la sintaxis, op. cit.,* pág. 104).

Luis no tenía en aquel momento ni la **más mínima** *relación con la empresa que lo había despedido cinco años antes.*

A decir de tío Andrés, mi padre y Regalito habían comentado sin el **más mínimo** *recato y fuera de la circunscripción familiar, el tráfico de carnes que se llevaba entre manos o entre las plumas con sus amigos y, eso sí, con otros señores respetables poco interesados en que sus canas al aire se conocieran.*

Antonio Hernández, *Volverá a reír la primavera*,
Madrid, Mondadori, 1989, pág. 72.

II. Debido a su significación, hay adjetivos que no admiten el grado comparativo ni el superlativo, como *fundamental, primordial, primero, único, principal, total, infinito, omnipotente, diurno,* etc.[85].

El concepto que explicó el profesor era **fundamentalísimo** *para comprender el significado de esta asignatura.*

La respuesta que tú me diste es **muy definitiva**, *si queremos llegar a un acuerdo duradero.*

Yo soy **muy único** *en acertar todas las operaciones matemáticas que me plantees.*

Lo **más prioritario** *para el gobierno es acabar con el problema del paro*[86].

III. Nunca deben ir juntos dos elementos que indiquen el grado superlativo del adjetivo (*muy* + sufijo *-ísimo* o *-érrimo*):

Juan es **muy pobrísimo**, *por lo que no tiene donde caerse muerto.*

Este compañero me ayudó incluso cuando se enfrentaba peligrosamente a los demás; me ha demostrado, por tanto, que es una persona **muy fidelísima**.

El café que me pusiste el domingo pasado en tu casa estaba **muy calentísimo**.

---

[85] Como señala Gómez Torrego, se puede explicar su formación analítica solo en aquellos casos en que se le quiere dar un determinado énfasis (*Manual de español correcto, op. cit.*, pág. 144).

[86] Aunque esta construcción se está generalizando no deja de ser incorrecta.

IV. Las marcas comparativas *más, menos, tan,* nunca deben acompañar al adjetivo en grado superlativo.

> *María es* **más cursilísima** *que Juana.*

> *Los niños de hoy en día son* **menos sapientísimos** *que los de antes.*

> *La casa de Juan es* **tan sacratísima** *como si fuera un templo infranqueable.*

V. Los adjetivos sintéticos comparativos *mayor, menor, peor, mejor* van seguidos del nexo *que*, pero *inferior* y *superior* de *a*:

> *Mi perro es* **menor al** *tuyo.*
> (Correcto: mejor que.)

> *Los autobuses interurbanos de la provincia de Málaga son* **mejores a** *los de otras provincias.*
> (Correcto: mejor que.)

> *Yo vivo en un piso de esta calle* **superior que** *el tuyo.*
> (Correcto: superior al tuyo.)

VI. Hay adjetivos que tienen dos formas —una más culta y otra más popular— para constituir el superlativo absoluto: *amigo* ⇒ *amicísimo/amiguísimo; cruel* ⇒ *crudelísimo/cruelísimo; íntegro* ⇒ *integérrimo/integrísimo; pobre* ⇒ *paupérrimo/pobrísimo; simple* ⇒ *simplícisimo/simplísimo*, etc.

> *Se presentó hace un mes la* pobrísima *ceremonia del sorteo de los Mundiales de Fútbol.*

> *La* paupérrima *gestión del director ha llevado a la empresa a una situación de quiebra.*

> *Su compañero de partido defendió al diputado argumentando que era un* integérrimo *profesional de su ideología.*

> *Los niños de los países subdesarrollados son víctimas de la* crudelísima *realidad.*

> *Yo soy* amicísimo *de todos mis amigos.*

> *Los guerrilleros están siendo* crudelísimos *con toda la población civil.*

> *Este problema es* simplícisimo *comparado con otras calamidades de la vida.*

Algunos, sin embargo, solo presentan la forma culta, aunque en el habla coloquial se suele prescindir de ella en beneficio del adjetivo en grado positivo precedido del cuantificador *muy*: *antiguo* ⇒ *antiquísimo/muy antiguo*; *célebre* ⇒ *celebérrimo/muy célebre*; *libre* ⇒ *libérrimo/muy libre*, etc.

> *La historia que me contaste es* antiquísima.

> *Los pájaros son seres* libérrimos.

> *Miguel de Cervantes es un escritor* celebérrimo.

VII. Algunos superlativos sintéticos presentan dificultad y conviene conocer sus formas correctas:

antiguo   ⇒ *antiquísimo*, no *antigüísimo*
cursi   ⇒ *cursilísimo*, no *cursísimo*
noble   ⇒ *nobilísimo*, no *noblísimo*
fiel   ⇒ *fidelísimo*, no *fielísimo*
endeble   ⇒ *endeblísimo*, no *endebilísimo*
sagrado   ⇒ *sacratísimo*, no *sagradísimo*
caliente ⇒ *calentísimo*, no *calientísimo*
valiente ⇒ *valentísimo*, no *valientísimo*
célebre   ⇒ *celebérrimo*, no *celebrísimo*
libre   ⇒ *libérrimo*, no *librísimo*
mísero   ⇒ *misérrimo*, no *miserísimo*

Carece de grado positivo el superlativo *ubérrimo*.

VIII. Se debe evitar la expresión *como muy*, salvo cuando posea un claro valor comparativo o aproximativo, pues en los demás casos denota pobreza en el hablar:

> *Esta ley, que se anunciaba* **como muy** *progresista, es claramente regresiva comparada con la anterior.*

> *La iniciativa de los contendientes ha sido considerada en medios diplomáticos* **como muy** *positiva para las negociaciones de paz entre los dos países.*

Pronombres y determinantes

Situación de los pronombres en la oración

Pese a que el español permite una gran libertad en la posición de los elementos la oración, hay que tener en cuenta que existen unas reglas mínimas que deben respetarse. Para los pronombres conviene saber:

I. *En función de sujeto*:

Cuando aparezcan varios pronombres personales que desempeñan la función de sujeto en la oración, los de segunda y tercera persona se antepondrán siempre al de primera.

> Él y yo *sabemos que nunca podremos casarnos.*

> Tú y yo *hemos perdido el tiempo y ahora nos encontramos sin nada.*

> Él y yo *almorzamos siempre a la misma hora.*

Si la concurrencia de pronombres se presenta solo con el de segunda y tercera persona es indistinto el lugar que ocupen; todo dependerá del valor enfático que se les quiera atribuir.

> Tú y él *seréis siempre la pareja ideal*/Él y tú *seréis siempre la pareja ideal.*

II. *Formas átonas, con atención a la concurrencia*

La formas inacentuadas de los pronombres personales son las siguientes[87]:

Pronombres átonos		Singular	Plural
1.ª Persona		me	nos
2.ª Persona		te	os
3.ª Persona	C. directo	lo, la	los, las
	C. indirecto	le (se)	les (se)
Reflexivo e impersonal		se	

Por carecer estas formas de acento prosódico se apoyan siempre en el verbo, al que acompañan, como proclíticos o enclíticos. Hay ciertas exigencias y también preferencias en el uso, según los casos[88]:

1. Con el modo imperativo y con el presente de subjuntivo de valor imperativo, el pronombre debe posponerse al verbo si este introduce la oración, es decir, debe funcionar como enclítico; no así cuando se expresa prohibición; pues el verbo ya no es el primer elemento de la oración, y, por tanto, el pronombre debe ser proclítico[89]:

---

[87] En palabras de Alarcos, los pronombres personales átonos, que él llama *incrementos personales,* «[...] aluden (por anáfora o por catáfora) a otras unidades mentadas en el contexto lingüístico (es decir, palabras citadas previamente o palabras que se mencionarían posteriormente)», Emilio Alarcos Llorach, *op. cit.,* § 258.

[88] Señala Gómez Torrego que «[...] en los casos en que se admiten sin reparos la anteposición y la posposición de clíticos, aquella es más coloquial. En el lenguaje escrito culto es más frecuente la posposición», Leonardo Gómez Torrego, *Manual de español correcto, op. cit.*, II, pág. 98.

[89] Lo mismo sucede con las oraciones desiderativas cuyo verbo está en presente o imperfecto de subjuntivo: si el verbo encabeza la oración, el pronombre irá pospuesto, pero si no, el pronombre irá antepuesto. Ejemplos de los dos casos, respectivamente, son: *¡Quiéralo mi suerte!, ¡ojalá te salga todo bien!*

Lo explique *cuando le apetezca.*
(Correcto: Explíquelo *cuando le apetezca.*)

Le dad *cuanto antes todo lo que pide, pero que no lo vea más.*
(Correcto: Dadle *cuanto antes todo lo que pide, pero que no lo vea más.*)

No aflíjaste *porque ya ha llegado el fin.*
(Correcto: No te aflijas *porque ya ha llegado el fin.*)

No desme la lata *que ya estoy muy harta.*
(Correcto: No me des la lata *que ya estoy muy harta.*)

Se sienten.
(Correcto: Siéntense.)

2. En los tiempos simples del subjuntivo de oraciones subordinadas el pronombre es proclítico, al igual que en las formas simples del indicativo tanto en oraciones independientes como subordinadas[90]:

Quiero que me enseñes *cuanto sepas sobre este tema.*

Le contó *que era verdad.*

Te dijo que no lo veía *nunca.*

3. En las formas del gerundio y del infinitivo los pronombres átonos siempre son enclíticos:

Este niño vive dándole *mucho aliento a su hermana que está enferma.*

He decidido examinarlo *mañana muy temprano.*

Se da la salvedad de que cuando el gerundio o el infinitivo son los que soportan la significación en una perífrasis verbal, o están subordinados a otro verbo, los pronombres pueden ser atraídos por la forma verbal que introduce la perífrasis[91] o, en su

---

[90] Respecto a las formas simples del indicativo, la lengua escrita, a pesar de los pronombres como proclíticos, también los emplea como enclíticos, sobre todo si el verbo está usado en un tiempo del pasado e introduce una oración (véase Real Academia Española, *Esbozo, op. cit.*, § 3.10.6.).

[91] Para Francisco Marsá *(op. cit.*, pág. 136), en las perífrasis verbales no

caso, por el verbo de la oración principal. Así tenemos soluciones duales para un misma situación:

> Tengo que decírtelo: *me han echado del trabajo.* / Te lo tengo que decir: *me han echado del trabajo.*

> Quiero pintarlo *de color azul.* / Lo quiero pintar *de color azul.*

En las perífrasis verbales en que el verbo auxiliar es pronominal, el pronombre no podrá anteponerse, sino funcionar como enclítico del infinitivo[92]:

> **Se lo puso a escuchar** *con mucha atención.*
> (Correcto: Se puso a escucharlo *con mucha atención.*)

La misma solución se aplica ante la perífrasis de carácter impersonal *haber que* + infinitivo:

> **Se lo hay que decir** *todos los días a Tania.*
> (Correcto: Hay que decírselo *todos los días a Tania.*)

Igualmente sucede con las perífrasis verbales en las que se inserta el adverbio de negación *no* entre el verbo auxiliar y el verbo auxiliado:

> *Alicia* **te suele no obedecer**.
> (Correcto: *Alicia* suele no obedecerte.)

4. En las formas compuestas del paradigma verbal los clíticos se sitúan junto al verbo auxiliar, antepuestos en las formas personales y pospuestos en las de gerundio e infinitivo[93]:

---

se debe anteponer el pronombre personal átono, aunque reconozca ciertos hábitos en los hablantes. Sin embargo, dice que es inadmisible la colocación del pronombre tras el infinitivo cuando se trata de perífrasis de carácter incoativo con el verbo *echar*. Pone como ejemplo *lo echaste todo a perder* (correcto) / *echaste todo a perderlo* (incorrecto).

[92] Por contra, cuando se trate de un dativo ético se deberá anteponer: Se me echó a llorar *como una Magdalena.* / * ***Se echó a llorarme*** *como una Magdalena.*

[93] El *Esbozo* (*op. cit.*, § 3.10.6.) advierte que «[...] en las formas compuestas personales, el pronombre pospuesto al auxiliar se siente hoy como afectación pedantesca, en construcciones como: *helo estudiado, habíanme visto, habrémosle conocido,* etc.».

Rocío Jurado **hale cantado** *una copla muy bonita a la Faraona.*

(Correcto: *Rocío Jurado* le ha cantado *una copla muy bonita a la Faraona.*)

Habiéndome encontrado *en esta situación, no supe cómo reaccionar.*

5. Cuando concurren varios pronombres átonos todos van proclíticos o todos enclíticos, nunca irán unos antepuestos y pospuestos otros.

Me preguntábanlo *constantemente.*
(Correcto: Me lo preguntaban *constantemente* o Preguntábanmelo *constantemente.*)

La presencia simultánea de las formas átonas de complemento directo y complemento indirecto de 3.ª persona lleva a cambiar *le/les* por *se.*

Juan compró un regalo a María / *Juan* le ⇒ se lo *compró.*

Hay que prestar especial atención, por lo habitual que resulta ser el error, a la concordancia de número del pronombre *le, les* con su referente, que puede ser anafórico o catafórico. Se debe evitar la tendencia a utilizar la forma *le* en singular para referirse al complemento indirecto en plural[94]:

El señor González tiene que darle explicaciones a los españoles de qué ha hecho con el Banco de España y qué ha hecho con la Guardia Civil, que ha sido quien ha puesto a esos señores ahí.

Rodrigo Rato, *Hora 25*, SER, 11-4-94.

Como regla general de la concurrencia hay que tener presente lo siguiente: la forma *se*[95] del pronombre precede a todos, el de segunda persona irá siempre delante del de primera, y ambos antes del de tercera[96].

---

[94] Sobre esta cuestión, Alarcos dice que se trata de un «[...] uso más americano, que peninsular, aunque gana terreno», Emilio Alarcos Llorach, *op. cit.,* § 266.

[95] Marca de reflexividad, de pasiva refleja, de impersonalidad, o cambio fonético de *le/les* ante la presencia de otro pronombre átono de tercera persona.

[96] Esta regla siempre se cumple con independencia de la función que desem-

Además de lo expuesto, hay que tener en cuenta ciertas alteraciones fonético-sintácticas producidas como consecuencia de la conjunción de los pronombres enclíticos con el verbo, que pueden afectar bien al fonema final del verbo, bien a este y al inicial del pronombre. A saber:

1. Se elimina obligatoriamente la *s* de la primera persona del plural del subjuntivo con valor imperativo, delante del pronombre enclítico *nos*. Así debemos decir *unámonos, sentémonos, veámonos, contémonos,* y no *unámosnos, sentémosnos, veámosnos, contémosnos.*

> Bebámonos *el agua ahora que está fresquita.*

> Repartámonos *el trabajo antes de que sea demasiado tarde para acabarlo.*

2. La contigüidad de dos eses se resuelve en una sola cuando a la primera persona del plural también del subjuntivo con valor de imperativo le sigue el enclítico *se.* Son correctas, pues, formas como *contémoselo, vendámoselo, reconozcámoselo,* y no *contémosselo, vendámosselo, reconozcámosselo.*

> Contémoselo *cuanto antes o si no callemos para siempre.*

> Vendámoselo *hoy mismo, porque mañana le pondré un precio más alto.*

3. La segunda persona del plural del imperativo pierde la *d* final cuando tiene como enclítico la forma *os* —antiguo *vos*—: *sentaos, alejaos, acordaos,* en vez de *sentados, alejados, acordados.* Sólo el verbo *ir* conserva la *d: idos.*

> Sentaos, *por favor, que va a comenzar la función.*

> Alejaos *de aquí, porque corréis un gran peligro.*

---

peñen los pronombres sea la de complemento directo o indirecto. Por otro lado, piensa Marsá, que, en algunos casos, sería conveniente evitar la concurrencia de pronombres átonos, «[...] sustituyendo el de tercera persona por su correspondiente tónico; con lo cual se obtienen frases menos forzadas» (Francisco Marsá, *op. cit.*, pág. 142): *Te le ofreces siempre / Te ofreces a él siempre* (preferible).

Con el enclítico *os* también pierde la *s* la primera persona del plural del presente de indicativo: *envidiámoos, querémoos, escuchámoos,* y no *envidiámosos, querémosos, escuchamosos*[97].

Estos tres fenómenos responden a lo que se denomina metaplasmo, es decir, alteración de la estructura habitual de las palabras, bien por adición, supresión, transposición de sonidos o contracción de dos de ellos.

Leísmo: total y parcial

Se conoce como leísmo «[...] el empleo predominante de *le* en lugar de las formas de acusativo *lo* y *la*»[98]. La Academia, de acuerdo con el origen etimológico de los pronombres átonos de tercera persona, determina para el uso culto y literario a modo de norma general el uso de la forma *le* del singular como dativo para ambos géneros y como acusativo para el masculino de persona[99], pero no de cosa; mientras que *les* sólo representará al dativo plural de los dos géneros. Sin embargo, algunos estudiosos distinguen entre lo que se ha llamado leísmo parcial y leísmo total.

---

[97] En estos casos es preferible usar el pronombre como proclítico: *os envidiamos, os queremos, os escuchamos.*

[98] Real Academia Española, *Esbozo, op. cit.,* § 3.10.5. Desde un punto de vista general, el origen del leísmo se puede encontrar en razones de tipo morfológico y sintáctico; si bien, la aparición del leísmo vendría causada por la presencia del dativo con un número elevado de verbos que ya en latín lo regían, y en la posterior expansión de ese régimen a otros verbos, consiguiendo invadir lo que estaba reservado exclusivamente al complemento directo personal (Rafael Lapesa, «Sobre los orígenes y evolución del leísmo, laísmo y loísmo», *Festschrift Walther von Wartburg,* II, Tubinga, 1968, págs. 549-551). Su extensión geográfica alcanza zonas castellanas, leonesas y norteñas (véase Rafael Lapesa, *Historia de la lengua española,* 9.ª edición, Madrid, Gredos, 1981, § 116).

[99] No hay que olvidar que «en el siglo XVIII la pujanza del leísmo fue tal que en 1796 la Academia lo declaró único uso correcto para el acusativo masculino; después rectificó haciendo sucesivas concesiones a la legitimidad de *lo* hasta recomendarlo como preferible» (Rafael Lapesa, *Historia de la lengua española,* § 116). Por otro lado, para Salvador Fernández Ramírez, el uso de *le* como acusativo se realiza preferentemente cuando el pronombre alude a persona, no a cosa, lo que viene propiciado por la referencia personal de los dativos pronominales *(Gramática española,* Madrid, Arco/Libros, 1951, § 106).

El leísmo parcial consiste en el uso de las formas *le/les* de dativo como acusativo masculino de persona, en perjuicio de las formas *lo/los*[100].

> *El señor González podrá querernos convencer a algunos españoles, y a lo mejor algunos* **le** *creemos, de que en su momento él no lo sabía.*
>
> Rodrigo Rato, Hora 25, SER, 11-4-94.

> *Los fotógrafos que* **le** *han podido retratar dicen que tenía una sonrisa en los labios.*
>
> Hora 25, SER, 11-4-94.

También se dan casos de leísmo de *le/les* por *la/las*, aunque se trata en unas ocasiones de un hecho regional y en otras de una ultra-corrección, pues se piensa que utilizando la forma *la/las* —incluso en aquellos casos en que funciona correctamente como complemento directo femenino de persona o cosa— se incurre en laísmo.

> *A Alicia* **le** *cogen de la mano.*
> (Correcto: *A Alicia* la *cogen de la mano.*)

> *Inés está harta de que todos los días* **le** *llamen tanto por teléfono.*
> (Correcto: *Inés está harta de que todos los días* la *llamen tanto por teléfono.*)

Por su parte, el leísmo total consiste en el empleo de las formas *le/les* en función de acusativo masculino referido tanto a persona como a cosa. Se trata de un fenómeno menos extendido, ya que es solo dialectal.

> *La «biobasura», como* **le** *llaman en los países nórdicos, pioneros por excelencia, está constituida por materia orgánica residual y constituye un excelente abono pero también una estupenda fuente de energía primaria si se somete a un proceso de combustión.*
>
> Natura [n.º 121], IV-93, 63b.

---

[100] Hay que precisar que la Academia sólo lo admite para el singular, mientras que reprueba su uso en el plural, y que según sus datos no prospera tanto como el singular, aunque en la actualidad se trata de un hecho consolidado tanto en uno como en otro.

Lambada **le** *llaman y a su lado el tango es una danza para monjitas artríticas. Si aquí pasa como en Francia, donde, por su natural exhibicionismo, se han puesto todos a bailar lambada como locos, este otoño va a ser de infarto y de catarro.*

Época [n.º 236], 18-IX-89, 48a.

En ambos ejemplos lo correcto es la forma *la*.

Laísmo y loísmo

El laísmo es el empleo de las formas *la/las* en vez de *le/les* para la función de complemento indirecto femenino. El área de vigencia actual del laísmo —de tendencia popular— es bastante similar a la del leísmo de complemento directo referido a persona de género masculino, aunque quizá algo más reducida. Como nota curiosa, hay que señalar que quien practica el laísmo es a la vez leísta[101].

> *Pues, madre, he de decir***la** *que de los gastos del viaje no debe preocuparse y que yo, solo por verla a usted, ya sabe que pagaría eso y mucho más. Ya verá usted como mi novia le parece un ángel. Es buena y hacendosa y tan lucida como honrada.*

Camilo José Cela, *La colmena*, Madrid, Cátedra, 1988, pág. 201.

> *Andaba solo y hostil por las aceras populosas, se encontraba con alguien en la barra de una cafetería americana y apenas le daba tiempo a fumar un cigarrillo o a fingir que algo se* **la** *caía al suelo, y luego se marchaba subiéndose el cuello del abrigo, con la cabeza ladeada, buscando algo, buscándome, como si yo fuera su sombra y no pudiera desprenderse de mí ni mirarme de frente.*

Antonio Muñoz Molina, *Beltenebros*, 11.ª ed., Barcelona, Seix Barral, 1991, pág. 124.

Hay una tendencia laísta cada vez mayor en oraciones cuyo verbo es intransitivo, es decir, en aquellas que carecen de complemento directo:

> *No* **la** *importó que se llevaran a su hijo.* / Correcto: *No le importó que se llevaran a su hijo.*

---

[101] Emilio Alarcos Llorach, *op. cit.*, § 264.

Por último, el loísmo es el empleo de *lo/los* como complemento indirecto, sustituyendo a *le/les* del dativo masculino. Se considera un fenómeno vulgar y está muy poco extendido[102]:

> *Nunca* **lo** *he escrito una carta a Juan.*
> (Correcto: *Nunca* le *he escrito una carta a Juan.*)

> *Ayer* **lo** *di un libro a mi hermano para que se entretuviera un poco.*
> (Correcto: *Ayer* le *di un libro a mi hermano para que se entretuviera un poco.*)

Los tres fenómenos que afectan a los pronombres átonos de tercera persona, como ya se ha señalado, se producen en áreas geográficas concretas. Y «[...] entre todas las regiones españolas es Andalucía la que se mantiene más cerca del uso latino. En ella actúa únicamente como factor principal de alteración de los casos la tendencia a distinguir los complementos de persona de los de cosa: *le* puede sustituir a *lo* como acusativo masculino de persona, pero como dativo no admite sustitución en ninguno de los dos géneros. Es decir, que esta región (y con ella Canarias y el sur de Extremadura) se halla en general dentro de la norma que la Academia admite como aceptable»[103]. Esto explica la poca difusión del fenómeno en América. En Aragón también se mantiene un uso próximo al latino.

---

[102] De los tres fenómenos señalados, el leísmo (sobre todo el de complemento directo masculino de persona) y el laísmo son los más extendidos, y tienen repercusión en los distintos niveles socioculturales. Esta movilidad en el sistema pronominal átono se produce al fallar en nuestra lengua el sistema de casos del latín, en favor del de género. En la Edad Media se conserva aún su valor etimológico: «el dativo de cualquier género se indicaba con *le, les* (<illī, illīs); el acusativo se servía de *lo* (< illŭm e illŭd) para el singular masculino y para el neutro, de *la* (< illam) para el femenino, y de *los* (< illōs) y *las* (< illā) para los plurales masculino y femenino» (Rafael Lapesa, *op. cit.,* § 97). Pero siguiendo también a Lapesa, si la distinción de los casos era satisfactoria, la de géneros dejaba mucho que desear, pues no se diferenciaban en el dativo y la forma *lo* era válida para el masculino y el neutro. En cuanto al desarrollo del leísmo y el laísmo, piensa Francisco Marsá que «[...] podría conducir a un sistema de oposición simple, que acaso cabría denominar *lelaísmo*» *(le/les* para el acusatiuvo y dativo masculino y *la/las* para el acusativo y dativo femenino). («Leísmo y laísmo: explicaciones y datos históricos», *Philologica hispaniensia in honorem Manuel Alvar*, II, Madrid, Gredos, 1985, pág. 141.)

[103] Samuel Gili Gaya, *op. cit.,* § 175.

Uso incorrecto del pronombre reflexivo

En construcciones en las que aparece una idea de reflexividad, el sujeto[104] de la oración determinará la concordancia en número y persona con el pronombre reflexivo correspondiente, aunque en la práctica habitual se da una marcada tendencia a la incorrección consistente en emplear las formas reflexivas tónicas de tercera persona (*sí, consigo*) en lugar de otras personas gramaticales[105]: *volví en sí*[106]*, en lugar de volví en mí*:

> *Yo de por sí soy enemigo de las amnistías.*
> (Correcto: *Yo de* de por mí *[...].*)

> *Estoy fuera de sí desde que me enteré de que se ha acabado toda posibilidad de seguir trabajando en esto que, por lo menos, me gustaba.*
> (Correcto: *Estoy fuera* de mí *[...].*)

No existen en español las construcciones *con ti, con mí, con sí*, por lo que siempre ha de emplearse en su lugar, respectivamente, *contigo, conmigo, consigo*:

> *Enrique siempre reflexiona las cosas más cruciales de su vida con sí mismo.*
> (Correcto: *[...]* consigo *mismo.*)

Igualmente, las formas de tercera persona *sí* o *consigo* nunca pueden ser sustituidas por las formas *él, ella, ellos, ellas* con valor reflexivo.

---

[104] A veces, es el complemento directo el que impone la concordancia con el pronombre reflexivo: *Diste* de sí *el jersey.* / * *Diste* de ti *el jersey.* El sintagma *el jersey* ejerce la función de complemento directo de la oración; su número es el singular y la persona la tercera; ambos accidentes gramaticales condicionan en este caso la concordancia con el pronombre reflexivo: *en sí* y no *en ti.*

[105] No hay que olvidar que aunque la forma *usted* haga referencia al interlocutor (una segunda persona), la concordancia gramatical la ejerce con la tercera persona; por lo tanto, su uso reflexivo se expresará mediante la forma de tercera persona *en sí.*

[106] A este respecto, Ramón Carnicer dice que «[...] lo malo es que, por un proceso histórico que sería largo de explicar, este "sí" no aparece en la conciencia del hablante común como perteneciente a la tercera persona, sino como cosa ligada al verbo y a la preposición acompañante de cada una de las tres muestras, a modo de componente de algo sentido como otras tantas frases expresivas de acción, como una especie de perífrasis invariable» (*Desidia y otras lacras del lenguaje de hoy*, Barcelona, Planeta, 1983, págs. 145-146).

> *Alicia siempre lleva* **con ella** *el osito de peluche que le rega-*
> *ló su tía.*
> (Correcto: *Alicia siempre lleva* consigo *[...].*)

Por otro lado, en las oraciones impersonales, ante la ausencia de un sujeto explícito o implícito, la reflexividad se expresa con *uno mismo* y no con *sí mismo*.

> *Hay que creer en* uno mismo *si se quiere llegar lejos.*

Pero si el sujeto es el pronombre indefinido *uno* o *una* sí se
utiliza la forma reflexiva *sí mismo*:

> *El día en que* uno *confíe en* sí mismo *se acabará con las*
> *frustraciones.*

Incorrecciones de los relativos *que, cual, quien, cuyo*

Que

I. El pronombre relativo *cuyo* ha quedado prácticamente en
desuso, por lo que con frecuencia, aunque incorrectamente, se
sustituye por un *que* carente de función específica[107] en la oración, seguido por un posesivo. A este fenómeno se le conoce con
el nombre de quesuismo[108]:

> *Se ha publicado un* artículo **que su** *autor es conocido en*
> *el campo de la fisiología.*

> *Ayer vino el muchacho* **que su** *hermano es un afamado den-*
> *tista de Málaga.*

> *Llegamos a la explanada de los grandes almacenes,* **que en**
> **su** *interior encuentro siempre gangas.*

En este último ejemplo se puede ver que no siempre el sintagma que sigue al pronombre relativo *que* desempeña la función

---

[107] Gómez Torrego lo llama *que* desfuncionalizado; pues «[...] sólo desempeña función de *nexo,* pero no de sujeto ni de complemento verbal» (Leonardo
Gómez Torrego, *Manual de español correcto, op. cit.,* II, pág. 121).
[108] Se trata de un anacoluto considerado como vulgar, que sobre todo debe
evitarse en la lengua escrita.

sintáctica de sujeto, sino que puede realizar cualquier otra, de complemento circunstancial en este caso.

II. Cuando el relativo *que* funciona como complemento directo, no es posible la presencia simultánea de pronombres átonos que tengan la misma función[109].

> *Aquel asunto que* **lo** *zanjé tuvo días después consecuencias graves para todos.*

> *Este libro que* **lo** *estoy escribiendo parece no tener fin.*

III. El relativo *que* no lleva antepuesto el artículo en aquellos casos en que no va precedido de una preposición; es decir, siempre que no funcione como suplemento, complemento circunstancial, complemento indirecto o complemento directo con *a*.

> *Este ordenador* **el que** *me regalaste está ya bastante desfasado.*

> *El pastel* **el que** *me compraste ayer estaba buenísimo.*

Lo correcto en ambos casos es *que,* y no *el que*

IV. El relativo *que* debe ir precedido por la preposición adecuada cuando lo precise. Esto sucede siempre que funcione como complemento indirecto, suplemento o circunstancial.

> *[...] el 24 de junio pasado hubo un accidente en el mismo tramo de carretera,* **que** *tampoco se enteró SUR.*

> > Sur, 11-7-86.

> (Correcto: *[...]* del que *[...].*)

> *Tiene usted razón. Que ha habido un caso* **que** *se ha pretendido involucrarme.*

> > Rodrigo Rato, *Hora 25*, SER, 11-4-94.

> (Correcto: *[...]* en el que *[...].*)

Si el relativo funciona como complemento circunstancial de tiempo, la preposición es opcional, siempre que el antecedente no la necesite para su correcta formulación.

---

[109] Pero cuando el pronombre relativo *que* es complemento indirecto sí es posible, si se desea, utilizar un pronombre átono también con la misma función: *Este es el amigo al que (le) presté el dinero.*

El mes **que** *compré el televisor me resultó muy difícil llegar a final de mes.* (Compré el televisor en el mes... —sí necesita preposición; por tanto, delante de *que* debe aparecer la preposición *en*—).

Siempre tendré presente el día que *tú llegaste a esta ciudad.* (Tú llegaste el día... —no necesita preposición—).

Esto mismo sucede cuando la preposición del relativo es la misma que la de su antecedente.

Con los amigos que *salgo me lo suelo pasar muy bien.*

En la habitación que *me encuentro puedo estar más tranquilo de lo que imaginé.*

Cual, cuales

Estas formas siempre aparecen precedidas por el artículo: *el cual, la cual, lo cual, las cuales, los cuales*, y su función es la de introducir oraciones subordinadas explicativas, en ningún caso especificativas, excepto si al relativo le antecede una preposición.

Los jóvenes **los cuales** *fueron a la actuación de Víctor Manuel y Pablo Milanés lo pasaron muy bien.*
(Correcto: *Los jóvenes,* los cuales *fueron a la actuación de Víctor Manuel y Pablo Milanés, [...].*)

Esta es la razón por la cual *hizo un curso intensivo de francés en una academia.*

Se debe evitar el uso de estas formas en lugar de *cuyo*:

Aquí tienes este libro, la historia **del cual** *tanto te gusta.*
(Correcto: *Aquí tienes este libro,* cuya historia *[...].*)

A veces, se cometen incorrecciones por falta de concordancia:

Sean **cual** *sean tus razones, no lo aceptaré nunca.*
(Correcto: *Sean* cuales *sean tus razones [...].*)

Quien, quienes

Estas formas del pronombre relativo siempre están referidas

a personas, por lo que resulta incorrecto emplearlas con un antecedente de cosa, salvo que esté personificado:

> *Fue la tesis* **quien** *me causó esta depresión.*
> (Correcto: *Fue la tesis* la que *[...].*)

> *Tu cara de pena fue* **quien** *me hizo cambiar de idea.*
> (Correcto: *Tu cara de pena fue* la que *[...].*)

Cuyo

Desempeña únicamente la función de adjetivo y concuerda
con el sustantivo que le sigue, del que es adyacente. La par-
ticularidad de este pronombre relativo, que posee variación de
género y número, estriba en el valor significativo de pertenencia, al igual que los posesivos[110]. Por tanto, es un error frecuente utilizarlo cuando no tiene el sentido de posesión:

> *Juan se puso el traje,* **cuyo** *traje se compró en París.*
> (Correcto: *[...]* que *se compró en París.*)

> *Fui ayer al cine,* **cuyo** *cine estaba en ruinas.*
> (Correcto: *[...]* que *estaba en ruinas.*)

> *Leí una novela de Cervantes,* **cuyo** *autor nació en Alcalá de*
> *Henares.*
> (Correcto: *[...]* que *nació en Alcalá de Henares.*)

Mal uso de los posesivos

Se ha generalizado cada vez más el empleo de las formas
posesivas en determinadas construcciones de carácter adverbial,
en vez de utilizar un pronombre personal precedido de una preposición. Es erróneo el uso de *detrás nuestro, delante suyo,*
enfrente mío, por encima tuya, etc., pues se debería decir *detrás*
de nosotros, delante de él, enfrente de mí, por encima de ti[111], *etc.*

---

[110] Señala Alarcos que «[...] el relativo *cuyo* hoy es solo propio de la lengua cultivada y escrita», Emilio Alarcos Llorach, *op. cit.*, § 136.

[111] Alarcos señala que este uso viene dado por «la equivalencia de la referencia del posesivo con el sustantivo personal precedido de la preposición de», ya
que «[...] la íntima relación de los posesivos con los sustantivos personales se reve-

Siempre que vamos al cine hay una cola muy grande. Yo no soporto más que siempre haya tanta gente **delante nuestra.**
(Correcto: *[...] que siempre haya tanta gente* delante de nosotros.)

Este vecino que vive por **encima mía** *no deja de arrastrar los muebles a todas horas.*
(Correcto: *Este vecino que vive por* encima de mí.)

Sin embargo, existen expresiones que admiten ambas formas, la posesiva y la pronominal con preposición. Son aquellos casos en que no se trata de modificar o complementar a un adverbio, sino a un sustantivo. Por ejemplo, *al lado mío* o *al lado de mí, de parte mía* o *de parte de mí*. Tal vez estas construcciones hayan condicionado a las otras para incurrir en la incorrección.

Juan está de parte mía *y no* en contra de mí.

Antonio va muy frecuentemente al fútbol. Rafael siempre se sienta al lado suyo.

Otras incorrecciones en las que se incurre al usar los posesivos es la frecuente discordancia con la persona a la que se refieren:

Nosotros nos salimos **con la suya** *al conseguir que se marchara de la reunión.*
(Correcto: *Nosotros nos salimos* con la nuestra.)

Tú siempre me has acogido en tu casa cuando he estado en apuros; yo, **a su vez***, te he dado todo lo que siempre me has pedido.*
(Correcto: *[...] yo,* a mi vez, *[...]*.)

No es signo de buen estilo usar el adjetivo *mismo* con un valor pronominal, si se puede emplear el posesivo *su, sus,* por más que el empleo se haya generalizado:

Examiné con detenimiento los objetos de María y los libros **de la misma.**
(Correcto: *[...] los objetos de María y* sus libros.)

Así, tras la retirada de las competencias en materia económica a la cofradía, la lonja salió a subasta el pasado mes

---

la, sin más, en sus mismos significantes, que ofrecen evidente comunidad fonemática: *mío-mí, tuyo-tú, suyo-sí, nuestro-nosotros, vuestro-vosotros».* Por otro lado, afirma que, aunque alguno de estos usos no es recomendable, «[...] es frecuente tanto en Hispanoamérica como en España» (Emilio Alarcos Llorach, *op. cit.*, § 130-131).

de agosto, esperándose que en breve plazo se lleve a cabo la *concesión* **de la misma.**

(Correcto: *[...] que en breve plazo se lleve a cabo* su concesión.)

Sur, 7-IX-91, 4.

Determinantes antepuestos a nombres propios

Como regla general, los nombres propios de persona y lugar no deben ir precedidos de ningún determinante. Pero, a pesar de esto, no son pocas las excepciones que se producen en la práctica habitual del idioma.

Se antepone el artículo:

I. Cuando se quiere designar con un nombre propio o apellido a un conjunto de personas que los tienen comunes:

Los Pérez *son tantos que no hay manera de contarlos.*

Hoy empezarán las oposiciones de instituto por los Ramírez.

II. Cuando se emplean nombres famosos aplicados simbólicamente a otra persona:

Este hombre es el Hitler *de este lugar.*

Todos dicen que ha llegado con unas ganas de comerse el mundo, aunque rueden cabezas. Es, sin duda, el Robespierre *del siglo veinte.*

III. Cuando se hace referencia a una gran figura del espectáculo:

El dieciséis de mayo de mil novecientos noventa y cinco falleció, tras una larga enfermedad, la Lola de España.

IV. Cuando se nombra un libro por su autor:

El Corominas *es indispensable para los estudiantes de Filología Hispánica.*

V. Cuando se menciona un monte o un río, por sobrentenderse el nombre común:

El Sena atraviesa París.

VI. Cuando forma parte del nombre propio de lugar[112]:

> *La Habana es la capital de Cuba.*

> *El Escorial* está muy cerca de Madrid.

VII. Cuando los nombres propios de lugar llevan un complemento distintivo:

> *El turismo siempre viene buscando* la España de bata de cola y peineta.

Referido a personas y como sustitutos de estas, se debe evitar el uso del pronombre demostrativo, salvo que la conversación tenga lugar en un ambiente familiar. Y, desde luego, nunca se deben utilizar las formas *esto, eso*, por resultar ser de tono despectivo.

> **Esta** *está tonta del todo.*

> **Eso** *es más torpe que un arado.*

Determinantes antepuestos a palabras que comienzan con *a* o *ha* tónica

Los sustantivos femeninos que empiezan por *a* o *ha*[113] *tónica van precedidos por las formas el, un, algún y ningún,* aparentemente masculinos[114], excepto aquellos sustantivos que designan las letras del alfabeto (*la a, la hache*), así como los que son invariables, por distinguirse el género masculino o femenino úni-

---

[112] Así sucede con El Cairo, El Salvador, Los Alpes, El Reino Unido, La Coruña, El Escorial, Las Palmas, etc. En los demás casos, se deberá evitar el uso del artículo delante del nombre propio. De este modo, el artículo sobra en los Estados Unidos, el Perú, la Argentina, la Francia, etc.; lo correcto es Estados Unidos, Perú, Argentina, Francia, etc.

[113] Por tanto, esta regla no vale para los adjetivos que, intercalándose entre el determinante y el sustantivo, empiecen por *á* o *há* tónicas.

[114] *El y un* son históricamente formas femeninas, pues respectivamente proceden de *illam>ela>el(a)* y de *unam>una>un(a),* con caída de la *a* final ante la *a* o *ha* tónicas del sustantivo correspondiente. Las otras dos se explican por ser formas compuestas de las anteriores.

camente a través del artículo (*la árabe, la ácrata*). Los demás determinantes presentan siempre la forma habitual del femenino:

> **La águila** *es la reina de todas las aves.*
> (Correcto: el águila.)
>
> *Todos los alumnos del quinto curso entraron corriendo en* **este aula.**
> (Correcto: esta aula.)
>
> **Alguna alma** *de esta ciudad se salvará.*
> (Correcto: algún alma.)
>
> *No tengo* **ninguna hambre** *después de la noticia que me has dado.*
> (Correcto: ningún hambre.)

Si entre los determinantes señalados y el sustantivo se intercala otra palabra, aquellas recuperan su forma habitual[115].

> *Raquel bebió ayer de* la cristalina agua *de este pozo.*
>
> La gran aula *resultó ser pequeña para ese millar.*

----

[115] En una situación parecida se encuentra la secuencia *veintiún mil pesetas* (correcto) aunque el sustantivo *pesetas* no empiece por *a* o *ha* tónicas, pues en la práctica se tiende a decir *veintiuna mil pesetas,* olvidando que la concordancia debe efectuarse con *mil* que es masculino.

Elementos de relación

En español, como en la mayoría de las lenguas, contamos con un conjunto de palabras, más o menos cerrado, cuya principal finalidad es establecer relaciones entre los elementos de una oración o entre oraciones distintas. Son las preposiciones y las conjunciones.

A diferencia de verbos, sustantivos, adjetivos y adverbios, las preposiciones y conjunciones no son palabras autónomas o independientes que puedan cumplir por sí solas una determinada función dentro de un enunciado, sino que presuponen a las anteriores y marcan las relaciones que surgen entre ellas.

El uso inadecuado de estos relacionantes puede dar lugar a variaciones de sentido que, en ocasiones, dificultan la correcta interpretación de un texto.

Preposiciones: usos impropios

La definición que proporciona la Real Academia para las preposiciones «[...] partículas proclíticas (salvo *según*) que encabezan un complemento nominal de otra palabra y lo subordinan a ella»[116] nos muestra, entre otros, los siguientes rasgos:

a) son átonas en el discurso (excepto *según*);

---

[116] Real Academia Española, *Esbozo, op. cit.*, § 3.11.4.c.

b) son palabras invariables, es decir, carecen de morfemas de género y número;

c) su función es la de enlace, conectan nombres, pronombres, adjetivos u oraciones, por lo que carecen de autonomía.

A esta caracterización formal hemos de añadir que, desde una perspectiva semántica, las preposiciones tienen significados[117] que son bastante claros en algunos casos (*contra, bajo, ante...*); pero que en otros, sobre todo con las más empleadas (*a, de, en...*), el sentido es mucho menos preciso. Así, gramáticos como Alcina y Blecua distinguen entre preposiciones vacías y preposiciones llenas. Las primeras «[...] aparecen como simples marcas de enlace con múltiples posibilidades de redacción cuyo significado es función tanto de la palabra con que se relaciona como del término que introducen [...]». En cambio, las preposiciones llenas «[...] se emplean en un reducido número de realizaciones de acuerdo con su significado [...]». De esta forma, consideran vacías las preposiciones *a, con, de, en* y, en algunos aspectos, *por*, mientras que todas las demás son preposiciones llenas[118].

En cuanto al inventario de las preposiciones, la Academia incluye las siguientes: *a, ante, bajo, cabe, con, contra, de, desde, en, entre, hacia, hasta, para, por, según, sin, so, sobre* y *tras*[119]. Antes también se ponía *pro* en esta lista, pero ya no lo hace ninguna gramática. A juicio de Alarcos, «[...] se trata de un cultismo de uso limitado a ciertas fórmulas como *cupón pro ciegos*, *manifestación pro amnistía* [...]»[120]. El caso de *según* es muy claro, puesto que no comparte con las preposiciones el carácter átono (*según* es una unidad tónica); los pronombres personales de primera y segunda persona en singular no adoptan ante *según* las formas *mí, ti*, como sucede con las demás preposiciones, sino los significantes *yo, tú*; y, finalmente, *según* puede aparecer aislada y combinarse directamente con verbos[121].

---

[117] El único caso en que una preposición no tiene significado es el que se produce cuando *a* introduce un complemento directo de persona o un complemento indirecto, donde *a* sólo indica función.

[118] Juan Alcina Franch y José Manuel Blecua, *Gramática Española*, Ariel, Esplugues de Llobregat (Barcelona), 1975, § 6.2.5.

[119] Real Academia Española, *Esbozo, op. cit.*, § 3.11.5.

[120] *Op. cit.*, § 283.

[121] Emilio Alarcos Llorach, *op. cit.*, § 284.

También las preposiciones *so* y *cabe* son consideradas arcaicas. La primera, se presenta solo en algunas locuciones preposicionales formadas exclusivamente con los sustantivos *capa, color, pena* y *pretexto. Cabe* restringe su uso a algunas obras poéticas y textos muy cultos.

No faltan gramáticos que aumentan esta lista de nexos con *durante* y *mediante.* Actualmente, tanto la Academia como la mayoría de los diccionarios los categorizan como adverbios[122], a pesar de que ya Bello[123] había señalado su carácter prepositivo en el siglo pasado.

Otro tanto ocurre con las palabras *excepto, salvo* y *menos.* Sin embargo, a diferencia del resto de las preposiciones, *excepto, salvo* y *menos* no se combinan con las formas *mí* y *ti* de los pronombres personales de primera y segunda persona del singular, sino que lo hace con *yo* y *tú,* por lo que resulta más dudosa su inclusión entre las partículas prepositivas[124].

Los errores que se cometen en el empleo de las preposiciones son de tres tipos:

a) por omisión de la preposición cuando es necesaria su presencia,

b) por uso indebido de la preposición cuando no es precisa, y

c) por dar a la preposición un valor semántico que no tiene o que es propio de otra partícula prepositiva distinta[125].

---

[122] Real Academia Española, *Esbozo, op. cit.,* § 3.16.16.f.

[123] Andrés Bello, *Gramática de la lengua castellana, Op. cit.,* § 1189.

[124] No son pocas las dificultades que encontraremos si queremos separar de forma tajante las preposiciones del resto de las categorías gramaticales. Para resolver el problema deberíamos acercarnos más al concepto de *función,* pues hay casos en que una supuesta preposición puede adquirir en el discurso las funciones de un adverbio, y viceversa. Un ejemplo muy claro es el de la forma *hasta* que puede aparecer tanto con las formas *yo, tú,* como con sus dativos *mí, ti;* pero una u otra combinación comporta diferencias funcionales y de significado. Compárese: *Las críticas llegarán hasta ti,* y *Hasta tú puedes ayudar en el proyecto.* En el primer ejemplo es claro su valor prepositivo mientras que en el segundo la forma *hasta* puede reemplazarse sin problemas por el adverbio *incluso*: *Incluso tú puedes ayudar en el proyecto.*

Obsérvese la diferencia entre la función prepositiva y la adverbial en la comparación que Alarcos (*op. cit.,* § 285) hace de las siguientes frases: *Subieron hasta la cima* y *Hasta la cima subieron.*

[125] Hay otros fenómenos, como el *queísmo,* el *dequeísmo,* algunos casos de *transitivación e intransitivación incorrecta de verbos* y de errores ante *ver-*

Estos son los aspectos que vamos a tener en cuenta al exponer las incorrecciones que afectan con frecuencia a cada uno de estos enlaces.

La preposición a

Por ser una de las más usadas en español, se encuentra entre las preposiciones con mayor número de valores significativos. Tal vez debido a ello, muchas veces se emplea como una especie de *preposición comodín* que sirve para casi todo, con lo que se da lugar a errores de diversa índole.

Veamos los usos más importantes de la preposición *a* señalados por la Academia[126]: como marca funcional del complemento directo de persona y el indirecto (*Vi a José en la playa*; *Mi mujer hizo un regalo a sus sobrinos*); el complemento directo se construye con la preposición *a* con nombres de persona (*Veré a tu hermano mañana*; *Atended bien a Tania*), o bien con nombres comunes personificados (*Ama a la vida*); también se construye el complemento directo con preposición en los casos en que se quiera evitar la ambigüedad (*Todos le temen como al veneno*)[127]. Con algunos verbos indica finalidad (*Me invitará a colaborar en su trabajo*); la dirección o el término a que se encamina alguna persona o cosa (*Viajaremos a París*; *Me dirijo al trabajo*); el lugar y el tiempo en que sucede alguna cosa (*Lo cogieron a la puerta*; *Vendrá a la noche*); se opone a *de* en indicaciones de distancia, tiempo o diferencia (*La manifestación se extiende de calle a calle*; *Del dicho al hecho hay un gran trecho*); en ocasiones se usa con el

---

bos que rigen preposición, que, aunque relacionados con el empleo de las preposiciones, son tratados en los correspondientes apartados de este libro.

[126] Real Academia Española, *Esbozo*, *op. cit.*, § 3.11.5.a.

[127] Como excepción a lo indicado, no pueden llevar la preposición *a* los complementos directos formados por nombres propios usados como comunes como en *El ejército español necesitaba muchos Napoleones*, donde *Napoleones* adquiere el valor significativo de 'buen estratega'. Tampoco es recomendable el uso de *a* ante complementos directos cuyo núcleo es un nombre común de persona si tiene un sentido de indeterminación. Compárense las secuencias *Busco un limpiabotas* y *Busco a un limpiabotas*; la diferencia radica en que, en el primer caso puede ser un limpiabotas cualquiera, mientras que en la segunda frase se busca a uno en concreto, conocido por el hablante.

mismo valor de *hasta* (*El agua de la inundación nos llegaba a la cintura*); indica el modo de hacer alguna cosa (*Recorrieron mil kilómetros a pie*; *Mató a golpes a la rata que había en la despensa*); la conformidad con otra cosa determinada (*a fe de hombres de bien*; *a fuero de Aragón*); la distribución o cuenta proporcional (*El brebaje contiene alcohol al treinta por ciento*); el precio de las cosas (*Las acciones de mi empresa se cotizan a doce mil pesetas*); la situación de persona o cosa (*El espía se situó a la izquierda del Presidente*); la costumbre o usanza (*No hay nada como vivir a la española*); el móvil o fin de alguna acción (*El juez ha ordenado la investigación a instancias del fiscal*); el instrumento con que se ejecuta alguna cosa (*Lo molieron a palos*); a veces equivale a la conjunción condicional *si* (*A no afirmarlo tú, lo dudaría*).

1. Omisión indebida de *a*

No debe suprimirse la preposición *a* cuando el verbo la rige, ni siquiera si se introduce una oración subordinada de relativo:

> *La victoria* **que** *opta Arancha Sánchez Vicario la confirmaría como primera jugadora del tenis mundial.*
> (Correcto: *La victoria* a la que *opta Arancha Sánchez Vicario [...].*)

Otros verbos con los que se suele omitir la preposición *a* incorrectamente son *acostumbrarse*[128], *afectar* (en el sentido de 'dañar', 'influir'):

> *No me* **acostumbraré vivir** *con tanta presión.*
> (Correcto: *No me* acostumbraré a vivir *con tanta presión.*)

> *Las pastillas que me diste para el dolor de cabeza me afectaron* **el estómago**.
> (Correcto: *[...] me afectaron* al estómago.)

Por calco del inglés, en las construcciones *jugar tenis*, *jugar baloncesto*, se comete el error de suprimir el nexo *a*, pues el verbo *jugar* requiere el empleo de una preposición para introducir un complemento. Lo correcto es *jugar* al *tenis*, *jugar* al *baloncesto*.

---

[128] El verbo *acostumbrar* en su acepción de 'soler', 'tener costumbre', admite la doble construcción, con preposición o sin ella. Así, tanto *Acostumbra llegar puntualmente* como *Acostumbra a llegar puntualmente*, son expresiones correctas en español.

2. Presencia innecesaria de *a*

Está muy extendido el uso de la preposición *a* cuando no es necesario con el verbo *dignarse*. Este verbo no rige ningún complemento con preposición; el ejemplo de uso que da el *Diccionario* de la Academia como correcto es «se dignó bajar del palco»[129]; por tanto, no es adecuado el empleo de *a* en los siguientes textos:

> *Mario, sin* **dignarse a** *contestar a mis palabras, se dirigió al mostrador de recepción y, [...], pidió al recepcionista que llamara a un taxi.*
>
> Soledad Puértolas, *Queda la noche*,
> Barcelona, Planeta, 1989, pág. 40.

(Correcto: *Mario, sin* dignarse contestar *mis palabras, se dirigió al mostrador de recepción [...].*)

> *Estaba tan enfadado conmigo que, cuando entré en casa, no* **se dignó a** *mirarme a la cara.*
>
> (Correcto: *[...] no se* dignó mirarme *a la cara.*)

Otros verbos y expresiones que no rigen ningún tipo de preposición, y que a veces se acompañan incorrectamente con *a* introduciendo un complemento, son *abdicar, rehusar, conllevar* o *estar completo*:

> *Inmaculada rehusó* **a** *irse de viaje para quedarse con su novio.*
>
> (Correcto: *Inmaculada* rehusó irse *de viaje para quedarse con su novio.*)

> *Dos horas antes del partido el estadio estaba ya* **al** *completo.*
>
> (Correcto: *[...] el estadio estaba* ya completo.)

No debe utilizarse la preposición *a* para introducir un complemento directo como en los siguientes ejemplos:

> *Bodino trató de salvar* **a** *la política del amoralismo a que la había llevado Maquiavelo, al poner «la impiedad y la injusticia por fundamentos de las repúblicas».*
>
> Manuel García Pelayo, *Los mitos políticos*,
> Madrid, Alianza Universidad, 1981, pág. 48.

Correcto: *Bodino trató de salvar la política [...].*

---

[129] DRAE, *op. cit.*, s.v. *dignarse*.

> *El cambio de letra, por permitir la minúscula hacer copias*
> *rápidas y baratas, salvó* **a** *muchos libros antiguos del olvido y*
> *de la desaparición [...].*
>
> Hipólito Escolar Sobrino, *Historia del libro*, Madrid, Fundación
> Germán Sánchez Ruipérez, Pirámide, 1988, pág. 196.
>
> (Correcto: *[...]* salvó muchos libros *antiguos del olvido [...].*)

Nunca debe escribirse *a* delante de los adverbios *abajo, arriba, adelante, atrás, aquí, acá, allí, allá, afuera.* Así pues, son incorrectas secuencias muy usadas como *de arriba a abajo, de dentro a afuera, de delante a atrás, de atrás a adelante, de entonces a acá, boca a abajo, boca a arriba.* En todas ellas hay que suprimir la preposición; por ejemplo:

> *[...] contrapone la fea, vieja y aristocrática dama de la*
> *metafísica, aristocrática puesto que se construye jerárquica-*
> *mente* **de arriba a abajo,** *a la joven, hermosa y democrática*
> *moza de la ciencia, democrática puesto que se constituye* **de**
> **abajo a arriba** *mediante la aportación de innumerables datos*
> *de la observación y de la experiencia.*
>
> Manuel García Pelayo, *Los mitos políticos*, Madrid,
> Alianza Universidad, 1981, pág. 89.
>
> (Correcto: *[...] puesto que se construye jerárquicamente* de
> arriba abajo, *a la joven, hermosa y democrática moza de la cien-*
> *cia, democrática puesto que se constituye jerárquicamente* de
> abajo arriba *[...].*)

Un caso interesante es el del conjunto preposicional *a por.* Esta locución, que comenzó a extenderse por toda la Península desde la segunda mitad del siglo XIX en contextos donde había verbos de movimiento, es tachada de vulgar por nuestros académicos. Ciertamente, el uso de la preposición *a* no es necesaria en *Voy a por el pan, Saldré a por hielo* (lo correcto es *Voy por pan, Saldré por hielo*). No obstante, en algunos casos la combinación *a por* presenta la ventaja de que deshace posibles ambigüedades. Así, la frase *Volvió por ella* puede interpretarse como 'volvió para recogerla', o bien 'volvió por causa de ella, porque ella lo había pedido'; esta ambivalencia desaparece si la oración es *Volvió a por ella*, donde solo cabe el primer sentido[130].

---

[130] Aunque la Real Academia Española afirma sobre la combinación *a por* que «[...] la conversación culta de España suele sentirla como vulgar y procura evitarla [...]» (*Esbozo, op. cit.*, § 3.11.2.f) está muy difundido su uso, no sólo en habla sino también en muchos escritores importantes.

Recogemos aquí algunos ejemplos no adecuados de *a por*:

> *Está totalmente prohibido apurar la copa de un trago o dos,*
> *correr **a por** más líquido, [...], y cualquier otra acción que*
> *demuestre que es usted un famélico advenedizo.*
>
> Ángel Amable, *Manual de las buenas maneras*,
> 5.ª ed., Madrid, Pirámide, 1991, pág. 78.
>
> (Correcto: *Está totalmente prohibido apurar la copa de un*
> *trago o dos, correr* por *más líquido [...].*)

> *Estoy preocupada por Víctor. Hace más de dos horas que*
> *bajó **a por** el periódico y aún no ha regresado.*
>
> (Correcto: *[...] bajó* por *el periódico y aún no ha regresado.*)

Cada día es más frecuente el empleo de las construcciones de un sustantivo más la preposición *a* seguida de un verbo en infinitivo, que funciona como complemento de un sustantivo (*cosas a hacer, viaje a realizar, modelo a imitar*, etc.). Estamos ante un galicismo sintáctico que nada tiene que ver con ningún tipo de estructura del español y que produce un efecto de pedantería. En estos casos siempre podremos utilizar, en vez de *a*, el relativo *que* (*cosas que hacer*), y, en otros casos, las preposiciones *para* (*Hay muchas cosas para hacer*) y *por* (*Aún quedan cosas por hacer*). Así, no podemos aceptar como correctos:

> *El suelo pino y rebozado de agua, resbaladizo, añadía un*
> *nuevo **obstáculo a tener** en cuenta, pero no podía seguir espe-*
> *rando en la gruta, [...].*
>
> Antonio Hernández, *Volverá a reír la primavera*,
> Madrid, Mondadori, 1989, pág. 223.
>
> (Correcto: *[...] añadía un nuevo* obstáculo que tener *en*
> *cuenta [...].*)

Manuel Seco señala que «[...] no hay, sin embargo, razón seria para censurar este uso, tan legítimo como otras combinaciones de preposiciones (*de entre, por entre, para con*, etc.) nunca repudiada por los gramáticos» y luego recoge su empleo literario en autores como Galdós, Torrente, Azorín, Martín-Santos, así como la defensa que de la locución hacen Unamuno, Benavente y Casares (*Diccionario de dudas y dificultades de la lengua española*, 9.ª ed., 9.ª reimpr., Espasa Calpe, Madrid 1995, s.v. *a*^{2}). Nos decantamos por usar *a por* siempre que la ausencia de *a* pueda originar ambigüedades, intentando no emplearla en frases en las que la preposición *a* no aporta nada nuevo al sentido o el significado. Por tanto, nos parece, si no incorrecto, al menos no recomendable la presencia de *a* en secuencias del tipo *Voy a por tabaco*, ya que no hay ninguna diferencia de sentido con respecto a *Voy por tabaco*.

Estas últimas tienen **funciones** *características* **a desem-**
peñar *dentro de la oración en relación con los elementos de la*
misma, es decir, el sujeto, el predicado y los complementos.

J. Roca-Pons, *Introducción a la gramática*,
6. ed., Barcelona, Teide, 1985, pág. 259.

(Correcto: *Estas últimas tienen* funciones *características*
que desempeñar *[...]*.)

3. Empleo de *a* en lugar de otra preposición

a) *A* en lugar de *con*. Se da sobre todo en construcciones como
de acuerdo a, en relación a, a pretexto de, al objeto de, a la mayor
brevedad; en todos los casos debe utilizarse *con* en lugar de *a*[131]:

> *[...] los deseos expresados por cada nación y república*
> *yugoslava para fijarse un status* **de acuerdo a** *sus específicos*
> *y genuinos intereses.*

Sur, 8-IX-91, pág. 49.

(Correcto: *[...] para fijarse un status* de acuerdo con *sus*
específicos y genuinos intereses.)

> *La utilización de los servicios de ayuda en la vida diaria fue*
> *la esperada* **de acuerdo a** *las características de los habitan-*
> *tes del centro [...].*

Rocío Fernández-Ballesteros, *El ambiente. Análisis psicológico*,
Madrid, Pirámide, 1987, pág. 235.

(Correcto: *[...] fue la esperada* de acuerdo con *las carac-*
terísticas de los habitantes del centro [...].)

> *Espero que me envíen los informes* **a la mayor brevedad.**

(Correcto: *Espero que me envíen los informes* con la mayor
brevedad.)

b) *A* en lugar de *contra*. Se oyen con frecuencia expresiones del tipo *atentar a, atentado a*, en las que es preferible sustituir la preposición *a* por *contra*, que es la que indica con mayor
claridad oposición o contrariedad en sentido recto o figurado. Por
tanto, no son aceptables:

> *La actitud de la oposición es un atentado* **a** *las buenas cos-*
> *tumbres.*

(Correcto: *[...] es un atentado* contra *las buenas costumbres.*)

---

[131] En el caso de *a pretexto de*, la preposición *a*, usada erróneamente, puede
sustituirse por el nexo *con*; pero también, en un estilo más culto, se puede reemplazar con la partícula prepositiva *so*: *so pretexto de* o *con [el] pretexto de*.

*Los etarras atentaron ayer **al** cuartel que la Guardia Civil tiene en Irún.*

(Correcto: *[...] atentaron ayer* contra *el cuartel que la Guardia Civil tiene en Irún.*)

*Aparcar el coche en doble fila es una infracción **al** código de circulación.*

(Correcto: *[...] es una infracción* contra *el código de circulación.*)

c) *A* en lugar de *de*. Este tipo de sustitución incorrecta de *a* se debe en gran parte a la influencia del francés, donde la preposición *a* tiene muchos de los valores que en español se sitúan en el campo semántico del nexo *de:*

*Y esa es la decisión, presentarse a las elecciones vascas. «Hay que pasar por ellas, aunque no nos detengamos en el camino **a** las municipales».*

El Sol, 1-VII-90, pág. 10.

(Correcto: *[...] en el camino* de *las municipales.*)

*El consejo de ministros aprobó las anunciadas medidas de fomento **al** empleo de parados mayores de 45 años.*

(Correcto: *[...] medidas de fomento* del *empleo de parados mayores de 45 años.*)

De hecho, es galicismo sintáctico un gran número de construcciones en las que aparece la preposición *a* introduciendo a un sustantivo como complemento de otro sustantivo: *motor a gasolina, máquina a vapor, pantalón a rayas, radio a pilas, avión a reacción, foto a color*, etc. En la mayoría de estos casos hay que sustituir la preposición *a* por *de: motor de gasolina, máquina de vapor, pantalón de rayas, radio de pilas, avión de reacción*; o por *en: foto en color*[132].

Otras expresiones donde hay que sustituir la preposición *a* por *de* son las del tipo

*escapar **a** algo o alguien* (correcto: *escapar* de *algo o alguien*)

*en honor **a** algo o alguien* (correcto: *en honor* de *algo o alguien*)

*hacer mención **a** algo o alguien* (correcto: *hacer mención* de *algo o alguien*)

---

[132] Pese a todo, parece que algunas estructuras de este tipo han logrado imponerse, por lo que ya no se siente como incorrectas expresiones como *olla a presión*, o incluso *avión a reacción*.

*arrancar **a** cuajo* (correcto: *arrancar* de *cuajo*)

*estar pendiente **a** algo o alguien* (correcto: *estar pendiente* de *algo o alguien.*)[133]

Tras el adverbio *antes* la única preposición que puede seguir para introducir un complemento es *de*, en ningún caso *a*. Por tanto es incorrecto:

*Diez días antes **al** suceso, la policía había sido informada por una llamada telefónica.*
(Correcto: *Diez días antes* del *suceso [...].*)

d) *A* en lugar de *hasta*. El nexo *hasta* posee, entre otros, el valor semántico de 'término del cual no se pasa'. Este sentido no se encuentra dentro de las variedades de significado de la preposición *a*, por lo que son equivocadas expresiones como *al extremo de* o *al punto de*, seguidas ambas de un infinitivo o una oración subordinada:

*Si la guerra continúa este invierno, se llegará **al** extremo de que la población sea víctima de una gran hambruna.*
(Correcto: *[...] se llegará hasta* el *extremo [...].*)

*Los ánimos se encresparon **al** punto de llegar a las manos varios miembros de cada familia.*
(Correcto: *[...] hasta* el *punto de llegar a las manos [...].*)

e) *A* en lugar de *en*. Algunas expresiones a las que se añade la preposición *a* indebidamente quedarían mucho más claras si se empleara el nexo *en*:

Al *descanso del partido, el equipo local dominaba ya al visitante por un contundente resultado de 4-0.*
(Correcto: En *el descanso del partido [...].*)

*El francés tuvo que conformarse con ir **a** la cola del pelotón que encabezaba el deportista español.*
(Correcto: *El francés tuvo que conformarse con ir* en *la cola del pelotón [...].*)

*Este modelo de coche, equipado con suspensión **a** las cuatro ruedas y dirección asistida, saldrá a la venta a finales del presente año.*
(Correcto: *[...] equipado con suspensión* en *las cuatro ruedas [...].*)

[133] Leonardo Gómez Torrego, *Manual de español correcto,* II, *op. cit.*, págs. 310-312.

112

f) *A* en lugar de *para*. Aunque ambas preposiciones comparten algunos de sus valores, como el de 'dirección o término a que se encamina alguna persona o cosa'; en otros contextos no son conmutables entre sí, de forma que, a veces, *a* se emplea inadecuadamente en lugar de *para*:

> **A** *mi gusto el cocido es un plato muy sabroso y nutritivo.*
> (Correcto: Para *mi gusto el cocido es un plato muy sabroso y nutritivo.*)

g) *A* en lugar de *por*. Se está extendiendo el empleo de *a* en contextos donde debe aparecer la preposición *por* con su valor equivalencia:

> *El corredor navarro Miguel Induráin volvió a reinar ayer en los Campos Elíseos al adjudicarse el Tour de Francia [...] en la edición más rápida de la historia, a un promedio cercano a los cuarenta kilómetros* **a** *la hora.*
>
> Sur, 27-VII-92, pág. 30.
>
> (Correcto: *[...] un promedio cercano a los cuarenta kilómetros* por *hora.*)

Así mismo, en el lenguaje deportivo, sobre todo en ciertos deportes como el boxeo, es frecuente la expresión *vencer a los puntos*, usando equivocadamente la partícula *a* en lugar de *por* (lo correcto es *vencer por los puntos*).

> *El aspirante logró finalmente vencer* **a** *los puntos al ahora ex campeón de Europa.*
> (Correcto: *[...] logró finalmente vencer* por *los puntos [...].*)

h) *A* en lugar de *según*[134]. Obsérvese la siguiente expresión:

> **A** *mi criterio, no debemos dejar pasar esta oportunidad de dar a conocer nuestros esfuerzos.*

En este tipo de secuencias es incorrecto emplear *a* en vez de *según* o *de acuerdo con*, cuyo uso otorga mayor claridad al texto:

> Según *mi criterio, no debemos dejar pasar esta oportunidad de dar a conocer nuestros esfuerzos.*

---

[134] Incluimos este error en el apartado «Empleo de *a* en lugar de otra preposición», a pesar de que, como indicamos más arriba, no está muy claro el carácter preposicional de *según*.

La preposición ante

El significado propio de *ante* es 'delante' o 'en presencia de'; puede aparecer tanto con verbos estáticos como con verbos de movimiento (*El presidente compareció ante los periodistas*; *Antonio corrió ante diez mil espectadores*). En sentido figurado, posee valor de 'antelación o preferencia de cosas y acciones' (*ante todo, ante todas las cosas*) o 'respecto de' (*Te diré lo que haremos ante los acontecimientos ocurridos*).

Es incorrecto, por tanto, emplear *ante* en lugar de *a, con* o *contra*, como sucede a menudo en el lenguaje deportivo:

> *El Barcelona jugará el domingo* **ante** *el Valencia.*
> (Correcto: *[...] jugará el domingo* contra *el Valencia.*)

> *El combinado español de voleibol ganó* **ante** *los norte-americanos por un contundente 3-1.*
> (Correcto: *[...] ganó* a *los norteamericanos [...].*)

La preposición bajo

Bajo indica situación inferior (*El gato se ha escondido bajo la cama*), sujeción (*El detenido permanecerá bajo arresto tres días*) o dependencia de una cosa o persona respecto de otra (*Los niños están bajo la tutela del padre*).

En cuanto a la construcción, *bajo* no es compatible con las formas *mí, ti, sí* de los pronombres personales. En su lugar debe emplearse la locución *debajo de*:

> *Los mininos, atraídos por el cubo de pescado que logré arre-batarle a la mar, se colocaron* **bajo** *mí con maullidos anhelantes.*
> (Correcto: *[...] se colocaron* debajo *de mí con maullidos anhelantes.*)

Empleo de *bajo* en lugar de otra preposición:

a) *Bajo* en lugar de *desde*. La norma actual no acepta el empleo de la expresión *bajo el punto de vista*. En este caso, debe reemplazarse con la preposición *desde* (*desde el punto de vista*):

> **Bajo** *tu punto de vista, todos los hombres son iguales ante la Ley, pero la realidad es muy distinta.*
> (Correcto: Desde *tu punto de vista [...].*)

b) *Bajo* en lugar de *por*. En cartas y documentos comerciales se pueden leer las fórmulas *bajo encargo*, *bajo demanda* que son calcos del francés. En español es la preposición *por*, o la expresión *a petición* la que puede ser utilizada en esos contextos. De este modo, son incorrectos:

> *El suministro se consigue* **bajo** *encargo a una empresa de hostelería.*
> (Correcto: *El suministro se consigue* por *encargo [...]*.)

> *Ofrecemos a nuestros clientes dispositivos adicionales* **bajo** *demanda.*
> (Correcto: *[...] dispositivos adicionales* a petición.)

c) *Bajo* en lugar de *sobre*. En la frase *bajo la base de* es evidente la confusión existente con la preposición *sobre*:

> *Debemos actuar siempre* **bajo** *la base de la honestidad y la legalidad.*
> (Correcto: *Debemos actuar siempre* sobre *la base de la honestidad y la legalidad.*)

La preposición con

Con tiene diversos valores significativos como la indicación de concurrencia y compañía (*Fue con su novio*; *Té con agua*), medio o instrumento (*Iremos a los Pirineos con el coche*), circunstancia con que se ejecuta o sucede alguna cosa (*Me trata con desprecio*; *Lucha con valentía*), contenido (*Un maletín con un millón de pesetas*), relación (*El gobierno pactará con la oposición*). En otras ocasiones, equivale a la conjunción adversativa o concesiva *aunque* (*Con ser tan fuerte, no aguantó la jornada de trabajo en el campo*).

En español no puede emplearse la preposición *con* introduciendo a las formas pronominales *mí, ti, sí*. Debe decirse *conmigo, contigo, consigo*.

Empleo de *con* en lugar de otra preposición:

a) *Con* en lugar de *a*. En los siguientes ejemplos la preposición regida por el verbo es *a*, por lo que es incorrecto usar *con*:

> *El trabajo de la secretaria se ciñe* **con** *llevar la contabilidad y responder al teléfono.*
> (Correcto: *[...] se ciñe* a *llevar la contabilidad y responder al teléfono.*)

Nos limitaremos **con** *acampar durante dos noches.*
(Correcto: *Nos limitaremos* a *acampar durante dos noches.*)

b) *Con* en lugar de *contra*. Obsérvese la siguiente frase:

El director de la empresa implicada se querellará mañana **con** *su antiguo compañero y amigo.*

El empleo de *con* puede resultar ambiguo, pues no sabemos si el sujeto *se querellará junto con un amigo*, o bien *en contra de un amigo*. Por ello resulta mejor y más claro, en frases de este tipo, utilizar la preposición *contra*, y si el valor es 'en unión de', buscar otra construcción más clara.

c) *Con* en lugar de *de*. Se oyen con relativa frecuencia expresiones del tipo *Iba acompañada con su madre*. En estos casos no es adecuado el uso de la preposición. El complemento de *acompañada*, en este ejemplo, ha de ser la preposición *de* (*Iba acompañada de su madre*). La confusión radica tal vez en el cruce con frases como *Iba con su madre*, *Venía con su amiga*, que sí son correctas.

d) *Con* en lugar de *para*. En el siguiente ejemplo se le otorga a la preposición *con* un valor de 'contraposición, comparación o relación' que es más propio del nexo *para*:

Tenemos unas veinte mil personas viviendo con electricidad solar en áreas rurales, tenemos en este momento la mayor planta fotovoltaica de Europa, a pesar de los muchos pantanos que tenemos, es poco **con** *lo que esto podría ser.*
(Correcto: *[...] es poco* para *lo que esto podría ser.*)

La preposición contra

La preposición *contra* indica oposición o contrariedad en sentido recto o figurado y pugna o repugnancia entre personas o cosas. También tiene el valor de 'enfrente de' u 'orientado hacia'.

Contra debe anteponerse siempre al complemento que introduce (*contra mí, contra ti*). Es incorrecta la estructura del tipo *en mi contra* por más que esté muy extendida:

Son varias las actuaciones que mis enemigos llevarán a cabo **en mi contra**.
(Correcto: *[...] las actuaciones que mis enemigos llevarán a cabo* contra mí.)

116

Igualmente, al conglomerado *en contra* nunca deben seguirle los pronombres posesivos (*en contra mía, en contra tuya*), sino la preposición *de* más el correspondiente dativo de los pronombres personales (*en contra de mí, en contra de ti*)[135].

También está cobrando fuerza un galicismo, calco del *par contre* francés: *por contra*. Esta construcción es inaceptable en español, pues se trata de la unión de dos nexos que no introducen ningún complemento nominal. Para expresar esa idea de contrariedad ya poseemos en nuestra lengua *por el contrario*:

> *Los alumnos del último curso viajarán a Italia. Nosotros,* **por contra**, *nos dirigiremos a las tierras heladas de Finlandia.*
> (Correcto: *[...]* por el contrario, *nos dirigiremos a las tierras heladas de Finlandia.*)

Resulta grave vulgarismo emplear *contra* como adverbio en lugar de *cuanto*:

> *No lo entiendo.* **Contra** *más me esfuerzo en aprender a jugar al tenis, peor me sale.*
> (Correcto: *No lo entiendo.* Cuanto *más me esfuerzo en aprender a jugar al tenis, peor me sale.*)

La preposición de

Al igual que sucede con la preposición *a*, el nexo *de* posee muchos valores que permiten aplicarlo en contextos con sentidos muy diversos. El origen de esta riqueza significativa radica en el hecho de que, al desaparecer del latín la flexión nominal, la mayoría de las relaciones que se expresaban con el genitivo y el ablativo, de forma sintética, pasaron a expresarse con la preposición *de* seguida del nombre en acusativo.

Los principales usos de la preposición *de* indican: propiedad, posesión o pertenencia (*Este es el cortijo de mi madre*); origen o procedencia (*Ha llegado de Granada*)[136]; materia (*Te regala-*

---

[135] Sin embargo, con la tercera persona se admite tanto el uso de la forma *sí* (con valor reflexivo), como la forma *él*: *en contra de sí, en contra de él.*

[136] En este sentido la Real Academia (*Esbozo, op. cit.*, pág. 440, nota 3) señala que «[...] antepuesta la preposición *de* a los apellidos que son nombres de pueblos o localidades, solía denotar origen, procedencia, dominio, etc. [...]. No cabe anteponerla a los patronímicos (*Martínez, Fernández, Sánchez*), salvo cuando, nombrando a una mujer, se indica el apellido de su marido: *Señora de Sánchez* o *Juana García de Sánchez*».

ré un jarrón de cristal); contenido de alguna cosa (*un vaso de leche*); modo o manera (*Ponte de lado para poder pasar*); asunto de que se trata (*Me he comprado una colección de novelas de caballería*); tiempo en el que sucede una cosa (*El avión llegará de madrugada*); naturaleza o cualidades de personas o cosas (*Felipe es un hombre de honor*); se emplea para introducir infinitivos como complementos del nombre y del adjetivo (*Es el momento de actuar; Esa teoría no es difícil de entender*); otras veces denota ilación o consecuencia (*De lo dicho se sigue que podemos ser millonarios*); parte (*Comed y bebed todos de Él*); se emplea en comparaciones de cantidad (*Más de cien mil personas presenciaron el partido*); cantidad indeterminada (*Al ladrón le dieron de patadas*); realce de una cualidad si la preposición se sitúa entre un adjetivo y un sustantivo (*El inútil de tu hermano ha destrozado el coche; ¡Pobre de Antonio!, ¡tan joven y en la cárcel!*); precediendo al numeral *uno, una,* expresa la ejecución rápida de alguna cosa (*Se tomó la sopa de una cucharada*).

1. Omisión indebida de *de*

Hay muchos verbos que rigen la preposición *de*. Omitirla, si el verbo principal introduce una oración subordinada encabezada por la conjunción *que,* es un error que recibe el nombre de *queísmo*[137].

El verbo gustar con el significado de 'desear, tener complacencia en una cosa', exige la presencia de la preposición *de*, por lo que resulta incorrecto prescindir de ella en construcciones, cada vez más frecuentes, como

> *Un clásico que* **gusta decir** *barbaridades, ahuyentar bobos y echar las alas por alto.*
>
> Sur, 20-X-89, pág. 56.
>
> (Correcto: *[...]* gusta de decir *barbaridades, ahuyentar bobos y echar las alas por alto.*)

En algunas locuciones como *en contra, a sabiendas*[138], no debe omitirse la preposición *de*:

---

[137] Véase el apartado dedicado al *queísmo*.

[138] *A sabiendas* exige la presencia de la preposición *de* siempre que funcione como locución conjuntiva. Si actúa como simple locución adverbial con el sentido de 'con conocimiento y deliberación' o 'de un modo cierto', entonces no es necesaria la preposición (*Nos engañaron a sabiendas*).

Luis llegó tarde **a sabiendas que** *sería castigado por sus padres.*
(Correcto: *[...]* a sabiendas de que *sería castigado [...].*)

Juan Manuel celebró su cumpleaños **en contra** *lo esperado por todos.*
(Correcto: *[...] celebró su cumpleaños* en contra de *lo esperado por todos.*)

También es un vulgarismo suprimir el nexo *de* en los complementos nominales y en los complementos de adverbios como *delante, detrás, encima, debajo, cerca, etc.*:

Fui al bar y me preparé un **vaso vino.**
(Correcto: *[...] un* vaso de vino.)

El coche estaba aparcado **detrás la casa** *de mi hermano mayor.*
(Correcto: *[...] detrás de la casa [...].*)

El florero está **encima la mesa** *del comedor.*
(Correcto: *[...] encima de la mesa [...].*)

En los nombres de calles, plazas, paseos, avenidas, etc., lo normal es que la preposición *de* preceda al nombre de la vía (*calle de la Princesa, avenida de Velázquez*), salvo si el nombre de la calle o plaza es originariamente un adjetivo (*plaza Mayor*). Sin embargo, cada día es más frecuente la forma yuxtapuesta, sustituyendo a la forma tradicional con *de* (*avenida Reyes Católicos, calle Pelayo*)[139].

2. Presencia innecesaria de *de*

Hay una serie de verbos que no rigen ninguna preposición. Sin embargo, a veces encontramos la presencia del nexo *de*, cuando no es exigida sintácticamente, para introducir una oración subordinada encabezada por la conjunción *que*. Este fenómeno recibe el nombre de *dequeísmo*[140]. En otros casos apare-

---

[139] Sobre las causas de este paulatino cambio, Manuel Seco (*Diccionario de dudas y dificultades de la lengua española, op. cit.*, s.v. *calle*) señala la pronunciación relajada de la preposición *de*, razones económicas en los anuncios de periódicos y el extranjerismo. Esta última causa se explica por influencia, sobre todo, del inglés, donde no se emplea ningún tipo de preposición (*Wall Street*).

[140] Véase el apartado *dequeísmo* de este libro, en el capítulo *Conjunciones: función y usos anómalos.*

ce *de* innecesariamente ante infinitivos o sintagmas nominales que no precisan de ningún enlace para entrar en la estructura de la oración, son incorrectas construcciones como

> *Si no nos van a pagar por nuestros esfuerzos, no vale la pena* **de** *trabajar para esa empresa.*
> (Correcto: *[...] no vale la* pena trabajar *para esa empresa.*)

> *Esta semana me toca* **de** *recoger a los niños del colegio.*
> (Correcto: *[...] me* toca recoger *a los niños [...].*)

> *Me propusieron escribir un libro sobre la Guerra Civil española, pero rehusé* **de** *hacerlo, ya que no tengo tiempo.*
> (Correcto: *[...] pero* rehusé hacerlo, *ya que no tengo tiempo.*)

Es incorrecta la presencia de la preposición *de* en expresiones como *las más de las veces, el día de antes, el día de después*[141], *no obstante de, a menos de que, unas pocas de veces, de gratis* y con verbos como *conocer de* (*Juan no conoce* **de** *nuestros recursos*), *intentar de* (*Intentó* **de** *hacernos cambiar de opinión*), *requerir de* (*Este problema requiere* **de** *medidas urgentes*), *recordar de* (*Recuerdo* **de** *haberle visto en la facultad*), *haber de menester* (*Héctor no ha* **de** *menester nuestra ayuda*). Correcto: *Juan no conoce nuestros recursos*; *Intentó hacernos cambiar de opinión*; *Este problema requiere medidas urgentes*; *Recuerdo haberle visto en la facultad*; *Héctor no ha menester nuestra ayuda.*

3. Empleo de *de* en lugar de otra preposición

a) *De* en lugar de *a*. Este error se da con frecuencia con adjetivos como *adicto, cercano*[142], o siguiendo al sustantivo *diputado*; véanse las siguientes construcciones incorrectas:

---

[141] Detrás de sustantivos que indican una división de tiempo nunca deben emplearse las locuciones prepositivas *de antes, de después*. Es un vulgarismo que conviene evitar.

[142] Obsérvese la diferencia de construcción entre los adjetivos *cercano* y *lejano*:

> *Mi vida está cercana a su fin.*
> *Mi vida está lejana de su fin.*

Como vemos, uno y otro adjetivo exigen preposiciones distintas. Conviene no caer en el error de confundirlas, aunque desde el punto de vista semántico ambos se puedan incluir en un mismo campo o paradigma, sintácticamente conforman estructuras diferentes.

*Inés es una adicta **del** cine producido en Hispanoamérica.*
(Correcto: *Inés es una adicta* al *cine producido en Hispa-noamérica.*)

*Este maravilloso paraíso se encuentra en una comarca cer-cana **de** la capital de Málaga.*
(Correcto: *[...] se encuentra en una comarca cercana* a *la capital de Málaga.*)
*El antiguo edil se presentó como diputado **del** congreso.*
(Correcto: *[...] se presentó como diputado* al *congreso.*)

b) *De* en lugar de *en*. Esta equivocación se produce a menu-do tras sustantivos como *experiencia, confianza* (y el verbo *con-fiar*) y con los verbos *empeñarse* (cuando tiene el valor de 'insis-tir con tesón en alguna cosa') o *quedar* (en frases como *Quedaron en venir el sábado*); así, son erróneas:

*Quien tenga experiencia **de** enfermos deprimidos sabe con cuánta frecuencia la depresión, que acaece por un sentimien-to de culpa irreparable, se acompaña de angustia.*
Francisco Ayala, *Introducción a las ciencias sociale*s, Madrid, Cátedra, 1988, pág. 224.
(Correcto: *Quien tenga experiencia* en *enfermos deprimi-dos [...].*)

*El hecho de la visita del director general y la confianza **de** que la presión de las organizaciones empresariales acabará surtien-do su efecto son datos para la esperanza.*
(Correcto: *[...] la confianza* en *que la presión de las organi-zaciones empresariales [...].*)

*No pudimos hacer nada por evitarlo. Juan se empeñó **de** conducir a pesar de que había bebido.*
(Correcto: *[...] se empeñó* en *conducir [...].*)

En sendos ejemplos hay que usar la preposición *en* y no *de*. También en la expresión de cortesía *Mucho gusto de saludarle* está empleado impropiamente el nexo *de*; tan solo se puede admitir como correcto: *Mucho gusto en saludarle.*

c) *De* en lugar de *para*. Pese a que la mayoría de los com-plementos nominales se construyen con la preposición *de*, en otros casos, sobre todo si la palabra a la que se le añade un com-plemento es un adjetivo, el complemento puede conectarse con

121

otro enlace preposicional distinto. Así, hay adjetivos como *capacitado, incapacitado, preparado*, que pueden tener un complemento preposicional con *para*, y no con *de* como se ve en los siguientes ejemplos:

> *Si los guardias jurados no pueden llevar ningún tipo de arma, se verán incapacitados **de** hacer frente a ciertos delincuentes peligrosos.*
> (Correcto: *[...] incapacitados* para *hacer frente a ciertos delincuentes peligrosos.*)

> *Actualmente, terminar una carrera, conocer dos o más idiomas y ser un experto informático no asegura a un joven estar capacitado **de** trabajar.*
> (Correcto: *[...] capacitado* para *trabajar.*)

d) *De* en lugar de *por*. En el lenguaje deportivo se ha puesto de moda un uso incorrecto de la preposición *de* junto a verbos como *ganar* o *perder*:

> *Nuestro equipo ganó **de** cuarenta y cinco puntos al rival en la primera eliminatoria.*
> (Correcto: *[...] ganó* por *cuarenta y cinco puntos [...].*)

> *Finalmente, el equipo de la ciudad logró la goleada del año al vencer al visitante **de** doce goles.*
> (Correcto: *[...] logró la goleada del año al vencer al visitante* por *doce goles.*)

Con algunos adjetivos como *impaciente, afectado, dañado*, también ha de usarse *por*; así, es incorrecto el uso de la preposición *de* en los siguientes ejemplos:

> *[...] falleció el pasado jueves en su domicilio de Madrid a los 95 años de edad, afectado **de** una dolencia pulmonar.*
> *Sur*, 1-VII-92, pág. 28.
> (Correcto: *[...] afectado* por *una dolencia pulmonar.*)

> *Los pacientes afectados **de** salmonelosis se recuperan satisfactoriamente de la enfermedad, según manifestó el director del centro médico.*
> (Correcto: *[...] afectados* por *salmonelosis [...].*)

> *Estoy impaciente **de** llegar a mi casa.*
> (Correcto: *Estoy impaciente* por *llegar a mi casa.*)

La preposición desde

Desde indica principio de tiempo (*Desde esta mañana soy director general*) o punto en el que se origina una distancia (*Sus tierras se extienden desde el río a las colinas*).

A pesar de que el contenido significativo de la preposición *desde* es muy claro, a veces se emplea en contextos donde deberían aparecer otras preposiciones distintas, lo que produce sensación de pedantería:

> *La polémica sobre el fichaje de un nuevo jugador extranjero ha sido atajada* **desde** *la directiva de la entidad deportiva.*
> (Correcto: *[...] ha sido atajada* por *la directiva [...].*)

> *La elaboración de la ley fue criticada* **desde** *los responsables de la oposición.*
> (Correcto: *[...] criticada* por *los responsables [...].*)

El empleo de *desde* en los ejemplos anteriores es incorrecto, ya que la persona agente de las oraciones pasivas se distingue con la preposición *por*.

El siguiente texto muestra otro uso inadecuado que se emplea con relativa frecuencia:

> *Tenemos que trabajar* **desde** *la esperanza en que alcanzaremos los mayores logros.*
> (Correcto: *Tenemos que trabajar* con *la esperanza [...].*)

La preposición en

La preposición *en* expresa relaciones de lugar (*Está en el colegio*); de tiempo (*Inmaculada nació en agosto*); denota aquello en lo que destaca o se ocupa una persona (*Javier es especialista en cardiología*); modo o manera (*Paseaban en pijama por la calle; Lo dijo en serio*); medio o instrumento (*Atravesaron el Atlántico en avión*); si va seguido de un gerundio indica tiempo a partir del cual se realiza inmediatamente la acción (*En llegando el jefe, le entregas todos los informes acumulados*).

Empleo de *en* en lugar de otra preposición:

a) *En* en lugar de *con* o *a*. El verbo *conformar*, en el sentido de 'ajustar, concordar [una cosa con otra]', no puede llevar el complemento preposicional introducido por *en*; en estos casos debe emplearse *a* o *con*:

> *[...] estos atributos, se suponía, habían sido conformados* **en** *la interacción del organismo con el ambiente.*
>
> Rocío Fernández-Ballesteros, El ambiente. Análisis psicológico,
Madrid, Pirámide, 1987, pág. 23.

(Correcto: *[...] habían sido conformados* a *la interacción del organismo con el ambiente.*)

> *¿Debemos conformar nuestras acciones* **en** *la forma que los demás tienen de actuar?*

(Correcto: *¿Debemos conformar nuestras acciones* con *la forma que los demás tienen de actuar?*)

b) *En* en lugar de *de*. El empleo de *en* para denotar materia no es normal en español. Lo mejor es emplear la preposición *de*[143], por lo que no resultan recomendables construcciones como

> *Chillida ha realizado una estatua* **en** *bronce.*
> (Correcto: *[...] estatua* de *bronce.*)

> *Después de deambular durante horas por todos los grandes almacenes y tiendas de ropa de la ciudad se compró un vestido* **en** *lana.*
> (Correcto: *[...] un vestido* de *lana.*)

c) *En* en lugar de *por*. Con sustantivos que indican partes del día se usa a veces la preposición *en*. Sin embargo, en el español europeo es más correcto sustituir el nexo *en* con *por*:

> *El lunes* **en** *la noche se jugará el partido aplazado por culpa de la nieve.*
> (Correcto: *El lunes* por *la noche [...].*)

> *El Sol iba hurtando poco a poco el calor de sus brazos* **en** *la tarde.*
> (Correcto: *[...]* por *la tarde.*)

---

[143] No obstante, en algunos casos es admisible el empleo de *en* para expresar materia si el uso de otra preposición puede producir anfibología. Así, en expresiones como *canasta de verduras en plástico*, el uso del nexo *en* aclara el sentido de la frase frente a *canasta de verduras de plástico*.

En el lenguaje deportivo leemos y oímos, cada vez más, frases como

> *El corredor español se marchó* **en** *velocidad del resto del pelotón de ciclistas.*
> (Correcto: *El corredor español se marchó* por *velocidad [...].*)

> *El delantero se fue* **en** *velocidad de su marcador, se plantó ante el portero y lo superó con una vaselina de ensueño.*
> (Correcto: *El delantero se fue* por *velocidad [...].*)

d) *En* en lugar de la locución *dentro de.* Utilizar secuencias como *en diez minutos*, en vez de *dentro de diez minutos*, es un anglicismo que, en español, resta claridad a la frase, ya que *en* tiene el valor de 'durante', mientras que la locución *dentro de* indica 'al cabo de'; sin embargo es muy frecuente el uso de *en* en el español de América. Así, en lugar de

> *Tendré acabado el informe* **en** *cinco días.*

Es mejor:

> *Tendré acabado el informe* dentro *de cinco días.*

La preposición para

Esta preposición sirve para expresar relaciones de término de un movimiento, con el sentido de 'con dirección hacia' (*Voy para casa*); fin de un transcurso de tiempo o un plazo fijo y concreto (*Para el mes que viene compraremos la casa*; *Han fijado el almuerzo para el día doce de este mes*); destino de un objeto o una acción (*Esa tienda vende papel para envolver*; *Han conseguido una beca para Juan*); relación de comparación o contraposición (*Para lo que trabajamos nos pagan poco*); proximidad de algún hecho (*Está para nevar*).

Por regla general, se suelen cometer pocos errores en el uso de la preposición *para*. Algunos locutores de radio, al informar de la hora, tienden a utilizar un anglicismo sintáctico:

> *Seis minutos* **para** *las doce, y el nuevo año a punto de llegar.*

Esta estructura, muy frecuente en el español de América, es un calco del inglés[144], mientras que la construcción correcta en nuestra lengua es

Son las doce menos seis minutos.

En frases como *Estas pastillas son buenas para el mareo*, o *Las naranjas son buenas para los resfriados*, el sentido estaría más claro si utilizáramos la preposición *contra* en vez de *para*.

La preposición por

Entre los usos y valores más frecuentes de *por* destacan: distinguir el complemento agente en las oraciones pasivas (*El capítulo fue escrito por Cela*); expresar el fin u objeto de las acciones (*Llevo un callejero de la ciudad, por no perderme*); duración o tiempo aproximado (*Nos marchamos a los Pirineos por quince días*; *Por la mañana sale el tren hacia Lérida*); lugar aproximado o de tránsito (*Vive por el barrio de Capuchinos*; *Pasaremos por Barcelona*); parte de algo o alguien (*Le sujetó por las solapas*); causa o motivo (*Hoy no habrá clases por la huelga de bedeles*); medio (*Llámanos por teléfono*); modo (*Se lo ha tomado por la tremenda*); precio o cuantía (*Venderemos todos mis discos por diez mil pesetas*; *Tenemos un negocio al cincuenta por ciento*); equivalencia (*Hoy por mí, mañana por ti*; *Diez trabajadores esforzados valen por cien vagos*); en favor de alguien o algo (*Intercede por mí ante tus jefes*); en lugar de alguien o algo (*Si tú no puedes terminar, yo lo haré por ti*); que está sin hacer (*El suelo está por fregar*; *Eso está por ver*); clase o calidad de alguien o algo (*Lo tomó por marido*).

1. Omisión indebida de *por*

En el lenguaje periodístico son frecuentes las construcciones del adverbio *ayer* seguido de las palabras *mañana, tarde, noche* como adyacentes introducidos sin ninguna preposición. Estas construcciones son influencia del francés[145]. En español debe emplearse entre ambas palabras la preposición *por*:

---

[144] Obsérvese la construcción en inglés: *It's six minutes to ten*. La influencia es evidente.

[145] En francés no se emplea preposición alguna en este tipo de construcciones: *hier matin, hier soir*.

Ayer tarde *se dieron a conocer los resultados definitivos de las elecciones municipales.*

El festival se celebró **ayer noche** *en la localidad de Benidorm.*

Ayer mañana *vi a tu hermano en una librería.*

Las expresiones correctas son *ayer por la tarde, ayer por la noche, ayer por la mañana.*

2. Presencia innecesaria de *por*

A veces se utiliza la preposición *por* en oraciones cuyo núcleo verbal no exige su presencia para introducir un complemento obligatorio. En estos casos es innecesario el nexo:

La compañía atraviesa **por** *una grave crisis financiera que hace difícil su viabilidad.*
(Correcto: *[...] atraviesa una grave crisis financiera [...].*)

En estos momentos atravesamos **por** *una buena racha que debemos aprovechar.*
(Correcto: *[...] atravesamos una buena racha [...].*)

3. Empleo de *por* en lugar de otra preposición

a) *Por* en lugar de *a*. Con el sustantivo *afición* y el verbo *aficionarse,* el complemento del nombre y el complemento del verbo deben conectarse en el sintagma nominal o en el sintagma verbal por medio de la preposición *a*. Así, son incorrectos:

Inmaculada siente una gran afición **por** *un grupo musical desconocido.*
(Correcto: *[...] siente una gran afición a un grupo musical desconocido.*)

Algunos jóvenes se aficionan rápidamente **por** *las drogas sintéticas.*
(Correcto: *[...] se aficionan rápidamente a las drogas sintéticas.*)

b) *Por* en lugar de *de*. En los siguientes ejemplos debe emplearse la preposición *de*. No es correcto el uso de *por*:

Los nuevos profesores tenían el propósito **por** *hacer las cosas lo mejor posible.*
(Correcto: *[...] el propósito de hacer las cosas lo mejor posible.*)

Anoche hubo un último intento **por** *superar las diferencias que separan a ambos países.*
(Correcto: *[...] un último intento* de *superar las diferencias [...].*)

c) *Por* en lugar de *en*. Veamos algunos casos frecuentes en los que es incorrecto el uso de *por* donde la preposición exigida es *en*:

Agustín se empecinó **por** *llevarnos a nuestra casa en su propio coche.*
(Correcto: *[...] se empecinó* en *llevarnos a nuestra casa [...].*)

Luis se obstinó **por** *irse de vacaciones, pese a la oposición de sus padres.*
(Correcto: *Luis se obstinó* en *irse de vacaciones [...].*)

Problemas en el uso de algunas locuciones prepositivas

A nivel de

La locución *a nivel de* aparece en todo tipo de textos orales y escritos. El sentido propio y correcto de esta locución es 'a la altura de', pero actualmente se ha extendido su uso a cualquier contexto, incluso a los que nada tienen que ver con su significado originario, o con división en niveles reales o imaginarios. Nuestra lengua dispone de un amplio muestrario de preposiciones y construcciones prepositivas que ejercen mejor los valores que se pretenden dar, de forma inadecuada, al conglomerado *a nivel de*:

Estudios **a nivel de** *comunicación: cierto tipo de investigaciones han tenido por objetivo [...].*
Enrique Martín Armario, *La gestión publicitaria*,
Madrid, Pirámide, 1980, pág. 175.

En este caso es mejor usar la preposición *de*: *Estudios* de *comunicación [...].*

Con esta nueva figura impositiva, planteada **a nivel de** *toda la CEE por Francia, se persiguen dos objetivos, la neutralidad del impuesto y la transparencia fiscal; [...].*
Ramón Tamames, *Introducción a la economía española*, 19ª ed.
[revisada], Madrid, Alianza Editorial, 1991, pág. 450.

128

El ejemplo anterior quedaría más correcto y claro con el nexo *en* en lugar de *a nivel de*.

Sin embargo, está bien usada la locución *a nivel de* en los siguientes textos:

> *Alicante es una ciudad situada* a nivel del *mar.*

> *La selección española aún no está* al nivel de *juego que todos esperamos de ella.*

> A nivel de *la superficie del planeta, la atmósfera es perfectamente respirable.*

A base de

Hay un uso incorrecto de la locución *a base de* cuando se antepone a adverbios en lugar de hacerlo ante sustantivos:

> *En la fiesta que organizó Juan Manuel en su casa nos lo pasamos* **a base de** *bien.*
> (Correcto: *[...] nos lo pasamos* muy *bien.*)

En base a

En base a tiene su origen en el lenguaje forense, desde el que ha pasado a otros ámbitos donde resulta más apropiado decir *sobre la base de* o *basándose en*:

> *[...] las actas o pasiones que se redactan* **en base a** *los anteriores textos.*
> Hipólito Escolar Sobrino (dir.), *Historia ilustrada del libro español. Los manuscritos*, Fundación Sánchez Ruipérez, Madrid, Pirámide, 1993, pág. 410.
> (Correcto: *[...] se redactan* basándose en *los anteriores textos.*)

> *El examen se hará* **en base a** *los libros recomendados y los apuntes de clase.*
> (Correcto: *El examen se hará* basándose en *los libros recomendados [...].*)

Anteriormente a, previamente a, posteriormente a, seguidamente a, simultáneamente a

Las locuciones *anteriormente a* y *previamente a*, que son muy usadas por los periodistas, deben sustituirse por *antes de* o *con anterioridad a*:

Todo esto ocurrió **anteriormente a** *que se tomaran las medidas de prevención necesarias.*
(Correcto: *Todo esto ocurrió* antes de *que se tomaran medidas [...].*)

El Consejo de Ministros se reunió **previamente a** *la presentación de la ley en el Congreso.*
(Correcto: *[...] se reunió* antes de *la presentación de la ley en el Congreso.*)

Algo similar podemos decir de las locuciones *posteriormente a, seguidamente a* y *simultáneamente a.* Las dos primeras pueden reemplazarse con *después de,* o con *posterioridad a*; la tercera lo haría con *al mismo tiempo que*:

Los hechos se produjeron **simultáneamente a** *la llegada a Barajas del avión en el que viajaba Su Santidad.*
(Correcto: *[...]* al mismo tiempo que *la llegada a Barajas del avión [...].*)

Posteriormente al *final del partido se iniciará una rueda de prensa en la que el seleccionador responderá a las preguntas de los periodistas.*
(Correcto: Después del *final del partido [...].*)

Previamente a *tu llegada, almorzamos en un lujoso restaurante francés.*
(Correcto: Antes de *tu llegada [...].*)

Conforme a

Conforme a es un conglomerado que tiene el significado de 'con arreglo a'. Con este valor nunca debe suprimirse la preposición. Por tanto, son incorrectos:

Las obras del nuevo estadio olímpico se desarrollan **conforme** *lo previsto .*
(Correcto: *[...]* conforme a *lo previsto.*)

Hay que jugar siempre **conforme** *las instrucciones de nuestro entrenador.*
(Correcto: *Hay que jugar siempre* conforme con *las instrucciones. [...].*)

Conjuntamente con

Esta expresión resulta redundante, ya que se repite la preposición *con*. Debe decirse *con*, o *juntamente con* en ejemplos como

> *Antes de tomar ninguna decisión, los representantes del Gobierno se reunirán* **conjuntamente con** *empresarios y sindicatos para recabar opiniones.*
> (Correcto: *[...] se reunirán* con *empresarios y sindicatos [...].*)

> *La campaña del 0,7 la promueven grupos que no son confesionales* **conjuntamente con** *organizaciones cristianas.*
> (Correcto: *[...] grupos que no son confesionales* juntamente con *organizaciones cristianas.*)

Arriba de, abajo de

Las locuciones *arriba de* y *abajo de* no tienen significado locativo. Su sentido correcto indica 'más de' y 'menos de', respectivamente. Así pues, es incorrecto emplearlas en lugar de *encima de* y *debajo de*:

> *Por falta de espacio, he tenido que poner algunos libros* **arriba del** *armario de la ropa.*
> (Correcto: *[...]* encima del *armario [...].*)

> *Asustado por los gritos de su amo, el perro corrió a esconderse* **abajo de** *la mesa.*
> (Correcto: *[...] corrió a esconderse* debajo de *la mesa.*)

Para nada

No es correcto emplear la locución *para nada* con el valor de 'no, de ningún modo, en absoluto'. Es mejor sustituirla por la locución *en absoluto* o por un adverbio de negación:

> *Los problemas personales no influyen* **para nada** *en mi rendimiento en el trabajo.*
> (Correcto: *[...] no influyen* en absoluto *en mi rendimiento [...].*)

> *¿Que si me molesta tu presencia?* **Para nada**, *estoy encantado de que estés aquí.*
> (Correcto: *[...]* En absoluto, *estoy encantado de que estés aquí.*)

No me gusta **para nada** *tener que rellenar tantos impresos. Me fastidia la burocracia.*

(Correcto: *No me gusta* nada *tener que rellenar tantos impresos. [...].*)

Abuso de algunas locuciones prepositivas

Existe en español una serie de locuciones prepositivas gramaticalmente aceptables de las que, sin embargo, se abusa en ocasiones, de manera que el texto queda con un aire afectado y pedante que no aporta nada al estilo. Por ello, es recomendable, siempre que sea posible, sustituir esas expresiones rimbombantes por otras más claras y breves. Así, según los contextos, locuciones como *a través de, por medio de*, pueden reemplazarse con la preposición *con*; *al objeto de, de cara a, en aras de* son sustituibles con *para*; *como consecuencia de* lo es con la preposición *por*; *a propósito de* puede cambiarse por *sobre*; etc.

Compárense los dos textos:

En aras de *decir la verdad* **a propósito de** *lo ocurrido, debo reconocer que llegué con retraso* **como consecuencia de** *haber tomado unas copas de más. No pude venir* **a bordo de** *mi coche, pues ya sabes que,* **de conformidad con** *la Ley, no se debe conducir bebido, y yo siempre actúo* **a tenor de** *ella. Finalmente, decidí acudir* **por medio del** *autobús, que me mantuvo en la carretera* **por espacio de** *dos horas. No hay que enfadarse, todo tiene arreglo* **por la vía del** *diálogo.*

Para decir la verdad sobre lo ocurrido, debo reconocer que llegué con retraso por haber tomado unas copas de más. No pude venir en mi coche, pues ya sabes que, según la Ley, no se debe conducir bebido, y yo siempre actúo conforme a ella. Finalmente, decidí acudir en el autobús, que me mantuvo en la carretera durante dos horas. No hay que enfadarse, todo tiene arreglo mediante el diálogo.

Conjunciones: función y usos anómalos

Las conjunciones son unidades lingüísticas que tienen la función de servir de nexo entre oraciones o unidades menores que la oración, como el sintagma nominal, dentro de un enunciado.

Hay que distinguir entre las conjunciones coordinantes y las subordinantes.

Las conjunciones coordinantes son *conectores* que funden en un único enunciado dos o más oraciones que podrían aparecer aisladas de por sí. En este caso las conjunciones, aunque aportan matices significativos a todo el enunciado, no intervienen en absoluto en la estructura interna de cada una de las oraciones que une. Así, en la secuencia *Juegan al fútbol y estudian medicina*, tanto *Juegan al fútbol* como *Estudian medicina* pueden aparecer como oraciones independientes. Además, las conjunciones copulativas también cumplen la misma función en niveles inferiores de la oración: *Javier tiene fuerza y velocidad.*

Las conjunciones subordinantes, en cambio, hacen que una oración pase a ser un elemento sintáctico de otra, cumpliendo alguna de las funciones propias del sustantivo, el adjetivo o el adverbio. El nexo se convierte en este caso en un *transpositor* que «[...] habilita a determinada unidad para funciones distintas de las propias de su categoría»[146]. Así, en *Dice que os ayudará*, el segmento *que os ayudará*, cumple la función de complemento directo de la oración principal, cuyo núcleo verbal es *dice*.

Conjunciones coordinantes

a) Copulativas. Expresan adición entre dos o más elementos. Si son afirmativos se emplea *y* (*e* ante palabras que comienzan por el fonema /i/): *Juan estudia y trabaja*; *Vive en la costa verano e invierno*. Si unen oraciones o sintagmas negativos se utiliza *ni*: *Juan ni estudia ni trabaja*[147]. En locuciones que tienen función adverbial puede aparecer con valor copulativo *que*: *Quieras que no mi hermano vendrá con nosotros*[148].

b) Disyuntivas. Son *o* (*u* ante palabras que comienzan con el fonema /o/), *o bien*, *o ya*, *ya sea*[149]: *Escuché dos o tres discos en*

---

[146] Los conceptos de *conector* y *transpositor* se explican con mayor profundidad en Alarcos Llorach, *op. cit.*, § 291.

[147] Si la primera secuencia no es negativa y la segunda sí, debe emplearse la conjunción *y* seguida del adverbio *no*: *Están enfadados y no les apetece venir.*

[148] Las secuencias *no sólo...sino*, o *tanto...como*, según Alarcos (*op. cit.*, § 293 y § 296) refuerzan el valor aditivo de la simple conjunción copulativa.

[149] Los adverbios *bien*, *ya*, o la forma verbal inmovilizada *sea*, son en realidad refuerzos de la conjunción disyuntiva *o*.

mi cuarto; El profesor mandó siete u ocho ejercicios a sus alum-nos. Confieren un valor de alternancia. Unas veces, indican la equiva-lencia de los términos unidos: *No quiero ser el chivo expiatorio o la cabeza de turco de tus errores*. Otras veces, señalan la incom-patibilidad simultánea de dos realidades: *O vienes o te quedas*.

c) Adversativas. Las conjunciones adversativas *pero, mas, sino, aunque*[150], agrupan dos secuencias y señalan que ambas tie-nen nociones total o parcialmente contrapuestas: *Voy a un exa-men, pero no aprobaré*. El conector *sino* exige que el segmen-to anterior sea negativo y, si le sigue una oración, toma la forma *sino que*: *No quiero cerveza, sino vino tinto; No está enfadado contigo, sino que tiene muchas preocupaciones últimamente*.

Además hay una serie de locuciones de carácter adversativo: *sin embargo, antes bien, con todo, no obstante*[151], etc.

d) Distributivas. Sin entrar en si son o no verdaderas con-junciones, el valor distributivo se logra con correlaciones como *ya...ya, ora...ora, bien...bien*, etc.: *Ya seas listo ya seas tonto, me da igual; Habrá que hacerlo bien por la mañana, bien por la tarde; Estaba todo el día fuera de casa, ora yendo a la pana-dería, ora al quiosco, ora a tomar el aperitivo*.

Conjunciones subordinantes

a) Anunciativa *que* e interrogativa *si*. Ambas conjunciones introducen oraciones subordinadas sustantivas. Con algunos ver-bos, como *decir* o *preguntar*, pueden aparecer agrupadas: *Pre-gúntale que si quiere cenar con nosotros*, aunque resulta un texto más ligero sin *que*.

b) Causales. Expresan la causa, razón o motivo de la oración principal. Las conjunciones causales más usuales son *porque, ya*

---

[150] La conjunción *aunque* tiene valor adversativo cuando puede reempla-zarse por *pero*; si no es así, funciona como conjunción subordinante concesi-va. Compárese:

He terminado la tarta, aunque [pero] no puedes probarla aún.
Aunque he terminado la tarta, no puedes probarla aún.

[151] La Real Academia Española (*Esbozo, op. cit.*, § 3.18.6.a) se refiere a estas construcciones como *locuciones conjuntivas*. Alarcos (*op. cit.* § 292 y § 295) considera que, aunque tienen significación adversativa, son simples uni-dades adverbiales, no conjunciones.

que, puesto que, pues, como, que (las tres últimas solo son causales cuando equivalen a *porque*): *Como no tengo dinero, no podré comprarme unos zapatos nuevos; No puedo dártelo, ya que no lo tengo; Date prisa, pues es tarde.*

c) Finales. Indican el fin o la intención con que se produce la acción principal. Las locuciones conjuntivas que expresan finalidad son *a fin de que, para que*, la conjunción *que* o la preposición *para* con infinitivo: *Haz un dibujo, que yo vea como pintas; Regresó para ver a sus padres.*

d) Temporales. Denotan el tiempo en que se realiza lo enunciado en la oración principal. Se construyen con adverbios conjuntivos como *cuando, mientras*, y locuciones como *tan pronto como, antes de que, después de que, mientras que, desde que, hasta que, una vez que*, etc.: *Iré a casa tan pronto como acabe de trabajar.*

e) Locativas. Indican lugar. Se emplea para ello el relativo *donde*. Algunos autores solo lo consideran conjunción cuando no tienen antecedente en la oración principal: *Estuvimos donde nos indicaron.*

f) Modales. Se unen a la oración principal mediante *como, según, como que, según que, como si*. La oración subordinada asume el valor de un adverbio de modo: *Actuó como si nada hubiera pasado.*

g) Comparativas. Expresan el resultado de la comparación de dos conceptos. Para ello se usan las conjunciones *como, que*, precedidas explícita o implícitamente de adverbios intensificadores como *tan, tanto* para *como*, y *más, menos* para *que*. *No son tan fuertes como nosotros; Un ordenador es más útil que una máquina de escribir.*

h) Consecutivas. Indican la inversión de la relación causal entre dos secuencias, de manera que uno es consecuencia del otro. Aquí distinguiremos, por una parte, las oraciones subordinadas introducidas por la conjunción *que*, que necesitan la presencia de un adverbio intensificador como *tan, tanto, tal*, o de *un (-a, -os, -as)* en la oración principal (*Trabaja tanto que otras empresas le han hecho buenas ofertas; Su buen humor es tal que resulta difícil no reír a su lado; Tiene una pinta de ladrón que no puede con ella*); por otra parte, las oraciones que no exigen ningún antecedente en la oración principal, que emplean como nexos subordinantes expresiones como *por tanto, por consiguiente, así que, conque, luego, así pues,* etc.: *Pienso, luego existo.*

i) Condicionales. Indican que el cumplimiento de lo enunciado en la oración principal (apódosis) depende del cumplimiento de lo expresado en la oración subordinada (prótasis). Las expresiones empleadas como nexos son *si, como, cuando, a condición de que, a menos que,* etc.: *Si me tocase la lotería, disfrutaría de unas largas vacaciones; No te invitaré al cine, a menos que tú me lleves luego a cenar; Como no vengas a mi boda me enfadaré contigo.*

j) Concesivas. En estas oraciones, la oración subordinada expresa una objeción o dificultad para el cumplimiento de lo que se dice en la principal, sin que este obstáculo impida su realización. Para ello se emplean las conjunciones y locuciones *aunque*[152], *a pesar de que, aun cuando, bien que, mal que, por más que,* etc.: *Me comeré la sopa aun cuando esté fría; Trataré de ayudarte a pesar de que no tengo tiempo; No consigo abrir la cerradura por más que la fuerzo.*

Usos anómalos de las conjunciones[153]

La conjunción que

En ocasiones la conjunción *que* aparece indebidamente. Así, en el habla popular hay un uso expletivo de *que* en oraciones exclamativas que comienzan con *¡qué...!* o *¡cuánto...!*:

>*¡Qué alegría* **que** *me da que hayas conseguido aprobar todas las asignaturas!*

>*¡Cuántos sinsabores* **que** *están sufriendo desde que perdieron a su hijo en un accidente!*

>*¡Qué maravilloso* **que** *es este paisaje!*

---

[152] Véase la nota anterior.

[153] Aquellas construcciones que son incorrectas por el empleo inadecuado de la conjunción con determinados modos o tiempos verbales serán analizadas en el apartado «III. Otras estructuras incorrectas», dentro del capítulo del presente libro dedicado a las formas verbales.

En todos estos ejemplos es mejor omitir la conjunción *que*. No obstante, no hay que confundir el uso expletivo de *que*, con aquellos otros casos en los que la conjunción introduce una verdadera oración subordinada. Compárense estas dos secuencias:

> *¡Cuánto me alegra* que *hayas venido!*
>
> *¡Cuánta alegría* **que** *hay en esta casa!*

En el primer caso la conjunción introduce una oración subordinada en función de sujeto; en el segundo, la frase tiene sentido sin la conjunción: *¡Cuánta alegría hay en esta casa!*

Se emplea a menudo el circunloquio *es que* que convierte en oración subordinada de sujeto lo que podría expresarse fácilmente como una oración simple. Es un galicismo sintáctico del que no conviene abusar, ya que resta agilidad y claridad al discurso. Veamos los siguientes ejemplos:

> *Pero* **es que** *ni cortando así consiguen el programa que ellos quieren para emitir.*
>
> El Sol, 27-VI-90, pág. 52.

> *Pero* **es que**, *además, a medida que van pasando los meses, el edificio se va deteriorando y el dinero que se ha gastado en él no va a servir para nada.*
>
> Sur, 11-IX-91, pág. 7.

> *¿Cómo* **es que** *te presentas en mi casa? ¿***Es que** *ignoras que no eres bienvenido?*

Es más directo y sencillo decir:

> *Pero ni cortando así consiguen el programa [...].*
> *Pero, además, a medida que van pasando los meses [...].*
> *¿Cómo te presentas en mi casa? ¿Ignoras que no eres bienvenido?*

Ciertas locuciones conjuntivas, que no tienen entre sus componentes la conjunción *que*, aparecen indebidamente con ella. Este es el caso de la locución causal *por cuanto* y la temporal *en cuanto*. No deben ir seguidas de *que*:

> *El hombre de la ciudad es, en efecto libre por cuanto* **que** *se sustrae a una gran cantidad de controles sociales, pudiendo disponer de sí mismo [...].*
>
> Francisco Ayala, *Introducción a las ciencia sociales*, Madrid, Cátedra, 1988, pág. 276.

(Correcto: *El hombre de la ciudad es, en efecto libre* por cuanto *se sustrae a una gran cantidad de controles sociales [...]*.)

*Este derecho al voto de los extranjeros no produce cambios notables en las estructuras políticas y sí es claramente beneficioso por cuanto **que** ayuda a que estos residentes se sientan parte integrante de la comunidad.*

(Correcto: *[...] es claramente beneficioso* por cuanto *ayuda a que estos residentes se sientan parte integrante de la comunidad.*)

*Nuestro objetivo es iniciar la escalada del Everest en cuanto **que** hayamos instalado el campamento base en la falda de la montaña.*

(Correcto: *[...] iniciar la escalada del Everest* en cuanto *hayamos instalado el campamento base [...]*.)

En el español hablado en Cataluña es frecuente el uso de la locución conjuntiva *como que* con valor causal introduciendo una oración antepuesta al verbo principal. Este uso inadecuado se está extendiendo a regiones vecinas. Lo correcto es emplear *como*, sin la presencia de *que:*

*Como **que** no llevaba paraguas, no tuve más remedio que resguardarme de la lluvia bajo uno de los frondosos árboles del parque.*

(Correcto: Como *no llevaba paraguas, no tuve más remedio que resguardarme [...]*.)

*Como **que** el ayudante del mecánico se encontraba enfermo, fue necesario que yo mismo colaborara en la reparación del coche.*

(Correcto: Como *el ayudante del mecánico se encontraba enfermo, fue necesario que yo mismo colaborara [...]*.)

En la expresión *no poder menos que* es incorrecto el empleo de *que*. En su lugar debe usarse la preposición *de*:

*Después de lo ocurrido no puedo menos **que** tratar de ayudarles.*

(Correcto: *[...] no puedo* menos de *tratar de ayudarles.*)

Hay casos en los que la conjunción *que* ocupa indebidamente el lugar de un pronombre o un adverbio relativo. Este empleo anómalo se da sobre todo en construcciones como *es por esto que, es entonces que, es así que, es aquí que*, etc. Lo correcto es decir *es por esto por lo que, es entonces cuando, es así como, es aquí donde:*

138

*Es por ello **que**, a través de nuestra Área de Expresión Artística, hemos organizado un certamen de dibujo [...].*
Sur, 4-XI-86, pág. 45.
(Correcto: *Es por ello* por lo que *[...].*)

*El Presidente del Gobierno se presentará urgentemente en el lugar del atentado. Es por esto **que** no podrá asistir a la comparecencia prevista ante el Congreso de los Diputados.*
(Correcto: *[...] Es por esto* por lo que *no podrá asistir a la comparecencia [...].*)

*Después, iniciaran una interesante ruta que va desde Torre del Mar hasta las Cuevas de Nerja. Es aquí **que** contemplarán un espectáculo de luz y sonido preparado para la ocasión.*
(Correcto: *[...] Es aquí* donde *contemplarán un espectáculo de luz y sonido [...].*)

Tampoco es correcto utilizar las expresiones *en lo que* y *entre que* como locuciones conjuntivas temporales en lugar de *mientras*:

En lo que *os preparo unos canapés, poneos cómodos.*
(Correcto: Mientras *os preparo unos canapés, poneos cómodos.*)

*Nos van a dar las doce **entre que** llegan o no llegan.*
(Correcto: *Nos van a dar las doce* mientras *llegan o no llegan.*)

La comparación que se hace en construcciones cuyo núcleo verbal es *preferir*, o la expresión *es preferible*, el segundo término nunca debe introducirse con la conjunción *que*, sino con la preposición *a*:

*Es preferible tener enemigos **que** tener amigos como tú.*
(Correcto: *Es preferible tener enemigos* a *tener amigos como tú.*)

*Si tengo que elegir, prefiero no comer nada **que** tragarme tus guisos.*
(Correcto: *[...] prefiero no comer nada* a *tragarme tus guisos.*)

La Real Academia Española[154] admite la omisión de la conjunción *que* si introduce una oración sustantiva y el verbo principal del que depende es de voluntad o de temor. No obstante, estas estructuras son propias del estilo comercial y administra-

---

[154] Real Academia Española, *Esbozo, op. cit.*, § 3.19.4.d.

tivo, y no es recomendable emplearlas fuera de esos ámbitos ni con verbos que no tengan significado prospectivo, es decir, con proyección futura:

> *Los locutores de radio de todo el país esperan no se cierre una cadena que tanto ha aportado a la comunicación nacional.*

> *Supongo habrás terminado todas tus tareas domésticas.*

En los anteriores ejemplos sería más adecuado decir: *[...] esperan* que *no se cierre [...]* y *Supongo* que *habrás terminado [...].* Sin embargo, en un contexto comercial, es aceptable:

> *Le ruego me envíe un catálogo de pedidos con la mayor brevedad posible.*

No debe omitirse *que* en la locución conjuntiva temporal *una vez que*, por lo que resultan incorrectas las expresiones:

> *Nos sentaremos a ver la televisión una vez terminemos de cenar, no antes.*

> *Una vez fueron recibidos por Su Majestad, se dirigieron a la plaza de Oriente.*

La conjunción y

Esta conjunción no se transforma en *e* cuando, delante de una palabra que comienza por *i-*, posee valor adverbial interrogativo y es tónico:

> *¿Estamos todos? ¿E Inmaculada?*

Lo correcto es decir:

> *¿Estamos todos? ¿Y Inmaculada?*

La conjunción como

En la locución conjuntiva temporal *tan pronto como*, no debe omitirse *como*

> **Tan pronto** *anocheció emprendió el camino de la playa.*
> Manuel Halcón, *Aventuras de Juan Lucas,*
> Barcelona, Plaza & Janés, 1987, pág. 59.

(Correcto: *Tan pronto como anocheció emprendió el camino* [...].)

Tan pronto *coexisten en sucesión, la fórmula nace.*
Adolfo Salazar, *Conceptos fundamentales en la historia de la música*, Madrid, Alianza Editorial, 1991, pág. 44.

(Correcto: *Tan pronto como coexisten en sucesión, la fórmula nace.*)

Tan pronto *vio que habían comenzado las rebajas, fue a su casa por dinero y se lanzó, junto con una muchedumbre de gente, en busca de las ofertas más apetitosas.*

(Correcto: Tan pronto como *vio que habían comenzado las rebajas* [...].)

La conjunción mientras

Cuando introduce una oración temporal *mientras* es intercambiable con la locución conjuntiva *mientras que*:

Arregla la lámpara mientras *yo corrijo los exámenes de mis alumnos.*

Arregla la lámpara mientras que *yo corrijo los exámenes de mis alumnos.*

En cambio, si se pretende introducir una oración adversativa en el enunciado, entonces solo debe emplearse la locución *mientras que*. En este caso es incorrecto utilizar *mientras*:

Él se dedica a enseñar francés en la Escuela de Idiomas, **mientras** *ella es enfermera.*
(Correcto: *Él se dedica a enseñar francés en la Escuela de Idiomas,* mientras que *ella es enfermera.*)

Héctor es colombiano **mientras** *Juan es puertorriqueño.*
(Correcto: *Héctor es colombiano* mientras que *Juan es puertorriqueño.*)

Los fenómenos del *queísmo* y del *dequeísmo*

El **queísmo** aparece cuando se suprime de forma indebida la preposición delante de la conjunción subordinante *que*. Se da con frecuencia en predicados cuyos núcleos verbales exigen la presencia de un complemento introducido por una preposición determinada: verbos y locuciones verbales con preposiciones regidas como *amenazar con, fijarse en, especular con, confiar en, coincidir en, percatarse de, acordarse de, insistir en, encontrarse con, alegrarse de, darse cuenta de, olvidarse de, convencer de*, etc.; algunos adjetivos y sustantivos cuyos complementos deben unirse mediante *de* o cualquier otra preposición como *apto para, seguro de, apropiado para, atento a, impresión de, sensación de*, etc.; en todos ellos ha de aparecer la preposición antes de la oración encabezada por *que*. Si no es así, se comete un error:

> [...] *aunque el 86 por ciento de los entrevistados estaban seguros* **que** *habían mentido, el 73 por ciento de los mismos opinaban que ellos hubieran hecho lo mismo.*
>
> Cambio 16, [n.º 962], 30-IV-90, pág. 12.
>
> (Correcto: *[...] el 86 por ciento de los entrevistados estaban seguros* de que *habían mentido, [...].*)

> *Al llegar a la estación, el día veintitrés de diciembre por la tarde, se encontró* **que** *acababa de ganar ciento veinte millones de pesetas en la lotería de Navidad.*
>
> (Correcto: *[...] se encontró* con que *acababa de ganar ciento veinte millones [...].*)

> *Me olvidé* **que** *debía indicarte la dirección de mi casa para que pudieras encontrarla sin problemas.*
>
> (Correcto: *Me olvidé* de que *debía indicarte la dirección de mi casa [...].*)

> *Me da la sensación* **que** *los empresarios tratan de forzar a los sindicalistas para que cedan en sus reivindicaciones.*
>
> (Correcto: *Me da la sensación* de que *los empresarios tratan de forzar a los sindicalistas [...].*)

El *queísmo* es explicable desde el punto de vista de la economía lingüística, ya que simplifica varios nexos en uno. También se produce por ultracorrección, para no incurrir en el dequeísmo. Otra causa es la analogía con verbos sinónimos, o con distintas acepciones de un solo verbo. Un ejemplo claro lo tenemos en la sinonimia existente entre los verbos *recordar* y *acordarse*, los cuales, sin embargo, se construyen de forma diferente:

> *Recuerdo* que *fue un día espléndido.*

> *Me acuerdo* de que *fue un día espléndido.*

142

El **dequeísmo** es un vulgarismo que se produce cuando se emplea indebidamente la preposición *de* delante de la conjunción *que*. No tiene ningún tipo de justificación lingüística. Es frecuente en América y está muy extendido en la Península, pero es en Cataluña y Levante donde está más arraigado, debido a que en catalán es normal la presencia de *de* con algunos verbos que en español no admiten la preposición. Este fenómeno se produce sobre todo con verbos de pensamiento o de lengua como *decir, pensar, aclarar, aconsejar, advertir, afirmar, asegurar, contestar, creer, importar, imaginar, negar, señalar, sospechar, suponer*, etc. También hay algunas locuciones conjuntivas en las que se da el dequeísmo: *una vez de que, a menos de que, luego de que, a medida de que, así es de que*, etc. Son incorrectas frases como

No me importa **de que** *no tengas dinero. Me debes cien mil pesetas y me las vas a pagar por las buenas o por las malas.*
(Correcto: *No me importa* que *no tengas dinero [...].*)

Inmaculada me aseguró **de que** *iríamos a Eurodisney el próximo verano.*
(Correcto: *Inmaculada me aseguró* que *iríamos a Eurodisney [...].*)

Le pregunté por el estado de su padre y me contestó **de que** *se encontraba muy recuperado de su enfermedad.*
(Correcto: *[...] me contestó* que *se encontraba muy recuperado de su enfermedad.*)

Los ánimos se encrespan entre la población argentina a medida **de que** *se dispara la inflación.*
(Correcto: *Los ánimos se encrespan entre la población argentina a medida* que *se dispara la inflación.*)

Imagino **de que** *debe de tener unos cincuenta años.*
(Correcto: *Imagino* que *debe de tener unos cincuenta años.*)

Hay que tener en cuenta algunos casos especiales que admiten una u otra construcción según la acepción del verbo. Así, en el caso de *advertir, avisar* o *informar*, solamente se admite la preposición *de* para introducir un complemento si tienen el valor de 'informar dando aviso o noticia':

Los programas informativos nos advirtieron de que *las lluvias torrenciales habían causado grandes destrozos en el norte de Europa.*

Un funcionario me informó de que *el plazo para presentar
la documentación finalizaba el día quince.*

Otros verbos y expresiones admiten las dos estructuras. Es el
caso de *dudar, dar vergüenza, dar miedo, etc.*:

Dudo que *lo logremos en un día.*
Dudo de que *lo logremos en un día.*

Me da vergüenza que *me miren fijamente.*
Me da vergüenza de que *me miren fijamente.*

Adverbios

Los adverbios son partes de la oración morfológicamente invariables que modifican la significación del verbo (la mayoría), del adjetivo, de otro adverbio, de sustantivos (tan solo los adverbios *más* y *menos*) o de oraciones y predicados enteros.

Algunos adverbios admiten gradación: *cerca, lejos, bien, mal, tarde, pronto, abajo, arriba, poco, mucho, fuera, dentro* y todos los acabados en -*mente* (*más abajo, menos mal, muy tarde, muy poco, más detenidamente, menos eficientemente,* etc.).

Podemos hacer una clasificación de los adverbios atendiendo a su contenido semántico:

— adverbios de cantidad (*menos, más, muy, mucho, poco, nada,* etc.);
— adverbios de tiempo (*hoy, ayer, antes, después, pronto, tarde, mañana,* etc.);
— adverbios de lugar (*aquí, allí, lejos, cerca, arriba, abajo,* etc.);
— adverbios de orden (*primero, últimamente, primeramente,* etc.);
— adverbios de modo (*así, bien, mal, regular, fácilmente, claramente,* etc.);
— adverbios de afirmación (*sí, ciertamente, efectivamente, también, claro,* etc.);
— adverbios de negación (*no, jamás, tampoco, nada,* etc.);

— adverbios de duda (*quizá, tal vez, probablemente, posiblemente*, etc.);
— adverbios de aproximación (*casi, apenas, aproximadamente*, etc.).

Esta clasificación no es tajante, puesto que según el contexto en el que aparezca, un mismo adverbio puede mostrar significados diferentes. Así, *nada* puede denotar 'negación' (*De eso nada, no te daré lo que me pides*) o 'cantidad' (*Hemos gastado tanto dinero que ya no nos queda nada, ni una peseta*).

Algunos adverbios pueden actuar como conjunciones para introducir oraciones subordinadas adverbiales o circunstanciales. Al mismo tiempo que son nexo subordinante, desempeñan alguna función adverbial dentro de la oración que encabezan. Estos adverbios de carácter conjuntivo son *como, cuando, cuanto, donde* y *mientras*:

> *Juan se examinará* cuando *esté preparado* (valor temporal).

> *Escucha música* mientras *hace los deberes* (valor temporal).

> *Mis alumnos escriben* como *les viene en gana* (valor modal).

> *Convierte en oro* cuanto *toca* (valor de cantidad).

> *Come y duerme* donde *le apetece* (valor locativo).

Las funciones propias de los adverbios también pueden lograrse con locuciones como *de repente, desde luego, al final, a oscuras, de rechupete, de maravilla*, etc.

Usos anómalos de los adverbios

Los adverbios de lugar *abajo* y *arriba* no pueden ir precedidos de la preposición *a*. Estos adverbios son de los pocos que pueden complementar a un sustantivo directamente, sin la necesidad de un enlace prepositivo:

> *Las lluvias torrenciales provocaron que se formara una auténtica corriente* calle abajo.

Estuvimos perdidos durante un buen rato, pero logramos encontrar una aldea siguiendo río arriba.

Los adverbios de lugar *adentro* y *afuera* se emplean casi exclusivamente con verbos de movimiento. Si son verbos estativos, es más adecuado utilizar *dentro* y *fuera*[155]. Por tanto, son incorrectas las frases:

*Estuve **afuera**, bajo la lluvia, durante más de ocho horas.*
(Correcto: *Estuve* fuera *[...].*)

*Permanecimos **adentro** un buen rato, pero nos descubrieron.*
(Correcto: *Permanecimos* dentro *un buen rato [...].*)

Adentro y *afuera* no pueden llevar antepuesta la preposición *a*, pero sí *para, hacia* o *por*. Así, es incorrecto:

*Vete **a** afuera y avísame si llegan los invitados.*

Sin embargo, es correcto:

Vete hacia afuera *y avísame si llegan los invitados.*

Igualmente, el adverbio relativo *adonde* y el interrogativo *adónde* deben depender necesariamente de verbos de movimiento[156]. Por tanto, son incorrectas las secuencias:

*Esa es la furgoneta **adonde** permaneció oculto el joven que robó el banco.*
(Correcto: *Esa es la furgoneta* donde *permaneció oculto [...].*)

*Hazme el favor de decirme **adónde** has estado durante tres días.*
(Correcto: *Hazme el favor de decirme* dónde *has estado [...].*)

---

[155] Sin embargo, hay ejemplos en los que la distinción en el uso de las formas *adentro, dentro, afuera, fuera*, no está muy claro. En secuencias como *El taxi que llamaste espera afuera/fuera*, aunque el uso peninsular prefiera la segunda opción (*fuera*), no se puede calificar de incorrecta la primera (*afuera*).

[156] No obstante, el adverbio relativo *donde* y el interrogativo *dónde*, pueden depender tanto de verbos de movimiento como de los que no lo son.

Donde es un adverbio relativo de lugar, por lo que su antecedente ha de ser siempre un locativo. Es incorrecto su empleo con valor temporal equivalente a *cuando*:

> Nunca olvidaré el momento **donde** conocí a mi ídolo en persona.
>
> (Correcto: [...] el momento en que *conocía a mi ídolo en persona*.)

> Aquello sucedió la tarde **donde** nos presentaron.
> (Correcto: [...] la tarde en que *nos presentaron*.)

Los casos de *adelante* y *delante* son similares a los anteriores. El primero se utiliza con verbos de movimiento que indiquen desplazamiento (*¡Marchad adelante, compañeros!*), el segundo aparece preferentemente con verbos que no son de movimiento[157]. Por consiguiente, no son correctas las secuencias:

> Cuando vayamos al cine nos sentaremos **adelante**.
> (Correcto: [...] nos sentaremos delante.)

> Si no ves bien, ponte **adelante** de mí.
> (Correcto: [...] ponte delante de mí.)

Tampoco *adelante* puede ir precedido de la preposición *a*, de modo que resulta incorrecto:

> La riada se había llevado el puente y no pudimos seguir **a adelante**.
> (Correcto: [...] no pudimos seguir adelante.)

El adverbio *más*, cuando modifica a *nadie*, *nada* o *nunca*, no debe ir antepuesto sino pospuesto. Así pues, son incorrectas y vulgares las frases:

> Estoy muy cansado. No voy a hacer **más nada** por esta noche.
> (Correcto: [...] No voy a hacer nada más [...].)

---

[157] No obstante, si ambos aparecen con verbos de movimiento pueden aportar matices significativos distintos. Así, compárense las oraciones: *Vayamos adelante* y *Vayamos delante*. Una tiene el valor de 'continuar', la otra indica 'ir delante de algo o alguien'.

Lo pasé tan mal en ese país que no volveré a viajar allí **más nunca**.
(Correcto: *[...] no volveré a viajar allí* nunca más.)

Están todas las plazas del autobús ocupadas. No puede subir **más nadie**.
(Correcto: *[...] No puede subir* nadie más.)

Los adverbios no tienen morfemas de género ni de número, son palabras invariables. Por tanto, cuando *mejor* y *peor* funcionan como adverbios en grado comparativo de *bien* y *mal*, no deben variar en número:

Los deportistas españoles son los **mejores** *entrenados de la competición*.
(Correcto: *[...] son los* mejor *entrenados de la competición.*)

Los edificios de esta zona son los **peores** *acondicionados de la ciudad*.
(Correcto: *[...] son los* peor *acondicionados [...].*)

Lo mismo puede decirse de los adverbios *inclusive* y *exclusive*, a los que, a veces, se les añade el morfema de plural indebidamente, por considerarlos adjetivos:

Fotocopia desde la página doce a la treinta, ambas **inclusives**.
(Correcto: *[...] ambas* inclusive.)

Su mandato se prolongará desde el año mil novecientos noventa y cinco hasta mil novecientos noventa y ocho, ambos años **exclusives.**
(Correcto: *[...] ambos años* exclusive.)

No existe en español la forma *exprofesamente*. En el repertorio de nuestro idioma disponemos del adverbio *expresamente* o del latinismo *ex profeso*:

He venido **exprofesamente** *para devolver el libro a la biblioteca*.
(Correcto: *He venido* expresamente *para devolver el libro a la biblioteca.*)

Iremos **exprofesamente** *para oír el discurso de Su Majestad*.
(Correcto: *Iremos* expresamente *para oír el discurso de Su Majestad.*)

El adverbio *recientemente* puede apocoparse ante participios (*Recién salido de la cárcel, volvió a delinquir*) y algunos adjetivos, pero nunca delante de verbos conjugados ni precediendo a un adverbio, por más que su empleo esté muy extendido en América:

> **Recién** *habíamos terminado de limpiar la casa, entró el perro lleno de barro.*

> **Recién** *salió a la calle, comenzó a llover.*

Para subsanar el error hay que reemplazar *recién* por adverbios y locuciones como *apenas, en cuanto, justo cuando,* etc.

Deben evitarse los adverbios *mayormente* y *mismamente*. Se trata de vulgarismos que afean el discurso. En su lugar, podemos emplear *sobre todo, máxime, principalmente* para el primero, y *precisamente* para el segundo:

> *Me gusta muchísimo tomar helados en invierno,* **mayormente** *si son de chocolate.*
> (Correcto: *[...]* sobre todo *si son de chocolate.*)

> *¿Buscas un coche de ocasión?* **Mismamente** *ayer vi uno.*
> (Correcto: *[...]* Precisamente *ayer vi uno.*)

Cuando aparecen dos o más adverbios consecutivos que terminen con el sufijo -*mente*, ya sean yuxtapuestos o coordinados por las conjunciones *y, pero, o, tan/.../como* es recomendable, por razón de estilo, que solo aparezca el sufijo en el último. Aunque no hacerlo así no es una incorrección gramatical propiamente dicha, suprimir las terminaciones en -*mente* superfluas dan agilidad al texto. No obstante, cada escritor puede elegir una u otra opción en función de sus motivaciones estilísticas concretas. Compárense las siguientes frases:

> *Los jóvenes se comportaron amablemente, cortésmente y educadamente con sus compañeras de clase.*

> *Los jóvenes se comportaron amable, cortés y educadamente con sus compañeras de clase.*

Usos anómalos de las locuciones adverbiales[158]

No son válidas gramaticalmente las secuencias *primero de todo*, *primero de nada*. En lugar de ellas podemos utilizar locuciones como *en primer lugar, antes de nada* o el adverbio *primeramente*:

> **Primero de todo**, *quiero darles los buenos días y agradecerles su presencia.*
> (Correcto: Antes de nada, *quiero darles los buenos días [...].*)

> *Vamos*, **primero de nada**, *a dar un repaso a las noticias del día.*
> (Correcto: *Vamos,* en primer lugar, *a dar un repaso a las noticias del día.*)

Las locuciones temporales *de buen hora* o *de buena hora* y *de buena mañana* son galicismos[159]. En español debemos utilizar el adverbio *temprano*, o las locuciones adverbiales *por la mañana temprano* y *de madrugada*, respectivamente, de modo que resultan incorrectas:

> *Si queremos pescar mañana los mejores peces, debemos salir* **de buena hora**.
> (Correcto: *[...] debemos salir* temprano.)

> *Se presentaron en el campamento* **de buena hora** *para instalar las tiendas en el lugar que tenía mejores vistas.*
> (Correcto: *Se presentaron en el campamento* por la mañana temprano *[...].*)

> *Los cazadores se fueron a sus puestos* **de buena mañana.**
> (Correcto: *[...] se fueron a sus puestos* de madrugada.)

Posteriormente a y *antes a* son locuciones muy empleadas por los periodistas. Resultan más ventajosas las expresiones *después de* y *antes de*:

---

[158] Algunas de estas locuciones han sido tratadas en el apartado de las preposiciones. Hay divergencias entre distintos autores a la hora de clasificar algunas locuciones como preposicionales o adverbiales. En realidad participan de características de ambas, ya que cumplen la función transpositora inherente a las preposiciones, al mismo tiempo que aportan matices adverbiales de tiempo, lugar, modo, etc.

[159] Se trata de una traducción literal del francés *bonne heure* y *bonne matin*.

Los juegos infantiles comenzarán **posteriormente a** *la misa que oficiará el obispo de la ciudad.*
(Correcto: *comenzarán* después de *la misa [...].*)

Posteriormente a *la caída del Imperio Romano, comenzaron a separarse definitivamente las nuevas lenguas romances.*
(Correcto: Después de *la caída del Imperio Romano [...].*)

Días **antes a** *las elecciones se retiraron doce candidatos de manera inexplicable.*
(Correcto: *Días* antes de *las elecciones [...].*)

La locución adverbial de lugar *en medio a* es un vulgarismo. Su forma correcta es *en medio de*:

El alcalde hará construir un obelisco **en medio a** *la plaza Mayor.*
(Correcto: *[...] un obelisco* en medio de *la plaza Mayor.*)

El futbolista, tras ser expulsado del campo por el árbitro, se sentó **en medio al** *banquillo de suplentes.*
(Correcto: *[...] se sentó* en medio del *banquillo [...].*)

Son incorrectas las locuciones *adentro de* y *adelante de*. Utilícense mejor las expresiones *dentro de* y *delante de*:

Las maletas están guardadas **adentro del** *armario de madera lacada en blanco.*
(Correcto: *Las maletas están guardadas* dentro del *armario [...].*)

El oso pardo permanece **adentro de** *su cueva mientras las condiciones externas no son las adecuadas.*
(Correcto: *El oso pardo permanece* dentro de *su cueva [...].*)

El matador se cuadró **adelante del** *toro con mucha valentía y coraje torero.*
(Correcto: *El matador se cuadró* delante del *toro [...].*)

También es vulgar *en mitad de* empleado en lugar de *en medio de*:

Casi estamos abrazados **en mitad de** *la acera, bajo la lluvia, y ella se ríe mirándome.*
Carmen Martín Gaite, Cuentos completos,
Madrid, Alianza Editorial, 1989, pág. 178.
(Correcto: *Casi estamos abrazados* en medio de *la acera [...].*)

*Se quedó quieto **en mitad de** unos campos incultos, [...].*

Enrique González Duro, *La neurosis del ama de casa*, 2.ª edición, Madrid, Eudema [ed. de la Universidad Complutense], 1989, pág. 210.

(Correcto: *Se quedó quieto* en medio de *unos campos incultos [...].*)

*Al oír la explosión se quedó paralizada por el pánico **en mitad de** la calzada.*

(Correcto: *[...] se quedó paralizada por el pánico* en medio de *la calzada.*)

*El monaguillo colocó el enorme candelabro de siete brazos **en mitad del** altar.*

(Correcto: *El monaguillo colocó el enorme candelabro de siete brazos* en medio del *altar.*)

Las secuencias *de una vez por todas* y *de una buena vez* son galicismos[160] que conviene evitar. En español se dice *de una vez,* o *de una vez para siempre:*

*[...] la pretensión de instaurar un orden social en armonía con el cosmos, [...], cancelando **de una vez por todas**, sus miserias, y asegurando la definitiva felicidad [...].*

Manuel García Pelayo, *Los mitos políticos*, Madrid, Alianza Universidad, 1981, pág. 350.

Correcto: *[...]* de una vez para siempre *[...].*

*El éxito del proyecto Martín Urbano serviría para que, **de una vez por todas**, el conjunto malagueño pudiera pensar en algo más que estar entre los doce mejores de la competición.*

Sur, 11-IX-90, pág. 48.

(Correcto: *[...] serviría para que,* de una vez para siempre, *el conjunto malagueño pudiera pensar en algo más [...].*)

En la expresión *solo + hacer + que* + infinitivo, es vulgar el empleo que se hace del adverbio. La forma correcta es *no hacer más que* seguido de un infinitivo:

*Desde que le dieron las vacaciones **sólo hizo que** leer y dormir.*

(Correcto: *[...]* no hizo más que *leer y dormir.*)

---

[160] Ambas locuciones son una mala traducción de las expresiones francesas *une fois pour toutes* y *une bonne fois*, respectivamente.

153

Sólo hizo que *llegar cuando ya le estaban acosando los periodistas.*
(Correcto: No hizo más que *llegar cuando [...].*)

Las expresiones *desde el prisma de* y *bajo el prisma de* no tienen sentido en español. Se abusa de ellas y dan un tono pedante al discurso. Es más adecuado emplear la locución *desde el punto de vista de* en frases como

> *El estudio de la problemática empresarial ha tomado una nueva orientación desde el momento en que empieza a ser enfocada* **bajo el prisma de** *la Teoría General de Sistemas.*
> Enrique Martín Armario, *La gestión publicitaria*,
> Madrid, Pirámide, 1980, pág. 29.

(Correcto: *[...] empieza a ser enfocada* desde el punto de vista de *la Teoría General de Sistemas.*)

> *No hay prosa, por magistral que sea, que sirva para justificar* **desde el prisma de** *quienes lo sufrieron, la ignominia.*
(Correcto: *No hay prosa, por magistral que sea, que sirva para justificar* desde el punto de vista de *quienes lo sufrieron, la ignominia.*)

> *Para comprender todo el alcance de los sucesos actuales es necesario examinarlos* **desde el prisma de** *la historia, que nos permite conocer los orígenes de muchos problemas de hoy en día.*
(Correcto: *[...] es necesario examinarlos* desde el punto de vista de *la historia [...].*)

Contamos en español con la locución *a campo traviesa*, que suele aparecer junto a verbos de movimiento. Son incorrectas las formas *campo a través*[161], *a campo través* y *a campo a través*:

> *Para llegar hasta el pueblo cortó camino* **campo a través**.
(Correcto: *[...] cortó camino* a campo traviesa.)

> *Corrieron* **a campo a través** *intentando despistar a sus perseguidores.*
(Correcto: *Corrieron* a campo traviesa *[...].*)

---

[161] Sólo se acepta la forma *campo a través* si se refiere al deporte del *cross*.

El conjunto *como muy* sólo es correcto con valor de aproximación o atenuación (*Lo noté como muy triste*). Si no tiene estos sentidos su uso es incorrecto y resulta cursi y pedante:

> *Una vez que estemos dentro del aula, debemos atender* **como muy** *bien a las explicaciones del profesor.*
> (Correcto: *[...] debemos atender* muy *bien a las explicaciones del profesor.*)

> *Cuando acabó el simulacro de incendio que los bomberos efectuaron en el patio del instituto, todos coincidimos en que debíamos tener* **como muy** *en cuenta las recomendaciones que nos hicieron.*
> (Correcto: *[...] debíamos tener* muy *en cuenta las recomendaciones que nos hicieron.*)

A menudo se emplea la locución *de sobras*, que es errónea, puesto que su forma correcta es *de sobra*:

> *Es* **de sobras** *conocida la afición que el nuestros tíos tienen por las plantas.*
> (Correcto: *Es* de sobra *conocida [...].*)

> *Severiano Ballesteros es un golfista* **de sobras** *conocido en todo el mundo.*
> (Correcto: *Severiano Ballesteros es un golfista* de sobra *conocido en todo el mundo.*)

Se está extendiendo la expresión *como un todo* con el sentido de 'en conjunto', anglicismo[162] que debe desecharse. En español disponemos de las expresiones adverbiales *en unión, solidariamente, en conjunto*:

> *Uniremos nuestras fuerzas* **como un todo**.
> (Correcto: *Uniremos nuestras fuerzas* solidariamente.)

> *Si queremos ganar el encuentro el equipo ha de jugar* **como un todo**.
> (Correcto: *[...] el equipo ha de jugar* en conjunto.)

---

[162] La locución *como un todo* es un calco de la expresión inglesa *as a whole*.

En el lenguaje deportivo se oye con frecuencia la expresión *en solitario*, con verbos como *llegar, ganar, marcharse, irse*, etc., para sustituir a adjetivos como *solo, destacado*, etc., gramaticalmente más coherentes y que deben ser los utilizados en expresiones como

> *Pedro Delgado llegó a la cumbre* **en solitario**.
> (Correcto: *[...] llegó a la cumbre solo*.)

> *El atleta extremeño ganó* **en solitario** *la maratón celebrada en Santander*.
> (Correcto: *[...] ganó destacado la maratón [...]*.)

Formas verbales

Desde el punto de vista formal, el verbo se define como aquella categoría gramatical que está constituida por un lexema al que se le añaden los morfemas desinenciales de número, persona, tiempo, modo y aspecto (*cant-á-ba-mos*). Estos componentes, a veces, aparecen amalgamados (como la forma *es* del verbo *ser*). De todos los morfemas indicados, tan solo los de tiempo, modo y aspecto son privativos del verbo:

I. El tiempo indica presente, pasado o futuro, si se toma como referencia el punto de vista del hablante; desde la perspectiva del discurso expresa anterioridad, simultaneidad y posterioridad de una forma verbal con respecto a otra.

II. El modo denota la actitud psíquica del hablante. Caben tres significados modales que corresponden a tres significantes distintos:

1. En el modo indicativo el hablante estima los hechos como reales, o es indiferente a la realidad de las acciones.

2. En el modo condicional o potencial el hablante considera factibles los hechos si se dan ciertas condiciones.

3. En el modo subjuntivo el hablante indica que los hechos se toman como ficticios, o bien se juzgan como irreales o bien se ignora su eventual realidad.

III. El aspecto hace referencia a la concepción del proceso verbal ya sea en su inicio (aspecto incoativo: *comienza a cantar*); en su desarrollo, cuando la acción no está acabada (aspecto imperfectivo: *cantaba*); o en su término, cuando la acción ya está acabada (aspecto perfectivo: *cantó*).

Desde el punto de vista sintáctico y funcional el verbo ejerce como núcleo de la oración.

Semánticamente, los verbos denotan acción (*saltar*), proceso (*soñar*) y estado (*hallarse*).

La clasificación de los verbos se realiza atendiendo también a estos tres criterios:

I. Según el criterio morfológico, los verbos se clasifican en tres categorías:

1. Verbos regulares: aquellos cuya flexión coincide plenamente con alguna de las tres conjugaciones tomadas como modelo.
2. Verbos irregulares: aquellos que presentan diversidad fónica en sus significantes, es decir, que no se ajustan en alguna de sus formas al paradigma de morfemas de las conjugaciones regulares.
3. Verbos defectivos: aquellos a los que le falta alguna forma en su conjugación. Dentro de este conjunto hay otras clases:

   a) Verbos impersonales y unipersonales: los primeros solo se emplean en la tercera persona del singular o del plural, no hacen referencia a sujeto alguno (*se dice, dicen, hay)*; los unipersonales forman un subgrupo dentro de los impersonales y se caracterizan por que solo se emplean en la tercera persona del singular (*llover, nevar, tronar*, etc.). Tanto unos como otros verbos tienen sujeto cero.
   b) Verbos bipersonales: los que solo se utilizan en la tercera persona del singular y en la tercera persona del plural (*acaecer, suceder, ocurrir,* etc.). Tienen sujeto explícito.

II. Según el criterio sintáctico, los verbos pueden clasificarse en cinco grupos:

1. Verbos transitivos e intransitivos: los primeros incorporan un complemento directo, ya sea de forma explícita o no (*comer*, *cantar*, *escribir*, etc.); los segundos no llevan complemento directo (*correr*, *salir*, *llegar*, *permanecer*, etc.).

2. Verbos causativos o factitivos: en ocasiones, en los verbos transitivos, no coinciden el sujeto con el actor o agente (*Me corté el pelo en la barbería*).

3. Verbos pronominales: los que se conjugan obligatoriamente con el pronombre personal átono, que se convierte en un simple morfema, ya que no desempeña función alguna en la oración, aunque sirve para marcar oposiciones gramaticales y semánticas (*arrepentirse*, *quejarse*, *dirigirse*, *olvidarse*, etc.)[163].

4. Verbos auxiliares: son aquellos que, al formar los tiempos compuestos o al encabezar una perífrasis verbal pierden total o parcialmente su significado propio (*haber*, *ser* en la voz pasiva y todos los que encabezan una perífrasis).

5. Verbos copulativos: los que sirven de puente entre un atributo y un sujeto o complemento directo (*ser*, *estar*, *parecer*, *resultar*, *ponerse*, si realizan función de puente).

III. Según el criterio semántico, como señalamos arriba, se clasifican en verbos de acción, de proceso y de estado.

Errores en el uso de las formas personales y no personales

Formas personales

X 1. Formas compuestas

En los tiempos compuestos nunca debe intercalarse un adverbio entre el auxiliar *haber* y el participio como se hace erróneamente en los siguientes ejemplos:

---

[163] Cuando el pronombre personal átono desempeña función de objeto directo o indirecto, con valor reflexivo, no debe considerarse el verbo como pronominal: *Antonio se peinó*.

> *Los médicos* **han cautamente reaccionado** *ante la alarma de una posible epidemia.*
> (Correcto: *Los médicos* han reaccionado cautamente *[...].*)

> *Los negociadores* **habrán pronto llegado** *a un acuerdo.*
> (Correcto: *Los negociadores* habrán llegado pronto *a un acuerdo.*)

> *Espero que* **hayamos brevemente terminado** *lo que nos queda por hacer.*
> (Correcto: *Espero que* hayamos terminado brevemente *[...].*)

Haber como auxiliar de tiempos compuestos solo se puede eliminar si varios verbos son consecutivos e indican acciones que están muy relacionadas entre sí (*Ellos han comido y bebido hasta hartarse*). Nunca puede elidirse *haber* si entre ellos hay algún complemento, por lo que son incorrectas las frases:

> *El jugador ha controlado el balón,* **esquivado** *a dos contrarios y* **marcado** *un precioso gol.*
> (Correcto: *[...] ha controlado el balón,* ha esquivado *a dos contrarios y* ha marcado *un precioso gol.*)

> *En el almuerzo han comido pasta, pescado y frutas, y* **bebido** *zumos naturales.*
> (Correcto: *[...] han comido pasta, pescado y frutas, y* han bebido *zumos naturales.*)

> *La oposición ha desechado nuestras propuestas e* **impuesto** *sus criterios.*
> (Correcto: *[...] ha desechado nuestras propuestas y* ha impuesto *sus criterios.*)

2. Pretérito perfecto compuesto y pretérito indefinido

Ambos tiempos denotan acciones acabadas o perfectas. La diferencia entre el pretérito perfecto compuesto (*he amado*), y el pretérito indefinido (*amé*), radica en que el segundo se refiere a una acción realizada en una unidad de tiempo que el hablante da por concluida (*El mes pasado trabajé todo los sábados*), mientras que el primero indica una acción que aún no ha terminado para el hablante, bien porque no haya concluido aún la unidad de tiempo expresada, bien porque las consecuencias de esa acción aún perduran (*He perdido a mi hermano esta mañana*).

Como vemos, en muchos casos serán el contexto y la actitud subjetiva del hablante los que decidan el empleo de uno u otro tiempo. Sin embargo, a veces se producen vacilaciones debido en parte a la influencia de usos regionales. Así, en Galicia, Asturias y gran parte de Hispanoamérica, predomina la forma *amé* en todos los contextos[164]. No obstante, el uso general español peninsular consideraría no normales las frases:

> *Hace un momento* **me encontré** *con uno de nuestros profesores, y* **me dijo** *que el examen de mañana se realizará a las doce del medio día en el aula cinco.*
>
> (Correcto: *Hace un momento* me he encontrado *con uno de nuestros profesores y* me ha dicho *que [...].*)
>
> *En este instante* **terminé** *de pasar a máquina el trabajo de literatura.*
>
> (Correcto: *En este instante* he terminado *de pasar a máquina el trabajo [...].*)

Por otra parte, sería incorrecto el uso del tiempo verbal en las secuencias:

> *Hace dos años* **hemos estado** *a punto de tener un percance por culpa de un conductor borracho.*
>
> (Correcto: *Hace dos años* estuvimos a punto de tener un percance [...].*)
>
> *Inmaculada* **ha grabado** *unas entrevistas el año pasado para un proyecto de investigación de sociolingüística.*
>
> (Correcto: *Inmaculada* grabó *unas entrevistas el año pasado [...].*)

Con la expresión *hace tiempo que* el tiempo más indicado es el pretérito indefinido, aunque, por razones estilísticas, puede admitirse el pretérito perfecto compuesto:

---

[164] El fenómeno opuesto es menos frecuente. La Real Academia Española (*Esbozo, op. cit.*, pág. 466, nota 2) dice que «[...] el habla vulgar madrileña muestra cierta inclinación en favor de *he cantado*. La misma inclinación se encuentra también en las provincias andinas de la República Argentina, contra el uso dominante de *canté* en el Río de la Plata».

Hace cinco años que murió *mi abuela.*

Hace cinco años que ha muerto *mi abuela.*

El segundo ejemplo es correcto si el hablante presenta una visión afectiva del hecho.

A veces, se añade de manera equivocada una *-s* en la segunda persona del singular del pretérito perfecto simple o indefinido, por analogía con la segunda persona del presente:

> *El padre interrumpió esta vez con voz templada: — Hija mía, hija mía, ¿qué* **hicistes** *de tu talento?*
>
> Manuel Halcón, *Aventuras de Juan Lucas*, Barcelona, Plaza & Janés, 1987, pág. 131.
>
> (Correcto: *[...] Hija mía, hija mía, ¿qué* hiciste *de tu talento?*)

> *Cuando conducías a gran velocidad con muchas copas de más ni siquiera te* **preguntastes** *por las consecuencias que podía acarrear tu actitud. Ahora asume tú la responsabilidad de tus actos.*
>
> (Correcto: *[...] ni siquiera te* preguntaste *por las consecuencias que podía acarrear tu actitud. [...].*)

3. Pretérito imperfecto de subjuntivo

La forma del pretérito imperfecto de subjuntivo (*amara*) no debe emplearse nunca como equivalente al pretérito pluscuamperfecto o pretérito perfecto simple, por más que tenga sus antecedentes en español antiguo. Es un error que se da en los medios informativos y en la lengua hablada cada vez con mayor frecuencia:

> *Isaac Shamir se preguntaba ayer por la unidad del pueblo palestino, comentando el discurso que Hussein* **realizara** *la noche del pasado domingo.*
>
> *ABC*, 2-VIII-88, pág. 25.
>
> (Correcto: *[...] comentando el discurso que Hussein* había realizado *la noche del pasado domingo.*)

> *La Comunidad Europea aún no ha definido su postura sobre los dos millones de toneladas que deberán entrar este año y que España pretende retrasar como* **hiciera** *en la campaña anterior.*
>
> *El País*, 21-VIII-88, pág. 42.
>
> (Correcto: *[...] como* hizo *en la campaña anterior.*)

Todo lo que **ahorrara** *tras diez años de esfuerzos y sacrificios,*
lo perdió en un solo día cuando se hundió la Bolsa de Tokio.
(Correcto: *Todo lo que* había ahorrado *tras diez años [...].*)

3) Imperativo

Antes de ver los principales errores que se cometen en el
uso del imperativo, conviene recordar que en español contamos
con un imperativo familiar (*ama tú, amad vosotros, amemos
nosotros*) y un imperativo de respeto que toma las formas del
subjuntivo (*ame usted, amen ustedes, amemos nosotros*)[165].
Las formas *ama* y *amad* del imperativo familiar nunca se
construyen con negación. Para negar la segunda persona del singular y la segunda persona del plural del imperativo deben emplearse las formas correspondientes del presente de subjuntivo (*no
ames, no améis*). Por tanto, son incorrectas las expresiones:

No romped *las facturas del supermercado. Las necesita-*
remos si hay que reclamar algo.
(Correcto: No rompáis *las facturas del supermercado. [...].*)

No llorad, *que no hay mal que cien años dure.*
(Correcto: No lloréis, *que no hay mal que cien años dure.*)

No poned *los juguetes encima de la mesa, no sea que rom-*
páis algún jarrón.
(Correcto: No pongáis *los juguetes encima de la mesa [...].*)

Los imperativos de los verbos *ir* y *oír* son *ve*, *id*, y *oye* y *oíd*.
Son agramaticales las formas *ves*, *veis* (del verbo *ir*) y *oyes* (del
verbo *oír*):

Oyes, *tú. Tráeme el diccionario que hay en el escritorio.*
(Correcto: Oye, *tú. [...].*)

Juan, hijo, **ves** *al mercado y compra el pan.*
(Correcto: *Juan, hijo,* ve *al mercado y compra el pan.*)

Oyes, *¿sabes a qué hora sale el tren para Zaragoza?*
(Correcto: Oye, *¿sabes a qué hora sale el tren para Zara-*
goza?

---

[165] El imperativo de respeto se diferencia del presente de subjuntivo en que
lleva el pronombre átono pospuesto (*Cánteme una canción*), mientras que el subjuntivo lo lleva antepuesto (*Ojalá me cante una canción*).

Cuando la función de sujeto y de complemento de un imperativo la realiza un pronombre, debe situarse pospuesto al verbo (*Dámelo tú*; *Démelo usted*)[166]. Por consiguiente, son vulgares las formas:

> **Me lo explique** *de nuevo, por favor.*
> (Correcto: Explíquemelo *de nuevo, por favor.*)
>
> *Buenos días,* **nos dé** *una botella de vino.*
> (Correcto: *Buenos días,* dénos *una botella de vino.*)
>
> **Me envuelvan** *el regalo, por favor.*
> (Correcto: Envuélvanme *el regalo, por favor.*)

En verbos pronominales o pronominalizados (*marcharse, levantarse, acordarse*, etc.), la segunda persona plural del imperativo (*cantemos*) pierde la *-s* que precede a los pronombres enclíticos *nos, os* y *se* (*marchémonos*). De este modo, son anómalas las construcciones:

> *Muchachos,* **levantémosnos** *del sofá y* **vayámosnos** *a practicar algo de deporte.*
> (Correcto: *[...]* levantémonos *del sofá y* vayámonos *a practicar algo de deporte.*)
>
> *Antonio ha tenido un accidente.* **Comuniquémosselo** *a sus familiares.*
> (Correcto: *[...]* Comuniquémoselo *a sus familiares.*)
>
> **Marchémosnos** *del sol. Hace un calor insoportable.*
> (Correcto: Marchémonos *del sol. [...].*)

Una tercera persona nunca puede ser el sujeto de un verbo en imperativo[167]. En los medios de comunicación radiofónicos se oyen con frecuencia incorrecciones del tipo:

---

[166] En cambio, si la forma verbal está en subjuntivo, hay que anteponer obligatoriamente los pronombres personales átonos que funcionen como complemento (*Quizá me ayude usted*), mientras que los pronombres que actúen como sujeto pueden colocarse tanto delante como detrás del núcleo verbal (*Quizá usted me ayude*).

[167] En el imperativo sólo funcionan la segunda persona del singular y del plural (*canta tú, cantad vosotros*) y la primera persona del plural (*cantemos nosotros*). Las formas *ame* y *amen* no pertenecen al imperativo, sino al presente de subjuntivo.

Esta es una oferta insuperable. Quienes estén interesados **llamad** *a este número de teléfono.*

(Correcto: [...] *Quienes estén interesados* que llamen *a este número de teléfono;* o bien *[...]* pueden llamar *a este número de teléfono.*)

Los más osados **escribid** *a nuestro apartado de correos y podrán concursar con nosotros.*

(Correcto: *Los más osados* que escriban *a nuestro apartado de correos [...].*)

Los que no tengan trabajo **remitid** *un currículum a nuestra agencia de colocación.*

(Correcto: *Los que no tengan trabajo* podrán remitir *un currículum [...];* o bien *[...]* que remitan *un currículum [...].*)

En una oración subordinada no debe aparecer nunca un imperativo. Son erróneas las expresiones:

Le ruego **envíeme** *por correo certificado una copia compulsada de su contrato.*

(Correcto: *Le ruego* que me envíe *por correo certificado [...].*)

Le ruego **sírvase** *de mis abogados para cualquier asunto legal.*

(Correcto: *Le ruego* que se sirva *de mis abogados [...].*)

4) Condicional

Recordemos que en los períodos condicionales se relacionan dos oraciones. La principal, o *apódosis,* expresa un resultado o consecuencia; la oración subordinada, o *prótasis*, generalmente introducida por la conjunción *si,* expresa la condición necesaria para que se cumpla lo dicho en la principal.

En este tipo de oraciones, no es admisible la presencia de un condicional en la *prótasis.* Este empleo es un regionalismo vulgar, frecuente en el País Vasco:

Si España **habría ganado** *el partido, ya estaría clasificada para el campeonato de Europa.*

(Correcto: *Si España* hubiera ganado *el partido, ya estaría clasificada [...].*)

No tendrías que quedarte estudiando toda la noche si no **habrías perdido** *tanto el tiempo.*

(Correcto: *No tendrías que quedarte estudiando toda la noche si no* hubieras perdido *tanto el tiempo.*)

Colaboraría contigo si **podría**, *pero estoy muy ocupado.*

(Correcto: *Colaboraría contigo si* pudiera, *pero estoy muy ocupado.*)

En cambio, en la apódosis es opcional el empleo del condicional compuesto o del pretérito pluscuamperfecto de subjuntivo (*Si hubieras venido temprano, habrías comido; Si hubieras venido temprano, hubieras comido*).

El empleo del modo condicional (*cantaría* o *habría cantado*) con el sentido de suposición o eventualidad, denominado *condicional de rumor*, no es castellano. Debe evitarse:

Si lo hace, su equipo tratará de no pagarle una prima de veinte millones de pesetas que le prometió por imponerse la Vuelta. De momento se rumorea que un Cubino **podría** *ser su sucesor.*

El Sol, 3-VII-90, pág. 34.

Apenas si se ha dicho que los sindicalistas **estarían** *dispuestos a renunciar a la huelga en ciertos períodos de tiempo —Navidad, Semana Santa, campañas electorales— [...].*

Sur, 9-IX-91, pág. 20.

El uso abusivo de la fórmula *yo diría*, encabezando cada respuesta en las entrevistas, atenta contra el buen estilo. En español es preferible el uso de expresiones como *creo, opino, pienso*, etc. en los siguientes ejemplos:

Yo diría *que tenemos posibilidades de conseguir una subvención del Gobierno.*

Tienes tu parte de razón. Sin embargo, **yo diría** *que la solución contra la sequía no está solo en la excavación de pozos.*

¿Cual es mi opinión sobre la delincuencia? **Yo diría** *que todo el que roba lo hace por vicio o placer, pues la necesidad nunca obliga a tanto. Hay otros recursos para subsistir.*

Formas no personales

1) Infinitivo

El empleo del infinitivo en lugar del imperativo no es correcto, a pesar de que se registra ya en el castellano antiguo. Tampoco es aceptable el empleo del infinitivo por el imperativo cuando el mandato es negativo, ya que debemos conjugar las formas correspondientes de subjuntivo:

> **Salir** *de aquí antes de que regresen mis padres.*
> (Correcto: Salid *de aquí [...].*)

> *Por favor os lo pido:* **no armar** *escándalo mientras estemos dentro del teatro.*
> (Correcto: *[...] no arméis* escándalo *[...].*)

> *Si vais a jugar al rugby,* **tener** *cuidado.*
> (Correcto: *[...] tened* cuidado.)

Cuando a la segunda persona del plural del imperativo (*cantad*) se pospone el pronombre *os*, hay que suprimir la *-d-* intervocálica. En este caso no es correcto sustituir la consonante por una *-r-*[168], pues se forma un infinitivo:

> *¡Pero venga hombre,* **saludaros**, *que os he presentado!*
> Camilo José Cela, *La colmena*, Madrid, Cátedra [col. Letras Hispánicas], 1988, pág. 221.
> (Correcto: *¡Pero venga hombre,* saludaos, *que os he presentado!*)

> *Ya es muy tarde, así que subid a vuestra habitación,* **acostaros y dormiros**, *que mañana tenéis que madrugar.*
> (Correcto: *[...] subid a vuestra habitación,* acostaos y dormíos *[...].*)

> *Por favor,* **callaros** *o no podremos escuchar las opiniones de todos.*
> (Correcto: *Por favor,* callaos *[...].*)

---

[168] La excepción a esta regla es el verbo *ir*, cuya segunda persona del plural del imperativo, en contacto con el pronombre *os*, adopta la forma *idos*. Son incorrectas las formas *iros* e *íos*. Sin embargo, el imperativo *idos* suena pedante y apenas se emplea, por lo que algunos autores recomiendan utilizar su sinónimo *marchaos*.

pero:

* Tan solo es correcto el uso del infinitivo con valor de imperativo cuando le precede la preposición *a* (*Niños, a dormir*) o si se trata de mandatos impersonalizados, como los que aparecen en carteles, avisos o señales (*No fumar, No pisar el césped*)[169].

La estructura en la que aparece un infinitivo precedido de la preposición *a*, funcionando como complemento de un sustantivo, es galicismo que conviene evitar[170]:

> *En este enrarecido escenario comienzan ya a escucherse las primeras escaramuzas, [...] de cara al II **Congreso** del PSOE **a celebrar** el próximo mes de noviembre.*
>
> Cambio 16, [n.º 976], 6-VIII-90, pág. 27.

> *Otro **aspecto a tener en cuenta** al hablar de los golpes en el juego del golf es que requieren una extraordinaria concentración y un gran control de los músculos.*

Es incorrecto el llamado *infinitivo de generalización con valor narrativo,* empleado a menudo por presentadores de radio y de televisión, y frecuente en toda clase de enunciados. En este tipo de estructura el infinitivo no se subordina a ningún verbo, por lo que se convierte en verbo principal de la oración, con valor absoluto.

> *Finalmente, **despedirme** de ustedes y **desearles** un buen fin de semana a todos.*

> *¿Qué opina del encuentro? **Decir** que mis jugadores han sido superiores a los contrarios.*

> *Para terminar, **recordarles** que volveremos mañana a la misma hora y **esperar** que disfruten con la película que ahora les ofrecemos.*

---

[169] La explicación que dan los gramáticos para admitir estos usos del infinitivo con valor imperativo se fundamenta en que se ha elidido un verbo o el auxiliar de una perífrasis verbal: *Niños, (id) a dormir, No (está permitido) pisar el césped.*

[170] Véase el apartado *Presencia innecesaria de a,* dentro del capítulo dedicado a las preposiciones.

2) Gerundio

El gerundio simple (*amando*) denota una acción durativa e imperfecta que coincide temporalmente con el verbo de la oración en que se halla (*Moviendo las piernas se mueve el corazón*). Hay que evitar la utilización del gerundio para acciones que sean claramente posteriores a la del verbo principal:

> *Si alguno de los aspirantes a la plaza de profesor no cumple los requisitos exigidos, será excluido del examen, **pasándose** el caso a los tribunales de justicia si hubiera dolo o falsificación de datos.*
> (Correcto: *[...] será excluido del examen y* se pasaría *el caso a los tribunales de justicia [...].*)

> *El montañero español cayó desde una altura considerable, **rompiéndose** una pierna y **siendo ingresado** en el hospital varias horas después.*
> (Correcto: *[...]* se rompió *una pierna y* fue ingresado *en el hospital varias horas después.*)

> *Le dolía la cabeza. Se tomó un par de pastillas, **sintiéndose** mucho mejor al rato.*
> (Correcto: *[...] Se tomó un par de pastillas y* se sintió *mejor al rato.*)

Es un anglicismo el uso del gerundio con valor de adjetivo especificativo referido a cosas. Tampoco es correcto referido a personas si indican cualidad, estado o acción muy lenta y no auténtica acción o cambio:

> *Las cartas **solicitando** tomar parte en este concurso deberán ser enviadas por correo certificado.*
> (Correcto: *Las cartas* para solicitar *tomar parte en este concurso [...].*)
> *Necesito una secretaria **escribiendo** a máquina.*
> (Correcto: *Necesito una secretaria* que escriba *a máquina.*)

> *La señal de tráfico **indicando** una curva peligrosa fue arrancada dos años antes. Esto pudo provocar más de un accidente.*
> (Correcto: *La señal de tráfico* que indicaba *una curva peligrosa [...].*)

El gerundio no debe aludir a ninguna palabra que desempeñe en la oración una función distinta de la de sujeto (*Luis se dirigió hacia Juan deseando saludarle*) o complemento directo de persona (*José encontró a su hijo jugando en el patio*). Son sintácticamente inaceptables las frases:

> *El padre llegó con uno de sus pequeñuelos* **tomándose** *un biberón.*
> (Correcto: *El padre llegó con uno de sus pequeñuelos,* que se tomaba *un biberón.*)

> *El domador se puso delante de una enorme pantera negra* **rugiendo** *de hambre y* **enseñando** *sus garras.*
> (Correcto: *[...] una enorme pantera negra* que rugía *de hambre y* enseñaba *sus garras.*)

> *Los bomberos lucharon contra las llamas* **emitiendo** *una humareda copiosa y tóxica.*
> (Correcto: *[...] lucharon contra las llamas,* que emitían *una humareda copiosa y tóxica.*)

A pesar de que el uso del gerundio referido a un complemento directo de la oración es correcto, conviene tener cuidado con este uso, pues puede producir ambigüedad:

> *Héctor vio a Juan corriendo por el parque.*

Se puede interpretar que quien corría era Juan, pero también podía ser Héctor. La frase resulta ambigua.

No es conveniente en nuestro idioma el empleo de la estructura *estar siendo + participio*, que es más propia del inglés. Ese valor de presente continuo entra dentro de los valores del presente de indicativo (*Me como un bocadillo*), o puede hacerse explícito mediante la perífrasis *ser* o *estar + participio*. Por consiguiente, son incorrectos los casos:

> *La corrida está dedicada al maestro Antonio Ordóñez, que este año ha cumplido el cuarenta aniversario de su alternativa, por lo que* **está siendo** *justamente* **homenajeado**.
> *Sur*, 7-IX-91, pág. 53.
> (Correcto: *[...] este año ha cumplido el cuarenta aniversario de su alternativa, por lo que* es *justamente* homenajeado.)

El público que asiste a estos conciertos [...] sabe que **está siendo engañado**, *pero finge que lo ignora.*
Marta Escotet, *Rock en Rusia*, Madrid, Cátedra [col. Rock pop],
1991, pág. 101.

(Correcto: *[...] sabe que* es engañado *[...].*)

La iglesia **está siendo sometida** *a una rehabilitación que, hasta el momento, ha conseguido despojarla de su techumbre [...].*
Sur, 12-IX-91, pág. 25.

(Correcto: *La iglesia* es sometida *a una rehabilitación [...].*)

Algunos gramáticos condenan el uso de la construcción *en + gerundio*, que se emplea para expresar anterioridad inmediata con relación al verbo de la oración principal. Sin embargo, la Real Academia Española registra su uso sin valorarlo como erróneo[171]. Por consiguiente, aunque no sean muy habituales, hay que decantarse por no considerar incorrectas las frases:

En terminando *los deberes, nos vamos todos a la playa.*

Llamaré por teléfono en llegando *al aeropuerto.*

La estructura *como + gerundio* es correcta cuando se quiere expresar una comparación (*Se acercó como temiendo despertar a alguien*). Utilizar esta construcción en otros contextos sintácticos es un galicismo inaceptable:

Se opuso a su proyecto **como siendo** *descabellado.*
(Correcto: *Se opuso a su proyecto* porque era *descabellado.*)

Le compró a su hijo un coche **como siendo** *necesario.*
(Correcto: *Le compró a su hijo un coche* porque era *necesario.*)

---

[171] Dice que «La única preposición que puede anteponérsele [al gerundio] es *en*. La lengua antigua usó la frase *en + gerundio* para significar simultaneidad, lo mismo que el giro latino de donde procede; [...] El giro evoluciona en la Edad Moderna hasta significar, no simultaneidad, sino anterioridad inmediata. [...] Hoy sigue usándose con el mismo sentido: *En acabando de comer saldré contigo; En diciendo las verdades, se pierden las amistades* (refrán)» (*Esbozo, op. cit.*, § 3.16.6.c). Por tanto, no hay ninguna razón objetiva para considerar incorrectas estas construcciones, que no incumplen la normativa académica. El hecho de que no estén de moda no es razón suficiente para condenarlas.

En líneas generales, debe evitarse el empleo excesivo de gerundios. Hay que procurar que el gerundio esté situado cerca del sustantivo al que modifica.

Otras estructuras incorrectas

En este apartado recogemos algunas construcciones incorrectas relacionadas tanto con el empleo de algunas locuciones conjuntivas como con el uso de los modos y tiempos verbales.

Es incorrecta en español la construcción *después que + subjuntivo* o *después de que + subjuntivo*. Se trata de un anglicismo sintáctico. En español pueden emplearse las expresiones *después de + infinitivo* o *cuando + indicativo* (*Después de leer se puso a estudiar; Cuando terminaron la carretera, se acercaron muchos políticos para inaugurarla*). Así, son anómalas las secuencias:

> *La capital alavesa ha recuperado uno de sus símbolos más queridos* **después de que** *la estatua de El caminante haya vuelto a ser colocada en su ubicación habitual.*
>
> El Sol, 9-VII-90, pág. 10.
>
> (Correcto: *[...] ha recuperado uno de sus símbolos más queridos* después de volver *a colocarse la estatua de El caminante en su ubicación habitual.*)

> *El domingo tropas especiales fueron enviadas al área de los disturbios* **después de que** *se registraran mítines masivos e intentos de ataques y enfrentamientos.*
>
> (Correcto: *[...] fueron enviadas al área de los disturbios* cuando *se registraron mítines masivos [...].*)

> *Ha manifestado que la investigación del caso se ha producido* **después de que** *se elaborase un informe con sospechas fundadas de la existencia de policías relacionados con el tráfico de estupefacientes.*
>
> (Correcto: *[...] la investigación del caso se ha producido* después de *elaborarse un informe con sospechas fundadas [...].*)

La construcción *a menos de que* es incorrecta. Debe emplearse la locución conjuntiva *a menos que* cuando introduce una oración subordinada con el verbo en modo subjuntivo (*No lo haremos a menos que nos lo pidas tú*) o la locución *a menos de* seguida de un verbo en infinitivo (*No compraremos el coche a menos de tener garantías fiables de calidad*). Son incorrectos:

> *Si eres mayor de dieciocho años tienes que hacer el servicio militar,* **a menos de que objetes** *o* **alegues** *alguna causa eximente.*
>
> (Correcto: *[...] tienes que hacer el servicio militar,* a menos que objetes *o* alegues *alguna causa eximente.*)

> *Vamos a ir al cine mañana* **a menos de que opines** *tú de manera distinta.*
>
> (Correcto: *Vamos a ir al cine mañana* a menos que opines *tú de manera distinta.*)

> *La selección española estará en los Juegos Olímpicos* **a menos de que pierda** *todos los partidos que le quedan.*
>
> (Correcto: *[...] estará en los Juegos Olímpicos* a menos de perder *todos los partidos que quedan.*)

En el lenguaje coloquial se usa la construcción incorrecta *decir de + infinitivo*. Debe sustituirse la preposición por la conjunción *que*, la cual introduce una oración subordinada con su verbo en forma personal (*Han dicho que la tienda está cerrada*). Por consiguiente, no podemos aceptar:

> **Han dicho de ir** *a cenar con los compañeros. ¿Te apuntas?*
>
> (Correcto: Han dicho que van *a cenar [...].*)

> *¿Quién* **dice de traer** *un perro a la casa?*
>
> (Correcto: *¿Quién* dice que trae *un perro a la casa?*)

> *El técnico* **ha dicho de** *llevarse el televisor a su taller para poder repararlo.*
>
> (Correcto: *El técnico* ha dicho que *se lleva el televisor a su taller [...].*)

Se producen varios errores en construcciones con el verbo *haber*. En su uso unipersonal no tiene sujeto, sino complemento directo. Así pues, no debe concertarse en número y persona con ningún grupo nominal. Esta regla se aplica también cuando es el verbo principal de una perífrasis. Según lo dicho, no son correctas las secuencias:

En el recuento final notaron que **hubieron** *algunos miembros de su propio partido que votaron en blanco.*
(Correcto: *[...] notaron que* hubo *algunos miembros de su propio partido que votaron en blanco.*)

El auditorio se llenó. **Hubieron** *muchos espectadores que se quedaron en la puerta sin poder entrar.*
(Correcto: *[...]* Hubo *muchos espectadores [...].*)

Está todo previsto. No **deben haber** *problemas.*
(Correcto: *[...] No* debe haber *problemas.*)

Si el verbo *haber* tiene valor impersonal no debe emplearse la primera persona del plural. En estos casos es mejor emplear los verbos *ser* o *estar* (*Somos cinco personas*). No son correctos los ejemplos:

Fueron pocos alumnos a clase. **Habíamos** *allí unas quince personas.*
(Correcto: *[...]* Estábamos *allí unas quince personas.*)

Irá mucha gente al campamento de verano. **Habremos** *allí mil jóvenes.*
(Correcto: *[...]* Estaremos *allí mil jóvenes.*)

Problemas con los verbos irregulares

Con algunos verbos irregulares se cometen a menudo incorrecciones en su conjugación. Vamos a examinar aquí los casos más llamativos y frecuentes.

Abastecer. Este verbo se conjuga como *agradecer*, por lo que no son correctas las formas *abastezo, abasteza, abastezas*, etc., sino *abastezco, abastezca, abastezcas*, etc.

Abolir. Verbo defectivo. Solo se conjugan las formas que presentan *-i* en la desinencia. No son correctas las formas *abole, abolo, aboles, abola*, etc.

Acaecer. Verbo defectivo. Solo se conjuga en las terceras personas del singular y del plural, y en las formas no personales. No son correctas las formas *acaezco, acaecí, acaecerán, acaeceremos*, etc.

Acontecer. Verbo defectivo. Al igual que el anterior, solo se conjuga en las terceras personas singulares y plurales, y en las formas no personales, tomando como modelo el verbo *agradecer*. No son correctas las formas *acontezco, aconteces, acontecíamos, acontecías*, etc.

Adherir. Se conjuga como *sentir*. No son correctas las formas *adherió, adherieron, adheriendo, adheramos, adheran, adheráis*, etc., sino *adhirió, adhirieron, adhiriendo, adhiramos, adhieran, adhiráis*, etc.

Aducir y otros verbos similares como *conducir, deducir, introducir, producir, reducir, reproducir, seducir, traducir*. Son incorrectas las formas del pretérito indefinido *aducí, aduciste, adució*, etc., y las del pretérito imperfecto de subjuntivo: *aduciera, aduciese, aducieras, aducieses*, etc. Debe emplearse *aduje, adujera, conduje, condujera*, etc.

Agredir y su compuesto *transgredir* son verbos defectivos que solo se conjugan en las formas que tienen -*i*- en la desinencia. Por tanto, son incorrectas las formas *agredo, agredes, agrede, agreden, agreda, agredas, agreda*, etc. Sin embargo, la forma *agrede* es muy utilizada por los medios de comunicación y por autores literarios. Debido a ello, algunos estudiosos proponen que se acepte como correcto.

Andar. El pretérito indefinido es *anduve, anduviste, anduvo*, etc., y el pretérito imperfecto de subjuntivo *anduviera* o *anduviese, anduvieras* o *anduvieses*, etc. Por tanto, son incorrectas las formas *andé, andaste, andó*, etc., y *andara* o *andase, andaras* o *andases*, etc.

Apretar. Se conjuga como *cerrar*. De este modo, son incorrectas las formas del presente de indicativo *apreto, apretas, apreta*, etc., y las del presente de subjuntivo *aprete, apretes, aprete*, etc., en lugar de *aprieto, aprietas, aprieta*, etc. y *apriete, aprietes, apriete*, etc., respectivamente.

Argüir. Se conjuga como *huir*. Son incorrectos el presente de indicativo *argüio, argüies, argüie*, etc., el presente de subjuntivo *argüia, argüias, argüia*, etc., o el imperativo *argüie tú* y el gerundio *argüiendo*. Hay que utilizar *arguyo, arguyes, arguye*, etc., para el presente de indicativo; *arguya, arguyas, arguya*, etc., para el presente de subjuntivo; *arguye tú*, para el imperativo y *arguyendo* para el gerundio.

Asir. Los tiempos que plantean más problemas son el presente de indicativo que se conjuga *asgo, ases, ase, asimos, asís, asen*; el presente de subjuntivo *asga, asgas, asga, asgamos*, *asgáis*, *asgan*; el imperativo *ase tú*, *asid vosotros*, *asgamos nosotros*. Así, son incorrectas las formas *aso*, y *asa*, *asas*, *asa*, etc.

Atañer. Verbo defectivo. Solo se conjugan las terceras personas del singular y del plural, y no tiene imperativo. En el pretérito indefinido (*atañó*, *atañeron*), el presente (*atañe*, *atañen*) y pretérito imperfecto de subjuntivo (*atañera* o *atañese*, *atañeran* o *atañesen*) se producen confusiones. Así, no son correctas las formas *atañió*, *atañieron*, *atañiera*, *atañieran*.

Bendecir, **maldecir** y **predecir** tienen una conjugación regular en el futuro imperfecto de indicativo (*bendeciré*, *bendecirás*, *bendecirá*, etc.), en el condicional simple (*bendeciría*, *bendecirías*, *bendeciría*, etc.), en el participio (*bendecido*), excepto para el verbo *predecir* que adopta la forma irregular (*predicho*) y, por tanto, en todos los tiempos compuestos, y en las segundas personas del imperativo (*bendice*, *bendecid*). En los demás tiempos se conjuga como el verbo *decir*. Por tanto, son incorrectas las formas *bendicho*, *bendiré*, *bendirás*, etc., y *predecido*. Los participios irregulares *maldito* y *bendito* se emplean solo como adjetivos, por lo que no es correcto usarlos para construir las formas de los tiempos compuestos.

Caber. Se cometen errores en el presente de indicativo (*quepo*, *cabes*, *cabe*, etc.), en el presente de subjuntivo (*quepa*, *quepas*, *quepa*, *quepamos*, etc.), en el pretérito indefinido (*cupe*, *cupiste*, *cupo*, *cupimos*, *cupisteis*, *cupieron*), en el pretérito imperfecto de subjuntivo (*cupiera* o *cupiese*, *cupieras* o *cupieses*, *cupieran* o *cupiesen*, etc.), en el futuro imperfecto de indicativo (*cabré*, *cabrás*, *cabrá*, etc.) y en el condicional simple (*cabría*, *cabrías*, *cabría*, etc.). Son muy vulgares las formas *cabo*, *cabí*, *cabiste*, *cabió*, *cabiera*, *cabieras*, *cabiera*, *caberé*, *caberás*, *cabería*, *caberías*, etc.

Cocer. Se conjuga como *mover*. Por tanto, no son correctas las formas *cuezco*, *cuezca*, *cuezcas*, *cuezca*, etc., sino *cuezo*, *cueza*, *cuezas*, *cueza*, etc.

Contradecir y **desdecir**. Se conjugan como *decir*. Por tanto, son incorrectas las formas como *contradecí*, *contradeciré*, *contradeciría*, *contradecido*, *contradizgo*, etc., en lugar de *contradije*, *contradiré*, *contradiría*, *contradicho*, *contradigo*, etc., respectivamente.

Convencer. Se conjuga como *vencer*. Son incorrectas las formas *convezco*, *convezca*, *convezcas*, etc., por *convenzo*, *convenza*, *convenzas*, etc.

Derretir. Se conjuga como *vestir*. Son incorrectas las formas *derretió, derretieron, derretiera* o *derretiese, derretiendo*, etc., en lugar de *derritió, derritieron, derritiera* o *derritiese, derritiendo*, etc.

Digerir e **ingerir**. Se conjugan como *sentir*. No son aceptables las formas *digerió, ingerió, digerieron, ingerieron, digeriera* o *digeriese, ingeriera* o *ingeriese, digeriendo, ingeriendo*, etc., por las correctas *digirió, ingirió, digirieron, ingirieron, digiriera* o *digiriese, ingiriera* o *ingiriese, digiriendo*, etc.

Divertir y otros como *advertir, convertir, intervenir, subvertir, pervertir*, se conjugan también como *sentir*. Son incorrectas las formas *divertió, divertieron, divertiera* o *divertiese, divertiendo*, etc.

Dormir. Los tiempos más problemáticos son el pretérito indefinido (*dormí, dormiste, durmió, dormimos, dormisteis, durmieron*), el presente de subjuntivo (*duerma, duermas, duerma, durmamos, durmáis, duerman*) y el gerundio (*durmiendo*). Son vulgares las formas *dormió, dormieron, durmiste, durmimos, durmisteis, dormamos, dormáis, dormiendo*, etc.

Engrosar. Este verbo tiene una conjugación irregular, que sigue el modelo de *acordar*, y otra regular. La primera es más antigua, pero está hoy en desuso. De las dos acepciones de *engrosar*, una ('poner grueso'), tiende a expresarse hoy con el verbo *engruesar*; la otra ('acrecentar'), se expresa por medio del regular *engrosar*.

Erguir. Los tiempos en los que se cometen más errores son el presente de indicativo, que admite dos formas (*yergo, yergues, yergue, erguimos, erguís, yerguen*; o bien *irgo, irgues, irgue, erguimos, erguís, irguen*), el presente de subjuntivo (*yerga, yergas, yerga, irgamos, irgáis, yergan;* o bien *irga, irgas, irga, irgamos, irgáis, irgan*), el pretérito indefinido (*erguí, erguiste, irguió, erguimos, erguisteis, irguieron*), el imperativo (*yergue o irgue, erguid*) y el gerundio (*irguiendo*). No son correctas formas como *iergo, iergues, iergue, ergo, ergues, ergue, ierga, iergas, erga, ergas, ergamos, ergáis, ergan, erguió, erguieron, erguiendo, yerguendo*, etc.

Errar. Los tiempos en los que más se falla son el presente de indicativo (*yerro, yerras, yerra, erramos, erráis, yerran*), el presente de subjuntivo (*yerre, yerres, yerre, erremos, erréis, yerren*), el imperativo (*yerra, yerre, yerrad, yerren*). Son incorrectas las formas *erro, erras, erra, erran, erre, erres, erren*.

Fregar. Se conjuga como *cerrar*. Son incorrectas, por tanto, las formas *frego, fregas, fregan, fregue, fregues, freguen*, en lugar de *friego, friegas, friegan, friegue, friegues, frieguen*.

Freír. Las formas que plantean más dificultades son las terceras personas del singular y del plural del pretérito indefinido (*frió, frieron*), el gerundio (*friendo*). Así, no son correctas las formas *friyó, friyeron, friyendo*. El participio es *frito*, pero también se admite la forma *freído*, aunque esta se encuentra en franco retroceso.

Haber. El presente de subjuntivo de este verbo (*haya, hayas, haya*, etc.) y la primera persona del singular del presente de subjuntivo (*hemos*), no deben sustituirse por las formas incorrectas *haiga, haigas, haigamos*, etc., y *habemos*, respectivamente.

Imprimir. El participio admite dos formas: *impreso* e *imprimido*, aunque esta última es más rara hoy día.

Inmiscuirse. Se conjuga como *huir*. Por tanto, son incorrectas las formas *inmiscuo, inmiscues, inmiscue, inmiscua, inmiscuas, inmiscuiera o inmiscuiese, inmiscuiendo*, etc., en lugar de *inmiscuye, inmiscuyes, inmiscuye, inmiscuya, inmiscuyas, inmiscuyera o inmiscuyese, inmiscuyendo*, etc.

Inquirir. Se conjuga como *adquirir*. Son incorrectas las formas *inquerió, inqueriste, inqueriera o inqueriese, inqueramos, inqueráis, inqueriendo*, etc., en vez de *inquirió, inquiriste, inquiriera o inquiriese, inquiramos, inquiráis, inquiriendo*, etc.

Ir. El único problema que se presenta con este verbo es la vacilación del gerundio entre la forma correcta *yendo* y las incorrectas *iendo* y *llendo*.

Llover. Se conjuga como *mover*. Con el significado de 'caer lluvia' es impersonal. Pero puede usarse como verbo personal cuando toma el sentido metafórico de 'caer abundantemente' (*Llueven los millones*). De todas formas, no son admisibles las formas *lluvió, lluviera o lluviese, lluviendo*, etc.

Placer. Este verbo se conjuga como *agradecer*. Junto a las formas más usuales del pretérito indefinido (*plació, placieron*), del pretérito imperfecto de subjuntivo (*placiera o placiese, placieras o placieses*, etc.) se encuentran también las formas arcaizantes *plugo, pluguieron, pluguiera o plugiese*, etc.

Plegar y sus compuestos *desplegar* y *replegar*. Se conjugan como *cerrar*. A pesar de que algunos autores condenan la conjugación regular, nuestra Academia señala que «[...] se han usado y se usan, sobre todo desde el siglo XVIII, sin diptongar, que es la forma etimológica»[172].

Poder. El gerundio de este verbo es *pudiendo*, nunca *podiendo*.

Poner y sus compuestos *anteponer, componer, contraponer, deponer, disponer, imponer, interponer, posponer, presuponer, reponer, sobreponer, suponer.* Aunque no es muy frecuente cometer errores con *poner*, alguna vez se yerra con sus derivados. Su pretérito indefinido es *puse, pusiste, puso, pusimos, pusisteis, pusieron*; el pretérito imperfecto de subjuntivo *pusiera* o *pusiese, pusieras* o *pusieses*, etc.; el gerundio *poniendo*; y el participio *puesto*. Son crasos errores *poní, poniste, ponido*, etc.

Prevenir. Se conjuga como *venir*. Su gerundio es *previniendo*, no *preveniendo*.

Prever. Se conjuga como *ver*. No debe confundirse con *proveer*, ni con *prevenir*. Por tanto, son incorrectas las formas *prevees, prevee, preveemos, preveeis, preveen, preveí, preveíste, previyó, preveímos, preveísteis, preveyeron, preveyera* o *preveyese, preveyeras* o *preveyeses, preveeré, preveerás, preveería, preveed, preveer, preveyendo, previniendo, preveído*, etc.; lo correcto es *prevés, prevé, preví, previste, previó, previera* o *previese, preveré, preved, prever, previendo, previsto*, etc.

Proveer. Es regular en la mayoría de los tiempos excepto en el pretérito indefinido (*proveí, proveíste, proveyó, proveímos, proveístes, proveyeron*), en el pretérito imperfecto de subjuntivo (*proveyera* o *proveyese, proveyeras* o *proveyeses*, etc.) y en las formas no personales de gerundio (*proveyendo*) y participio (*proveído*), aunque esta forma es rara y convive con *provisto*, que es más usual. Para la conjugación de los tiempos regulares, debe tenerse en cuenta que el verbo presenta en el lexema la vocal -*e*-, que se une a la -*e*- que contienen algunas terminaciones verbales (*provee, proveemos*, etc.). Por consiguiente, son incorrectas las formas *provés, prové, provemos, provéis, provén, proví, proviste, provió, provimos, provisteis, provieron, proviera* o *proviese, proved, proviendo*, etc.

Pudrir. También es correcto el infinitivo *podrir*. En el resto de los tiempos, a excepción del participio (*podrido*), el verbo presenta la vocal -*u*- en la base, nunca -*o*-. Son incorrectas las

---

[172] *Esbozo, op. cit.*, pág. 280, nota 33.

formas *podrimos*, *podrís*, *podra*, *podras*, *podriera* o *podriese*, *podriré*, *podrirás*, *podriría*, *podriendo*, etc.

Querer. Su futuro imperfecto de indicativo es *querré*, *querrás*, *querrá*, *querremos*, *querréis*, *querrán*; el condicional o potencial, *querría*, *querrías*, etc.; el presente de subjuntivo, *quiera*, *quieras*, *quiera*, *queramos*, *queráis*, *quieran*. Hay que evitar las formas vulgares *quedré*, *quedrás*, *quedrá*, *quedría*, *quedrías*, *querramos*, *querráis*, etc.

Satisfacer. Este verbo se conjuga igual que *hacer*, pero con *f* en lugar de *h*. Hay que evitar el empleo de las formas incorrectas *satisfací*, *satisfaciste*, *satisfació*, *satisfacimos*, *satisfacisteis*, *satisfacieron*, *satisfaciera* o *satisfaciese*, *satisfaceré*, *satisfacerás*, *satisfacerá*, *satisfacería*, *satisfacerías*, *satisfacido*, etc., en lugar de *satisfice*, *satisficiste*, *satisfizo*, *satisficimos*, *satisficísteis*, *satisficieron*, *satisficiera* o *satisficiese*, *satisfaré*, *satisfarás*, *satisfará*, *satisfaría*, *satisfarías*, *satisfecho*, etc.

Soldar. Se conjuga como *acordar*. Por tanto, son incorrectas las formas *soldo*, *soldas*, *solda*, *soldan*, *solde*, *soldes*, *solde*, *solden*, en lugar de *sueldo*, *sueldas*, *suelda*, *sueldan*, *suelde*, *sueldes*, *suelde*, *suelden*.

Soler. Este verbo se conjuga como *mover*. Es defectivo. Tan solo se usan el presente de indicativo (*suelo*, *sueles*, etc.), el pretérito indefinido (*solí*, *soliste*, etc.), el pretérito imperfecto de indicativo (*solía*, *solías*, etc.), el presente de subjuntivo (*suela*, *suelas*, etc.), el pretérito perfecto (*he solido*, *has solido*, etc.), y las formas no personales (*soler*, *soliendo*, *solido*). Por tanto, no existen formas como *soleré*, *solerás*, *solería*, *solerías*, *soliera*, *solieras*, etc.

Tener y sus compuestos **atenerse**, **abstenerse**, **contener**, **detener**, **mantener**, **obtener**, **retener**. Los errores más frecuentes se producen en sus compuestos. El pretérito indefinido de *tener* es *tuve*, *tuviste*, *tuvo*, *tuvimos*, *tuvisteis*, *tuvieron*; el pretérito imperfecto de subjuntivo, *tuviera* o *tuviese*, *tuvieras* o *tuvieses*, etc. Por tanto, en sus compuestos, no son admisibles formas como *retení*, *retenió*, *abstuví*, *abstenió*, *obteniera*, *obteniese*, etc.

Traer y sus prefijados **atraer**, **abstraer**, **contraer**, **distraer**, **retraer**, **sustraer**. El pretérito indefinido es *traje*, *trajiste*, *trajo*, *trajimos*, *trajisteis*, *trajeron*[173]; el pretérito imperfecto de sub-

---

[173] Las formas *truje*, *trujiste*, *trujo*, *trujimos*, *trujisteis*, *trujeron*, así como *trujiera*, *trujieras*, etc., son arcaicas y propias de algunos dialectos.

juntivo, *trajera* o *trajese*, *trajeras* o *trajeses*, etc. Son incorrectas, aunque no infrecuentes, formas como *abstraí*, *abstraíste*, *retraí*, *retraíste*, *abstrayera*, *contrayera*, *substrayese*, *distrayera*, etc.

Yacer. Este verbo es irregular en el presente de indicativo (*yazco, yazgo* o *yago, yaces, yace, yacemos, yacéis, yacen*), en el presente de subjuntivo (*yazca, yazcas, yazca, yazcamos, yazcáis, yazcan*, también *yazga, yazgas, yazga*, etc., y *yaga, yagas, yaga*, etc.) y en el imperativo (*yace* o *yaz, yazca, yazga* o *yaga, yaced*). Las formas con *-zg-* y *-g-* son raras hoy. Son incorrectas formas como *yazo, yaza, yazas, yaza*, etc.

Verbos que rigen preposición

Nuestra lengua cuenta con un gran número de verbos que exigen en sus construcciones, o en algunas de sus acepciones, la presencia de una preposición determinada para introducir complementos verbales. La supresión de esos nexos o el empleo de un nexo en lugar de otro, pueden dar lugar a errores en el sentido de la frase, a empleos gramaticales incorrectos. Otro tanto sucede al atribuir nexos a los complementos de ciertos verbos que en su régimen no exigen ningún tipo de preposición.

Veamos algunos de los problemas más usuales que plantean los verbos que rigen preposición.

Amenazar. Rige la preposición *con* cuando el complemento es un infinitivo, ya que la función de complemento directo la desempeña una persona, ya sea explícita (*Amenazó al sufrido público con repetir el recital*) o elíptica (*Amenazó con presentar una denuncia en el juzgado*).

Apelar. Rige las preposiciones *a* (*Apelaron a otras soluciones; Recurrieron a otros métodos*) y *contra* (*Apelaron contra la decisión gubernativa; La oposición ha decidido recurrir contra la nueva ley*). Omitir el nexo supone un uso transitivo incorrecto de este verbo como en los siguientes ejemplos:

> *Los abogados del joven que fue condenado a seis años de prisión por robar la cartera a un juez* **recurrirán** *la sentencia por considerarla inaceptable.*
>
> (Correcto: *[...]* recurrirán contra *la sentencia [...]*.)

La estrategia de los defensores consiste en **apelar** *una y otra vez cada uno de los fallos judiciales hasta llegar al Tribunal Supremo y, si es posible, al Tribunal Constitucional.*
(Correcto: *[...] consiste en* apelar *una y otra vez* contra *cada uno de los fallos judiciales [...].*)

Correr. Por lo general es intransitivo, si bien posee algunos usos transitivos aceptados por la norma (*correr el rumor, correr peligro, correr riesgos, correr mundo,* etc.). En otros contextos, como en las retransmisiones deportivas, se ha puesto de moda un uso transitivo que no es correcto, ya que, según los casos, es necesaria la presencia de alguna preposición como (*tras, por, en,...*):

> *Gordillo* **corría** *la banda como nadie. Es el mejor especialista que ha dado el fútbol español.*
> (Correcto: *[...]* corría por *la banda como nadie.*)

> *Después de su victoria, Abascal* **corrió** *de nuevo la pista de atletismo para celebrarlo con el público.*
> (Correcto: *[...] Abascal* corrió de nuevo por *la pista de atletismo [...].*)

> *Es impresionante cómo el futbolista búlgaro* **corre** *el balón sin perder el control sobre él.*
> (Correcto: *[...]* corre con *el balón sin perder el control sobre él.*)

Enfrentarse debe emplearse con las preposiciones *a* o *con*; en ningún caso es correcto el empleo de *contra,* muy usado por el lenguaje periodístico en frases como

> *El nuevo candidato* **se enfrentará contra** *quien haga falta para ganar las elecciones.*
> (Correcto: *[...]* se enfrentará a/con *quien haga falta [...].*)

> *El Valencia* **se enfrentará contra** *el Barcelona en la final de la Copa del Rey.*
> (Correcto: *[...]* se enfrentará al/con *el Barcelona [...].*)

> *El púgil español* **se ha enfrentado** *esta tarde* **contra** *el boxeador francés.*
> (Correcto: *[...]* se ha enfrentado *esta tarde* al/con *el boxeador francés.*)

Fijarse. Rige la preposición *en*, aunque es relativamente frecuente el uso del verbo *fijarse* sin ella, es decir, transitivizado de
forma incorrecta como

> *Al verla llegar, me* **fijé** *que tenía los ojos enrojecidos por las
> lágrimas.*
> (Correcto: *[...] me* fijé en *que tenía los ojos enrojecidos [...].*)

> **Fíjate** *la manera de andar tan extraña que tiene aquel
> individuo.*
> (Correcto: Fíjate en *la manera de andar tan extraña [...].*)

> **Fíjate** *qué corte de pelo tan raro trae Pedro. Es como una
> cresta multicolor.*
> (Correcto: Fíjate en *qué corte de pelo tan raro [...].*)

Jugar. Como ha quedado explicado al hablar de las preposiciones, el verbo *jugar*, seguido del nombre de un deporte, siempre debe llevar la preposición *a* (*Jugaremos al baloncesto*). Son
incorrectas las expresiones:

> *Acompáñanos por la tarde para* **jugar** *tenis.*
> (Correcto: *[...] para* jugar al *tenis.*)

> *Si somos muchos, podemos* **jugar** *fútbol.*
> (Correcto: *[...] podemos* jugar al *fútbol.*)

Luchar, ***pelear***. Son verbos intransitivos, aunque en el lenguaje deportivo se ha puesto de moda un empleo transitivo incorrecto. En esos contextos deberían aparecer con el nexo *por* (*Pe-
learemos por nuestro país*). Por tanto, no son aceptables los usos:

> *Raúl* **pelea** *todos los balones, nunca da ninguno por per-
> dido.*
> (Correcto: *Raúl* pelea por *todos los balones [...].*)

> *Los jugadores del equipo azulgrana* **lucharon** *el encuentro,
> pero la victoria era imposible.*
> (Correcto: *Los jugadores del equipo azulgrana* lucharon por
> *el encuentro, [...].*)

> *Todos sabemos que Pedro Carrasco* **luchó** *su honor en el
> cuadrilátero hasta el último momento.*
> (Correcto: *[...] Pedro Carrasco* luchó por *su honor en el
> cuadrilátero hasta el último momento.*)

Obsequiar. Tan solo es transitivo cuando lleva un complemento directo de persona (*El público obsequió al cantante con una gran ovación*). En el resto de los casos es incorrecto emplearlo sin la preposición *con*, indebidamente transitivizado, como en los siguientes textos:

> *El día de su cumpleaños, le* **obsequiaré** *unas flores.*
> (Correcto: *[...] le* obsequiaré con *unas flores.*)

> *Los críticos de cine* **obsequiaron** *gran parte de los premios a la película de nacionalidad mejicana.*
> (Correcto: *[...]* obsequiaron con *gran parte de los premios a la película de nacionalidad mejicana.*)

> *Ayudamos a empujar un coche para ponerlo en marcha y el conductor nos* **obsequió** *unos refrescos.*
> (Correcto: *[...] el conductor nos* obsequió con *unos refrescos.*)

Quedarse. La construcción *quedarse con* es intransitiva, pero se emplea de modo transitivo erróneamente con cierta frecuencia, sobre todo cuando se usa un pronombre desempeñando la función de complemento directo:

> *El café* **me lo quedo**.
> Camilo José Cela, *La colmena*, Madrid, Cátedra [col. Letras Hispánicas], 1988, pág. 315.
> (Correcto: Me quedo con *el café.*)

> *¿Quieres leer ese libro?* **Quédatelo**. *Yo ya lo he leído hace tiempo.*
> (Correcto: *¿Quieres leer ese libro?* Quédate con *él [...].*)

> *Me gusta este traje.* **Me lo quedo**.
> (Correcto: *[...]* Me quedo con *él.*)

> **Me quedo** *tu bolígrafo para hacer el examen.*
> (Correcto: Me quedo con *tu bolígrafo [...].*)

Transitar. Es verbo intransitivo que suele introducir un complemento locativo encabezado por el nexo *por* (*Transitaremos por aquí*). Suprimir la preposición es una transitivación incorrecta:

> *Mañana* **transitaremos** *dos o tres colinas para hacer un poco de deporte.*
> (Correcto: *[...]* transitaremos por *dos o tres colinas [...].*)

Mirad los caminos que **transitaron** *los antiguos caballeros medievales.*

(Correcto: *[...] los caminos* por los que transitaron *los antiguos caballeros medievales.*)

Después de **transitar** *la ciudad durante horas y horas logré encontrarte en aquel callejón sombrío.*

(Correcto: *Después de* transitar por *la ciudad durante horas y horas [...].*)

En el apartado dedicado a las conjunciones quedó explicado que al suprimirse la preposición de algunos verbos, se utiliza *que* como conjunción donde realmente tendría que funcionar como pronombre relativo. Hay algunos verbos que rigen preposición que no plantean problemas cuando el complemento regido está formado por un sintagma preposicional, pero se producen errores cuando ese mismo complemento es desempeñado por una oración subordinada, especialmente con verbos como *acordarse, encontrarse, insistir, percatarse, confiar, especular*, etc.:

Nosotros siempre **nos acordaremos** *que tú eres quien nos ayudó a salir adelante.*

(Correcto: *[...]* nos acordaremos de *que tú eres quien nos ayudó a salir adelante.*)

Confiamos *que te den ese puesto de trabajo por el que tanto has luchado.*

Correcto: Confiamos en *que te den ese puesto [...] .*)

Al llegar a clase **me encontré** *que todos los alumnos se habían marchado con la tuna de la facultad.*

(Correcto: *[...]* me encontré con *que todos los alumnos se habían marchado [...].*)

Empleo incorrecto de algunos verbos intransitivos como transitivos

En el apartado anterior, hemos visto cómo la omisión de la preposición regida por algunos verbos produce una transitivación incorrecta de ellos. Otras veces este problema se da también con verbos que, aunque no exigen la presencia de una preposición, son igualmente intransitivos. En estos casos, la causa del cambio en el uso hay que buscarla en la tendencia que tiene nuestra lengua por la *causatividad*[174]. Si este fenómeno se produce en verbos que solo son intransitivos, el cambio a transitivos es incorrecto. Veamos los casos más frecuentes de este tipo de error.

Aflorar. Es verbo intransitivo aunque se emplea como transitivo. Es correcta la frase *Los escándalos por corrupción están aflorando día tras día*, pero no lo son otras como

> *Los defraudadores* **están aflorando** *ahora todas las posesiones y riquezas que antes habían ocultado.*
> (Correcto: *[...] están haciendo aflorar ahora todas las posesiones [...].*)

> *Las ciudades* **afloran** *de nuevo bolsas de pobreza que ya parecían extinguidas.*
> (Correcto: *Las ciudades* hacen aflorar *de nuevo bolsas de pobreza [...].*)

Callar. Su empleo como causativo debería sustituirse, al igual que en otros casos, por la perífrasis *hacer + callar*. Sin embargo, se admite el uso transitivo de este verbo con un complemento directo de cosa (*Deberías callar tus reproches*; *Si tienes algo que decir, cállatelo*). En cambio, son incorrectas las secuencias:

> *¡Cómo habla! ¡No para! A este hombre no hay quien lo* **calle**.
> (Correcto: *[...] no hay quien lo* hace callar.)

---

[174] Las construcciones causativas, también llamadas *factitivas*, son aquellas en las que el sujeto semántico hace realizar la acción (*Marino hizo venir a sus empleados*; *Juan mandó hacer un dibujo*). Cuando no se emplea la perífrasis, un verbo de una oración intransitiva se convierte en transitivo, de manera que el sujeto pasa a ser complemento directo, al tiempo que aparece un nuevo sujeto, el cual tiene el valor de agente o causa. De esta forma, el verbo en oración causativa equivale a la secuencia formada por *hacer + infinitivo* o *hacer que + subjuntivo*. Compárense estas construcciones factitivas correctas en español: *Alguien hizo correr la noticia de boca en boca*; *La noticia corrió de boca en boca*. En la segunda frase, el sujeto gramatical no es el mismo que el sujeto semántico ('alguien'). La construcción factitiva también se puede dar con verbos transitivos: *Los Reyes Católicos hicieron expulsar a los judíos*; *Los Reyes Católicos expulsaron a los judíos*.

Aunque intenten estafarnos y crean que nos amedrentan sus amenazas, no nos **callarán**.
(Correcto: *[...] no nos* harán callar.)

Por favor, **calla** *a esos niños. Me están volviendo loco con sus gritos y peleas.*
(Correcto: *Por favor,* haz callar *a esos niños. [...].*)

Cesar, dimitir. Cada día es más abundante el empleo del verbo *cesar*, que es intransitivo (*El ministro cesó en su cargo*), en construcciones transitivas. Este empleo es incorrecto en frases como

[...] «es un obstáculo para la paz, y continúa perjudicando las relaciones entre Israel y Estados Unidos », dijo ayer el dirigente laborista [...], que exigió a Shamir que **cesara** *a su director general.*

Sur, 29-IX-91, pág. 38.

(Correcto: *[...] exigió a Shamir que su director general cesara.*)

Amenazó a la directiva con que inmediatamente **cesaría** *a los consejeros hostiles a su propuesta.*
(Correcto: *Amenazó a la directiva con que inmediatamente haría que cesaran los dos consejeros [...].*)

Por influencia del uso de *cesar* comienza a oírse el mismo tipo de construcción indebida con el verbo *dimitir* que, aunque es transitivo y puede aparecer tanto con un complemento preposicional con *de* (*Dimitió de su cargo*) o, más raramente, con un complemento nominal sin preposición (*Dimitió su cargo*), en ambos casos referidos a cosas, sin embargo nunca debe llevar un complemento directo de persona; por tanto no son correctas oraciones como

Finalmente, la empresa **ha dimitido** *a su director de ventas debido a las irregularidades detectadas en las facturas.*
(Correcto: *[...] la empresa* ha hecho dimitir *a su director de ventas [...].)*

Si no se ajustan a la normativa interna, los **dimitiremos** *en el acto.*
(Correcto: *[...] los* haremos dimitir *en el acto.*)

Evolucionar. Es verbo intransitivo, pero se está poniendo muy de moda su empleo, incorrecto, como verbo transitivo en frases como

> *IBM* **ha evolucionado** *sus ordenadores hasta cotas que hace varios años nos parecían imposibles.*
> (Correcto: *IBM* ha hecho evolucionar *sus ordenadores [...].*)

> *Los más famosos actores norteamericanos* **evolucionan** *sus carreras artísticas para convertirse en directores y productores, con desigual fortuna.*
> (Correcto: *Los más famosos actores norteamericanos* han hecho evolucionar *sus carreras [...].*)

> *La empresa Seat* **evoluciona** *el Ibiza, que sigue siendo su mejor logro, tanto en mecánica como en ventas.*
> (Correcto: *La empresa Seat* ha hecho evolucionar *el Ibiza [...].*)

Explotar, ***estallar***. *Explotar* (en su acepción 'hacer explosión') y *estallar* figuran en el diccionario de la Academia como intransitivos (*Los cohetes estallaron en el cielo, provocando la algarabía de niños y adultos; El tanque de gasolina explotó a causa de un incendio*). A veces este uso se cruza, indebidamente, con el empleo transitivo del verbo *explosionar*, que figura en el *Diccionario de la Real Academia*. No son correctas las secuencias:

> *La Guardia Civil* **explotó** *la bomba antes de que causara alguna desgracia irreparable.*
> (Correcto: *La Guardia Civil* explosionó *la bomba [...],* o bien *[...]* hizo explotar *la bomba [...].*)

> *La banda de asesinos ETA* **estalló** *al mismo tiempo los dos artefactos que había colocado en el edificio.*
> (Correcto: *[...]* explosionó *al mismo tiempo los dos artefactos [...],* o bien *[...]* hizo estallar *al mismo tiempo los dos artefactos [...].*)

> *Muy enfadado, el pequeñín* **explotó** *su globo dándole un certero bocado.*
> (Correcto: *[...]* hizo explotar *su globo [...].*)

Regresar. Su empleo como transitivo es incorrecto, aunque frecuente en el español de América. Deben usarse mejor las perí-

frasis *hacer regresar* o *hacer volver*. No son aceptables construcciones como

> *Se te ha hecho demasiado tarde. No te preocupes, nosotros*
> *te* **regresaremos** *a tu casa.*
> (Correcto: *[...] nosotros te* haremos volver *a tu casa.*)

> *La entrada en el gobierno de esta derecha fascista nos*
> **regresará** *a los más siniestros momentos de nuestro pasado.*
> (Correcto: *[...] esta derecha fascista nos* hará regresar *a los*
> *más siniestros momentos de nuestro pasado.*)

> *Si continúa nevando de esta manera, tendremos que* **regre-**
> **sar** *a los niños del colegio.*
> (Correcto: *[...] tendremos que* hacer regresar *a los niños del*
> *colegio.*)

Repercutir. No lleva complemento directo, por lo que son
correctas frases como *Nuestros esfuerzos repercutirán en mejo-*
ras sociales, mientras que no lo son las frases:

> *Debemos* **repercutir** *la recaudación de las matrículas en la*
> *compra de equipamiento informático y deportivo para los estu-*
> *diantes del instituto.*
> (Correcto: *Debemos* hacer que *la recaudación de las matrí-*
> *culas repercuta en la compra de equipamiento [...].*)

> *No es verdad que el Gobierno* **repercuta** *el dinero de nues-*
> *tros impuestos en la creación de riqueza y bienestar para*
> *todos.*
> (Correcto: *No es verdad que el Gobierno* haga que *el dine-*
> *ro de nuestros impuestos repercuta en la creación de rique-*
> *za [...].*)

Urgir. No lleva nunca complemento directo ni indirecto
(*Urgen las nuevas leyes*), es muy frecuente en el lenguaje periodístico su empleo como transitivo. Para evitar el error se podrían
usar otros verbos como *instar*, que sí admite complemento directo. Son incorrectas secuencias como

> *La editorial* **urge** *al novelista de moda para que entregue su*
> *última obra.*
> (Correcto: *La editorial* insta *al novelista [...].*)

Los pescadores gallegos **urgen** *al Gobierno español a que los defienda de los piratas canadienses utilizando barcos de guerra.*
(Correcto: *Los pescadores gallegos* instan *al Gobierno español a que los defienda [...].*)

El Tribunal Superior de Justicia de Andalucía **urge** *a la Junta a tomar medidas en favor de los niños maltratados.*
(Correcto: *[...]* insta *a la Junta a tomar medidas [...].*)

Empleo incorrecto de algunos verbos transitivos como intransitivos

Es frecuente que, en ciertos verbos, se produzca el fenómeno inverso al que hemos vistos en el epígrafe anterior. Así, algunos de ellos, o alguna de sus acepciones, que los diccionarios recogen como transitivos, tienden a hacerse intransitivos de forma incorrecta. Las causas fundamentales son la omisión de un complemento directo cuya presencia es imprescindible (o su transformación indebida en sujeto), y el uso innecesario de una preposición, la cual convierte al sintagma nominal que actúa como complemento directo en un sintagma preposicional.

Atravesar. Al contrario de lo que ocurre con el verbo *transitar* (que rige la preposición *por*), *atravesar* es un verbo transitivo que no rige ningún nexo (*Atravesaremos el río*). Dada la vecindad de sus significados, hay bastante confusión en el uso de ambos. Es incorrecto el uso intransitivo de *atravesar* con la preposición *por*:

En estos momentos **atravieso por** *una delicada situación económica.*
(Correcto: *[...]* atravieso *una delicada situación económica.*)

Si pudiera volar, **atravesaría por** *los valles, las montañas y todos los mares del mundo.*
(Correcto: *[...]* atravesaría *los valles [...].*)

El equipo **atraviesa por** *un momento dulce de juego y por una desahogada situación financiera.*
(Correcto: *El equipo* atraviesa *un momento dulce de juego [...].*)

Calentar, ***coronar***, ***entrenar***, ***rechazar***. En el mundo del deporte es frecuente el empleo como intransitivo de esos verbos y otros más:

> *Los suplentes del conjunto* **calientan** *en la banda por orden de su entrenador.*
> (Correcto: *[...]* se calientan *en la banda [...].*)

> *La selección nacional* **entrenará** *en el estadio de La Rosaleda dos horas antes de que comience el partido.*
> (Correcto: *[...]* se entrenará *en el estadio[...].*)

> *Fue el bravo ciclista navarro el que* **coronó** *en primer lugar* **por** *la cima.*
> (Correcto: *[...]* coronó *la cima en primer lugar.*)

> *El pésimo arbitraje y el hecho de que, en los momentos más importantes, el balón* **rechazara en** *el aro, fueron las causas de que el equipo local perdiera injustamente una partido que mereció ganar.*
> (Correcto: *[...] el aro* rechazara *el balón [...].*)

Debatir, ***rehusar***, ***abdicar***, ***conllevar***. Son verbos que se convierten en intransitivos por anteponer indebidamente una preposición a su complemento directo, y resultan construcciones incorrectas como

> *Don Juan de Borbón* **abdicó a** *la corona en favor de su hijo, Don Juan Carlos.*
> (Correcto: *[...]* abdicó *la corona [...].*)

> *El presidente del Partido Popular* **rehusó a** *hacer declaraciones sobre los casos de corrupción detectados entre sus filas.*
> (Correcto: *[...]* rehusó *hacer declaraciones [...].*)

> *En los próximos meses los parlamentarios* **debatirán sobre** *la reforma del servicio militar.*
> (Correcto: *[...] los parlamentarios* debatirán *la reforma del servicio militar.*)

> *La falta de lluvia* **conlleva al** *deterioro del suelo y la pérdida de los cultivos.*
> (Correcto: *La falta de lluvia* conlleva *el deterioro del suelo [...].*)

Suspender. Es transitivo (*A mi hermana la han suspendido en el examen de conducir; El profesor suspendió a muchos alumnos porque tenían faltas de ortografía*). No son correctas las secuencias en que aparece usado como intransitivo:

> *En el curso de primero* **han suspendido** *doce alumnos.*
> (Correcto: *[...]* han suspendido *a doce alumnos.*)

> *En total,* **hemos suspendido** *quince personas.*
> (Correcto: *[...]* nos han suspendido *a quince personas.*)

> *El candidato* **suspendió** *la prueba teórica y no pudo pasar a la práctica.*
> (Correcto: *Al candidato* lo suspendieron *en la prueba teórica [...].*)

Verbos que se emplean indebidamente como pronominales

En ocasiones, encontramos cómo verbos que no son pronominales aparecen construidos erróneamente con pronombres. El fenómenos se observa sobre todo en el lenguaje popular y periodístico. Así, es vulgar el empleo de *suponerse* y *recordarse* en lugar de *suponer* y *recordar*:

> **Me supongo** *que si ha llegado tarde es porque el tráfico se lo ha impedido.*
> *(*Correcto: Supongo *que si ha llegado tarde [...].*)

> **Me recuerdo** *de los viejos tiempos. Entonces las cosas eran más sencillas.*
> (Correcto: Recuerdo *los viejos tiempos. [...].*)

También es frecuente en la prensa el uso de *profundizarse* en lugar de *profundizar*:

> *Las palabras de Su Santidad* **se han profundizado** *en la conciencia de muchos creyentes.*
> (Correcto: *Las palabras de Su Santidad* han profundizado *en la conciencia de muchos creyentes.*)

> *Los malos resultados* **se han profundizado** *en la moral del equipo.*
> (Correcto: *Los malos resultados* han profundizado *en la moral del equipo.*)

Verbos pronominales que pierden el pronombre

Es cada vez más frecuente el uso de verbos pronominales sin su correspondiente pronombre. Este fenómeno se da sobre todo en verbos como *incautarse, adherirse, comunicarse, anticiparse, recuperarse, marcharse*, que aparecen con la forma *incautar, adherir, comunicar, anticipar, recuperar, marchar*, respectivamente:

> *La policía* **incautó** *un alijo de droga con el que los narcotraficantes podían haber obtenido unas ciento cincuenta mil dosis.*
> (Correcto: *La policía* se incautó *de un alijo de droga [...].*)

> *El corredor* **anticipó** *a su oponente en la línea de llegada*
> (Correcto: *El corredor* se anticipó *a su oponente [...].*)

> *Nosotros* **marchamos** *ya, tenemos prisa.*
> (Correcto: *Nosotros* nos marcharemos *ya, [...].*)

> *Después de una competición tan agotadora, necesitamos unas largas vacaciones para* **recuperar**.
> (Correcto: *[...] unas largas vacaciones para* recuperarnos.)

Es curioso el empleo indebido de *antojarse* en lugar de *antojársele*, ya que este está doblemente pronominalizado (*Se me ha antojado un dulce; A Juan se le antojó cocinar*). No es correcto omitir uno de esos pronombres:

> **Me antojé** *de aquel fantástico coche deportivo.*
> (Correcto: Se me antojó *aquel fantástico coche deportivo.*)

> *Con la excusa de que estoy embarazada* **me antojé** *de comer salmón, caviar y champán francés, y mi marido me lo consiguió.*
> (Correcto: *[...]* se me antojó *comer salmón, caviar y champán francés, [...].*)

Perífrasis verbales

No vamos a entrar en discusiones sobre el concepto de perífrasis verbal y aceptaremos la definición que hace Alarcos de perífrasis verbal como «[...] el núcleo oracional que puede consistir en una combinación de unidades que funcionan en conjunto como lo hace un solo verbo. [...] Constan de un primer componente, una forma verbal con morfema de persona, y un segundo componente que ha de ser uno de los derivados verbales, infinitivo, gerundio o participio»[175].

En las páginas que siguen, nos limitaremos a señalar que el empleo de las perífrasis añade a las oraciones matices significativos que no puede dar la simple conjugación verbal. Por lo que respecta al empleo correcto de algunas perífrasis conviene saber:

Deber y *deber de* + *infinitivo*

Son frecuentes las confusiones entre las perífrasis *deber* + *infinitivo* y *deber de* + *infinitivo*. La primera, *deber* + *infinitivo* siempre expresa obligación (*Debes comer más para crecer*). La segunda, *deber de* + *infinitivo*, indica duda o posibilidad (*No sé qué hora es. Deben de ser las doce*). Su empleo indistinto puede llevar a ambigüedades.

Es incorrecto el empleo de la construcción *deber* + *infinitivo* indicando suposición:

> *Eso de la inspiración* **debe ser** *como una mariposita ciega y sorda, pero muy luminosa; si no, no se explicarían muchas cosas.*
>
> Camilo José Cela, *La colmena*, Madrid, Cátedra [col. Letras Hispánicas], 1988, pág. 55.

(Correcto: *Eso de la inspiración* debe de ser *como una mariposita [...].*)

> *Les dijo que si votaban con ellos y hacían perder una votación habría represalias y creyeron que* **debían ser** *fantasmadas suyas.*

(Correcto: *[...] creyeron que* debían de ser *fantasmadas suyas.*)

Por otra parte, es incorrecto el empleo de *deber de* + *infinitivo* indicando obligación:

---

[175] Emilio Alarcos Llorach, *op. cit.*, § 314.

En lugar de perfeccionar las teorías heredadas, [...], el científico **debe de intentar** *oponerles ideas [...].*

Javier Echevarría, *Introducción a la metodología de la ciencia. La filosofía de la ciencia en el siglo XX*, Barcelona, Barcanova, 1989, pág. 214.

(Correcto: *[...] debe intentar* oponerles ideas *[...]*.)

Si quieres ganar la carrera del Domingo **debes de entrenar** *todos los días con mucho interés.*

(Correcto: *[...] debes entrenar* todos los días *[...]*.)

Hacerse + infinitivo

La construcción *hacerse + infinitivo*, con sentido pasivo equivalente a *ser + participio*, es un giro francés del que no deberíamos abusar en nuestra lengua. Conviene sustituirlo por nuestro *ser + participio*:

Juan **se hizo reconocer** *por el doctor Rodríguez, que es uno de los mayores especialistas en el tratamiento de enfermedades cardiovasculares.*

(Correcto: *Juan* fue reconocido *por el doctor Rodríguez [...]*.)

La fachada del ayuntamiento **se ha hecho reparar** *por una empresa que no dispone de licencia.*

(Correcto: *La fachada del ayuntamiento* ha sido reparada *[...]*.)

Estar siendo + participio

La perífrasis *estar siendo + participio* es un anglicismo sintáctico cuyo uso no es aconsejable en español, pues el valor durativo de la construcción inglesa puede expresarse en español con el presente de indicativo de la pasiva refleja (*En estos momentos se ofrece un almuerzo a los jubilados*), o por la perífrasis durativa *estar + gerundio* (*Los pescadores están elaborando un acuerdo con la administración*). Por tanto no son correctas frases como

La nueva ley sobre la reforma fiscal **está siendo elaborada** *por el Consejo de Ministros.*

(Correcto: *La nueva ley sobre la reforma fiscal* se elabora *por el Consejo de Ministros*; o bien *El Consejo de Ministros* está elaborando *la nueva ley sobre la reforma fiscal*.)

El estadio polideportivo **está siendo construido** *por la Universidad.*

(Correcto: *El estadio polideportivo* se construye *por la Universidad*; o bien *La Universidad* está construyendo *el estadio polideportivo.*)

La cena de Navidad **está siendo cocinada** *por mi hermana y mi madre.*

(Correcto: *La cena de Navidad* se cocina *por mi hermana y mi madre*; o bien *Mi hermana y mi madre* están cocinando *la cena de Navidad.*)

Echar o *encontrar a faltar*

Las locuciones verbales del tipo *echar a faltar* o *encontrar a faltar* son catalanismos frecuentes, pero inaceptables en español. En su lugar conviene emplear el giro *echar en falta*:

En la fiesta que Juan y Antonio dieron en su casa os **echamos a faltar**.

(Correcto: *[...] os* echamos en falta.)

El Partido Popular **encontró a faltar** *a varios diputados suyos durante la votación.*

(Correcto: *El Partido Popular* echó en falta *a varios diputados suyos [...].*)

Tener + participio

No es recomendable usar la perífrasis *tener + participio* con el mismo valor de *haber + participio*. Se trata de un regionalismo propio de Galicia y Asturias que no es correcto:

Te **tengo dado** *muchos consejos para que prepares mejor los exámenes, pero no has seguido ninguno.*

(Correcto: *Te* he dado *muchos consejos [...].*)

Ya **tenemos oído** *demasiados discursos militares. No queremos sufrir ninguno más.*

(Correcto: *Ya* hemos oído *demasiados discursos militares [...].*)

Llevar + gerundio

La construcción perifrástica *llevar + gerundio* posee valor durativo. Por lo tanto es redundante emplear esta estructura seguida de *durante*:

> *El equipo investigador* **lleva trabajando durante** *dos años en la creación de una vacuna sintética.*
> (Correcto: *[...] lleva trabajando dos años en la creación de una vacuna sintética.*)

> *La selección española* **lleva entrenando durante** *una semana para preparar el partido contra Francia.*
> (Correcto: *[...] lleva entrenando una semana [...].*)

Uso y abuso de la voz pasiva

Nuestra lengua tiene preferencia por la construcción activa. La voz pasiva expresada con el verbo auxiliar *ser + participio* se emplea relativamente poco en español, y escasamente en la lengua hablada. La Academia señala la tendencia de nuestro idioma a elegir estructuras sintácticas dinámicas y animadas frente a otras lenguas que emplean la pasiva más a menudo. Por ello, nuestros académicos advierten que «las lenguas francesa e inglesa emplean la pasiva, y otras construcciones nominales, en proporciones mucho mayores que la nuestra. Conviene que los traductores tengan en cuenta esta preferencia, para no cometer faltas de estilo y aun incorrecciones gramaticales. Por otra parte, el empleo creciente de la pasiva refleja e impersonal contribuye a limitar la frecuencia de la pasiva con *ser*»[176].

Ya hemos señalado en el apartado anterior, dedicado a las perífrasis, el empleo incorrecto de construcciones que son calco del inglés, como *estar siendo + participio*. En el lenguaje periodístico es muy frecuente el abuso de la voz pasiva, en contextos donde es más recomendable emplear la voz activa o la pasiva refleja, por más que no sea incorrecto su uso:

> *Al supuesto miembro de los GAL le* **ha sido retirado** *el pasaporte, deberá presentarse a la policía cada día [...].*
>
> *El Sol*, 10-VII-90, pág. 1.

---

[176] Real Academia Española, *Esbozo, op. cit.,* § 3.12.9.

Los trenes de largo recorrido **serán suprimidos** *durante las jornadas previas a los días de paro.*

El accidentado **fue trasladado** *a una clínica cercana y posteriormente a la Ciudad Sanitaria La Paz, donde se le apreció traumatismo en el tórax.*

III
PROBLEMAS
LÉXICOS Y ESTILÍSTICOS

Léxico

Sin duda es el léxico de una lengua lo que menos afecta a su sistema y, por tanto, es el nivel que tiene más posibilidades de cambiar, debido a que refleja con mayor nitidez y de manera más inmediata los diferentes cambios que experimenta la sociedad, como señaló en su día Manuel Seco:

> *El léxico es siempre el más inmediatamente afectado; más a largo plazo, la gramática; y, por último, de manera aún más lejana, la fonología. Es natural que así sea, puesto que, de los tres componentes de la lengua, es el léxico el que más directamente refleja las realidades extralingüísticas*[177].

Expresiones y formas incorrectas. Errores de acentuación

Las diferencias entre corrección e incorrección léxica no pueden ser tajantes[178], ya que el propio uso puede sancionar lo que en un principio se tilda de incorrecto. Sin embargo, hay ciertas impropiedades que se deben evitar. El mismo desconocimiento

---

[177] Manuel Seco, «El léxico de hoy», en Rafael Lapesa (coord.), *Comunicación y lenguaje*, Madrid, Karpos, 1977, págs. 183-184.

[178] Véase Antonio Llorente Maldonado, «Desviaciones de la norma léxica del español: Barbarismos, vulgarismos, semicultismos y otras incorrecciones», en *Actas de las II Jornadas de Metodología y Didáctica de la Lengua y Literatura Españolas*, Cáceres, Universidad de Extremadura, 1991, págs. 71-99.

de nuestro vocabulario nos lleva a generalizar determinadas palabras, que deben escribirse correctamente o sustituirse, según los casos, por otras más apropiadas.

Hay algunos vocablos que se suelen escribir con consonantes geminadas no justificadas etimológicamente. Los causas, como señala Gómez Torrego[179], son variadas, aunque la ultracorrección es, sin duda, la más frecuente:

concrección en lugar de *concreción*:

> *Aunque existe un consenso generalizado sobre ellos, el nuevo Derecho de las Gentes, no ha llegado a individualizar tan nítidamente sus áreas específicas de actuación, pero ya se van avanzando algunas* **concreciones** *de tipo global.*

> José Luis Pardos, *Los vertidos radiactivos*, Madrid, Tecnos, 1984, pág. 38.

discreccionalidad en lugar de *discrecionalidad*:

> *[...] pues han disminuido las partidas arancelarias sometidas a restricción cuantitativa y, por otro, una menor* **discreccionalidad** *en las autorizaciones.*

> Ramón Tamames, *Introducción a la economía española*, 19.ª ed., Madrid, Alianza Editorial, 1991, pág. 285.

Las incorrecciones no vienen dadas únicamente por el uso de grupos consonánticos impropios, pues no escasean los casos de irregularidad en la pronunciación de los propios vocablos[180]:

cénit en lugar de *cenit*:

> *Su especialidad eran las obras de derecho civil y canónico, en latín, y su* **cénit** *lo alcanzó a mediados del siglo XVI.*

> Hipólito Escolar, *Historia del libro*, Madrid, Fundación Germán Sánchez Ruipérez, 1988, pág. 399.

---

[179] *Op. cit.*, pág. 199.
[180] Véase el estudio de E. Lorenzo «Pronunciación inestable», en *El español de hoy, lengua en ebullición*, 4.ª ed., Madrid, Gredos, 1994, págs. 156-167.

climax en lugar de *clímax*:

> *El hecho es que la opinión pública, que tiene una enorme importancia en estos temas, comenzó a sensibilizarse a través de las "mareas negras" provocadas por el incremento en el tráfico del petróleo en las grandes rutas marítimas del mundo, y se llegó al máximo del* **climax** *cuando, aparte del petróleo, dicha opinión pública, en grandes sectores, se mostró contraria a los vertimientos de residuos radiactivos de baja y mediana actividad.*

José Luis Pardos, Los vertidos radiactivos, Madrid, Tecnos, 1984, pág. 15.

élite en lugar de *elite*:

> *La guerrilla voló el cuartel y arsenal del «batallón abjasio», cuerpo de* **élite** *del presidente chechén.*

ABC, 15-X-94, pág. 38a.

líbido en lugar de *libido*:

> *Ahora bien, en su obra, lejos de ocultar las inclinaciones de su* **líbido***, las proclama y defiende como dos vertientes posibles del amor.*

ABC Cultural, 5-VI-92, pág. 14.

Nóbel en lugar de *Nobel*[181]:

> *Por allí había pasado quien dijo ser un premio* **Nóbel** *que sólo se parecía a Hemingway en el físico de mastodonte y en la boca ligera y el estómago de ballena para abreviar con bocoyes y estanterías.*

Antonio Hernández, Volverá a reír la primavera, Madrid, Mondadori, 1989, pág. 87.

El error viene muchas veces motivado por la costumbre generalizada de utilizar unas normas ortográficas obsoletas, sin tener en cuentas las mejoras realizadas por la Real Academia Española[182],

---

[181] La pronunciación de este nombre propio es aguda, aunque quizás se intente evitar la confusión con la forma **novel**.

[182] Véase A. Rosenblat, *Las nuevas normas ortográficas y prosódicas de la Academia Española*, Madrid, Oficina de Educación Iberoamericana, 1970, especialmente la pág. 14.

como puede ser la acentuación de vocablos monosílabos que no necesitan tilde debido a la ausencia del carácter diacrítico del acento ortográfico[183]:

dió en lugar de *dio*:

> *Logró desbloquear el proyecto y* **dió** *luz verde a la construcción que deberá estar concluida antes de la mítica fecha de 1992.*

El Sol, 3-VII-90, pág. 14.

fué en lugar de *fue*:

> **Fué** *él quien organizó los primeros esbozos de una programación propiamente dicha.*

ABC Cultural, n° 37, 17-VII-92, pág. 46.

pié en lugar de *pie*:

> *[...] en reconocimiento a su granadismo, su servicio al arte, lo que significa el Centro Manuel de Falla, erigidos por José María al* **pié** *de la Alhambra.*

ABC Cultural, n° 35, 7-III-93, pág. 47.

tí en lugar de *ti*:

> *[...] ángel de la guardia, amante celoso, detective particular: consciente de que el laberinto está en* **tí** *[...].*

Juan Goytisolo, Reivindicación del Conde don Julián, Madrid, Cátedra, 1985, pág. 126.

vió en lugar de *vio*:

> *Lo* **vió** *muy claro desde el primer momento, corrigiendo defectos en el toro, que apretaba al principio hacia las tablas.*

El Sol, 10-X-90, pág. 59.

Junto a estos errores, hay que destacar los casos de epéntesis, en los que se produce el cambio de una vocal mediante la creación de formas diptongadas o hiatos:

---

[183] Véase Mario Ferreccio Podestá, «Una cuestión ortográfica: la tilde en los disílabos con vocal débil en hiato», *Español Actual*, 7, 1966, págs. 6-7.

cotidianeidad en lugar de *cotidianidad*:

> *De aquí que se comience a hablar de una ecología de la imagen que se ocupa de la presión visual a la que nos vemos sometidos en nuestra* **cotidianeidad**.

Ramón Carmona, Cómo se comenta un texto fílmico,
Madrid, Cátedra, 1991, pág. 16.

gaseoducto en lugar de *gasoducto*:

> *En la figura puede apreciarse, además de la red de* **gaseoductos** *a finales de 1988, el conjunto de nuevos tramos en proyecto y en estudio.*

Ramón Tamames, Introducción a la economía española,
19.ª ed., Madrid, Alianza Editorial, 1991, pág. 208.

preveer en lugar de *prever*:

> *Esto hace* **preveer** *que podrá cumplir sin mayores problemas con las galas que tiene firmadas para hacer en agosto. Rocío se produjo la hernia por un movimiento brusco realizado mientras actuaba en la localidad sevillana de San Juan de Aznalfarache.*

El Sol, 3-VII-90, pág. 64.

Por otra parte, también se dan casos de cambio en la pronunciación habitual de los diptongos, gracias a la tendencia a formar hiatos:

adecúa en lugar de *adecua*:

> *[...]* **adecúa** *cada escena, como si se tratara de historias cortas e independientes, a un encadenamiento fluido nunca encorsetado por parámetros estilísticos.*

El Mundo, 24-IV-94, pág. 86a.

espúreo en lugar de *espurio*:

> *Diga siempre la expresión completa, sin sustituirla por el* **espúreo** *y horrible «Buenass» (con la ese arrastrada, en efecto).*

Ángel Amable, Manual de las buenas maneras, 5.ª ed.
Madrid, Pirámide, 1991, pág. 119.

evacúan en lugar de *evacuan*:

> *Somalia:* **evacúan** *al personal de socorro.*

El Mundo, 10-I-94, pág. 21, titular.

geráneo en lugar de *geranio*:

> *Una línea de aulagas, de* **geráneos**, *de dalias, de filipén-dulas y prímulas contorneaba la fachada principal de la casa como para constituir un primer parapeto ante el acoso de una naturaleza.*

Juan Benet, Un viaje de invierno,
Madrid, Cátedra, 1980, pág. 142.

Así mismo, se producen con frecuencia confusiones vocáli-cas que se explican por asimilaciones o disimilaciones:

exilado en lugar de *exiliado*:

> *A pesar del tono apocalíptico de los* **exilados**, *en los dos últimos años ha ido creciendo la impresión de que el régimen comenzaba a darse cuenta de la necesidad de efectuar una apertura.*

El Mundo, 9-VIII-94, pág. 1e.

proviniente en lugar de *proveniente*:

> *Tan solo los 38 se quedaron en Brindisi junto con los* **pro-vinientes** *del tercer y cuarto navío. Una quinta embarcación llegó a Marsella con los refugiados en la embajada francesa.*

El Sol, 14-VII-90, pág. 20.

Habría que destacar, además, una serie de impropiedades léxicas derivadas del mal uso del significado de las palabras:

cesar (forma intransitiva) en lugar de *destituir* (forma tran-sitiva):

> *«En este sentido [...] dijo ayer que «el hecho de que lo pida el PP no es una razón para que yo* **cese** *a Palomino», añadiendo que pese al informe de la Cámara de Cuentas, organismo encar-gado de fiscalizar el gasto público, él no detectó irregularidades.*

El Mundo, 11-IX-94, pág. 12b.

climatología ('estudio de los climas') en lugar de *clima, temperatura, tiempo*:

> *La pintura de Magritte es, en cierto modo, casi una disposición de ánimo, casi algo parecido, incluso a una* **climatología**, *a un estado de ánimo.*
>
> ABC Cultural, n.º 41, 14-VIII-92, pág. 26.

contabilizar ('apuntar una partida o cantidad en los libros de cuenta') en lugar de *contar*:

> *Poco a poco, a medida que se iba* **contabilizando** *un mayor porcentaje de votos, la realidad de las urnas se imponía sobre las consultas y las primeras anécdotas.*
>
> El País, 4-III-96, pág. 17a.

detentar ('detener y ejercer ilegítimamente algún poder o cargo público') en lugar de *desempeñar, ocupar*:

> *[...] incluso los homosexuales, en cuanto grupo, aspiran no ya a que se los tolere, o aun se los respete, sino a* **detentar** *su porción de poder en la sociedad.*
>
> Francisco Ayala, *El tiempo y yo,*
> Madrid, Espasa-Calpe, pág. 303.

inaudito ('nunca oído', o, en sentido figurado, 'monstruoso, extremadamente vituperable') en lugar de *insólito*:

> *A las ocho de la mañana el aula no era tanto el lugar donde uno iba, sino algo que había que sostener entre todos, todos éramos el aula, y las diapositivas que se proyectaban cabeza abajo «la cúpula de Florencia o los frescos de Massaccio» eran una invitación al viaje, a ese placer* **inaudito** *que quien no haya sido estudiante no entenderá: la alegría de visitar los lugares de los que solo se posee un conocimiento libresco.*
>
> El Sol, 12-X-90, pág. 2.

patología ('parte de la medicina que estudia las enfermedades') en lugar de *enfermedad*:

> *No obstante, el objetivo principal de la aplicación de las aguas termales es, según señalan los especialistas que residen*

en los balnearios, la prevención y mejora de determinadas **patologías** *como las que afectan al aparato respiratorio, al locomotor o a la piel.*

El Mundo, 7-VII-94, pág. 31i.

puntual ('pronto, diligente, exacto en hacer las cosas a su tiempo y sin dilatarlas'. También 'cierto, conforme') en lugar de *concreto*:

> *Como comienzo, el grupo parlamentario de esta fuerza política ha presentado en la Cámara Andaluza una batería de preguntas en las que pide información sobre ciertos temas* **puntuales**.

ABC, 12-IX-94, pág. 61.

Extranjerismos: su influencia en la lengua

No cabe duda de que el tiempo en que vivimos es propicio para la creación de términos que nombran realidades científicas y técnicas hasta ahora desconocidas. Muchas de estas innovaciones, por no decir la mayoría, vienen de otros países, y por ello se adoptan sus denominaciones[184]. En otros casos, es el propio desconocimiento del léxico patrimonial el culpable de que nos abrumen con su presencia, sobre todo en los medios de comunicación, muchas formas extranjeras perfectamente evitables. Por otra parte, hay que tener muy en cuenta las razones de prestigio, ya que, por determinadas causas políticas, sociales y culturales, nuestros lazos con otras culturas son más

---

[184] Cfr., entre otros, los trabajos de Rafael María Baralt, *Diccionario de galicismos*, Madrid, Imprenta Nacional, 1855; Américo Castro, «Los galicismos», en *Lengua, enseñanza y literatura*, Madrid, Victoriano Suárez, 1924, págs. 102-139; H. Stone, «Los anglicismos en España y su papel en la lengua oral», *Revista de Filología Española*, 41, 1957, págs. 141-160; Manuel Alvar, Antonio Badía, Rafael de Balbín y Luis Felipe Cintra (dirs.), *Enciclopedia Lingüística Hispánica*, II. *Elementos constitutivos y fuentes*, Madrid, CSIC, 1967; Ricardo Alfaro, *Diccionario de anglicismos*, 2ª ed., Madrid, Gredos, 1970; Chris Pratt, *El anglicismo en el español peninsular contemporáneo*, Madrid, Gredos, 1980; J. J. Alzugaray, *Diccionario de extranjerismos*, *op. cit.*; Arturo del Hoyo, *Diccionario de palabras y frases extranjeras*, Madrid, Aguilar, 1988; Emilio Lorenzo, *Anglicismos hispánicos*, Madrid, Gredos, 1994.

fuertes[185]. En este sentido, Valentín García Yebra[186] señaló que el uso del extranjerismo es una «confesión de impotencia, o bien, como en el caso de escritores originales, de locutores de radio y televisión o de simples hablantes que lo usan sin necesidad, una muestra de esnobismo».

Conviene evitar la presencia de grupos consonánticos extraños a nuestra lengua, así como ciertas consonantes y formas vocálicas al final de palabra. En cuanto al plural, la Academia[187] recomienda la conservación del singular para evitar, de esta manera, la formación de grupos consonánticos no habituales en español, por más que la mayoría de las veces se tienda a añadir a la palabra las terminaciones -s o, en algunas ocasiones, -es[188].

Habría que distinguir, y así lo hace Manuel Casado Velarde[189], entre **xenismos, peregrinismos** y **préstamos** propiamente dichos.

Xenismos

Son voces extranjeras no justificadas, ya que pueden encontrarse con facilidad palabras patrimoniales que puedan sustituirlas. Hay que evitar su uso, por lo que se recomienda la consulta del diccionario, que nos proporcionará un término adecuado a la tradición idiomática que aluda a la misma realidad reflejada por la voz foránea:

I) *Anglicismos*:

barman en lugar de *camarero*:

> *El **barman** del Swarte, que fue entrenador de natación en el club Canoe de Madrid, estaba encantado con la presencia de*

---

185   Para profundizar en el conocimiento de las causas extralingüísticas que explican la presencia del anglicismo en el español moderno, cfr. Chris Pratt, *op. cit.*, especialmente las págs. 59-89.

186   *Teoría y práctica de la traducción*, Madrid, Gredos, 1982, pág. 334.

187   Cfr. *Esbozo, op. cit.*, § 2.3.4-5.

188   Cfr. Manuel Alvar Ezquerra y Antonia María Medina Guerra, *op. cit.*, págs. 152-154.

189   «Notas sobre el léxico periodístico de hoy», en VV.AA., *El lenguaje en los medios de comunicación*, Zaragoza, Asociación de la Prensa de Zaragoza, 1990, págs. 49-72.

la Infanta Cristina. «Ella estuvo también el año pasado. Eso es bueno.»

Tiempo, n.º 435, 3-IX-90, pág. 53d.

cameraman/-men en lugar de *cámara* u *operador*:

> *[...] la presencia de numerosos periodistas y fotógrafos y el amable concurso de los **cameramen** y populares reporteros de televisión, sus idas y venidas chocan con la opaca indiferencia de la muy urbana, anónima, mass-media multitud: vestida de paño catalán, encuadernada en ante mallorquín, con elegantes mocasines de trovadoresca línea italiana [...].*

Ramón Carmona, *Cómo se comenta un texto fílmico*, Madrid, Cátedra, 1991, pág. 235.

container en lugar de *contenedor*:

> *[...] sobre todo, del camión, que asegura un servicio de puerta a puerta al cual el cabotaje no ha sabido aún equipararse por su incapacidad en la sistemática adopción del moderno sistema de **containers**.*

Ramón Tamames, *Introducción a la economía española*, 19.ª ed., Madrid, Alianza Editorial, 1991, pág. 307.

glamour en lugar de *encanto*, *atractivo*:

> *El anuncio ofrece la imagen con **glamour** de una actriz (normalmente estadounidense), en négligée frente a una mesa de tocador.*

Ramón Carmona, *Cómo se comenta un texto fílmico*, Madrid, Cátedra, 1991, pág. 201.

hall en lugar de *vestíbulo* o *entrada*:

> *Cuando Alonso le da alguna chaqueta, que deja casi nuevas, Martín Marco se atreve a asomar los hocicos, después de la hora de la comida, por el **hall** del Palace.*

Camilo José Cela, *La colmena*, Madrid, Cátedra, 1988, pág. 135.

lockout en lugar de *cierre patronal*:

> *El sistema permitía, por tanto, la negociación entre patro-*

nos y sindicatos obreros, y en última instancia, como armas de esta negociación, se utilizaba la huelga y el **lockout**.

Ramón Tamames, *Introducción a la economía española*, 19.ª, Madrid, Alianza Editorial, 1991, pág. 458.

manager en lugar de *representante*:

José Ferrer, por su parte, comunicó que el **manager** *de Sharon Stone —estrella del anuncio de 1992 junto a Antonio Banderas— se había puesto en contacto con la dirección de su empresa [...].*

El Mundo, 28-XI-94, pág. 89d.

parking en lugar de *aparcamiento*:

En esta reunión los vecinos insinuaron la existencia de intereses personales en la construcción del **párking**.

El Sol, 10-VII-90, pág. 12.

party en lugar de *fiesta*:

*Estos días últimos se ha complacido la Prensa en informar del incidente que, en medio de una fiesta social de Nueva York —un «**party**» elegante—, se produjo entre dos escritores: Norman Mailer y Gore Vidal.*

Francisco Ayala, *El tiempo y yo*, Madrid, Espasa Calpe, 1978, pág. 329.

ring en lugar de *cuadrilátero*:

En Barcelona solo habrá un **ring** *para todas las competiciones.*

El Sol, 11-X-90, pág. 43.

stand en lugar de *pabellón*:

A continuación se recorre los **stands** *de los distintos países con los libros de las áreas para edades comprendidas entre 6 y 16 años y finalmente se exhibe una selección de los libros recientemente editados con motivo de la implantación de la reforma educativa.*

El Mundo, 7-IX-94, pág. 27i.

status en lugar de *situación*:

> *A menudo surgen rumores o atisbos de modificación del actual **status** tanto en la derecha como en la izquierda.*

El Mundo, 3-VIII-94, pág. 3c.

II) *Galicismos*:

amateur en lugar de *aficionado*:

> *Y así, como hace años recordaba M. Defourneux, la lectura de la mayor parte de las obras del dieciocho francés, y desde luego las capitales, fue prohibida en España y las referencias a Holbach, Diderot o Rousseau remitidas al capítulo de los **amateurs** de la filosofía.*

El Mundo, 10-IX-94, pág. 53d.

office en lugar de *antecocina*:

> *Una de las chicas de servicio se asoma al arco que separa el **«office»** de la cocina del cuarto de estar. Sole pone en marcha la gramola y la chica vuelve a su quehacer con la sonrisa en los labios.*

Alfonso Grosso, La zanja, 2.ª ed., Madrid, Cátedra,
1984, pág. 250.

partenaire en lugar de *pareja*:

> *[...] admirando entre tanto las fotos del héroe del día y de su **partenaire** exquisitamente inmoral y deseable: tumbados los dos en una perezosa playa de cocoteros, basándose a bordo de un automóvil blanco descapotado.*

Juan Goytisolo, La reivindicación del conde don Julián,
Madrid, Cátedra, 1985, pág. 147.

troupe en lugar de *compañía*:

> *Me fui con toda la **«troupe»** a Marruecos y nos lo pasamos mucho mejor que en España.*

El Sol, 17-X-90, pág. 50.

Son más difíciles de reemplazar, pues no existe en nuestra lengua un vocablo que pueda sustituirlos, de ahí su inevitable utilidad. Estas voces, que suelen ir escritas entre comillas o en letra cursiva, ya que se sienten realmente como creaciones extranjeras, han de adaptarse, en la medida de lo posible, a nuestras peculiaridades fonéticas y ortográficas.

De la siguiente lista, citamos en segundo lugar la forma correcta:

I) *Anglicismos:*

cocktail en lugar de *cóctel*[190]:

> *Como fin de fiesta, lo usual es el baile o la conversación. Un cóctel (**cocktail**, si se prefiere) es, como todo el mundo debería saber, una combinación de bebidas alcohólicas y otros ingredientes.*
>
> Ángel Amable, *Manual de las buenas maneras*, 5.ª ed., Madrid, Pirámide, 1991, pág. 76.

dandy en lugar de *dandi*:

> *Recuérdese cómo vivía su tuberculosis un **dandy** del Romanticismo.*
>
> Pedro Laín Entralgo, *Ciencia, técnica y medicina*, Madrid, Alianza Universidad, 1986, pág. 254.

flash en lugar de *flas*:

> *En un **flash** instantáneo vio a su padre vestido de fiesta, con el cañero ferial, la leontina de oro, la camisa de pecherín anacrónico y el traje azul de las procesiones.*
>
> Antonio Hernández, *Volverá a reír la primavera*, Madrid, Mondadori, 1989, pág. 20.

nylon en lugar de *nailon*:

> *[...] señoritas que simbolizan a los distintos países europeos utilicen unos más que cutres vestidos de goma brillante que*

---

[190] Las voces recomendadas están incluidas en la vigésima primera edición del DRAE publicada en 1992, excepto **escúter** y **choc**.

se les pegan al cuerpo o que la lencería fina y de marca del con-
curso italiano haya sido sustituida por unas medias de **nylon**
y unas braguitas compradas en las rebajas.

Alfonso Grosso, *La zanja*, 2.ª ed., Madrid, Cátedra,
1984, pág. 173.

pedigree en lugar de *pedigrí:*

De este modo ha podido ser objeto de experiencias llama-
das científicas, antes reservadas a los animales; de medidas
para la mejora de sus **pedigree**, *que llevan hasta la esteriliza-*
ción o exterminio físico de los que se presume constituyen un
riesgo para tal mejora, y de cálculos en los que cuenta como
simple fuerza de trabajo.

Manuel García Pelayo, *Los mitos políticos*, Madrid,
Alianza Universidad, 1981, pág. 56.

scooter en lugar de *escúter:*

La empresa de origen italiano Moto Vespa ha sabido, por el
contrario, mantener, e incluso expandir su mercado de **scooters**
y ciclomotores.

Ramón Tamames, *Introducción a la economía española*,
19.ª, Madrid, Alianza Editorial, 1991, pág. 247.

schock en lugar de *choc:*

[...] habiendo comprendido asimismo su efecto de **shock**
debido al elevado voltaje, o de carbonización por efecto Joule
como consecuencia de las altas temperaturas originadas por la
intensidad de su corriente, es decir, prácticamente todo cuan-
to es necesario saber sobre su génesis, causas y efectos como
fenómeno peligroso y con frecuencia mortífero [...].

Prudencio García, *Ejército: presente y futuro*, I, Madrid,
Alianza Editorial, 1975, pág. 210.

smoking en lugar de *esmoquin:*

Con aire de desaliento, con las pajaritas de los **smokings**
desceñidas, los músicos guardaban sus instrumentos en baú-
les con ángulos de metal.

Antonio Muñoz Molina, *Beltenebros*, 10.ª ed., Madrid,
Seix Barral, 1990, pág. 51.

standard en lugar de *estándar*:

> *Con un **standard** europeo a nuestra latitud, solo un 5 por 100 del territorio español puede decirse que está cubierto de bosques maderables.*
>
> Ramón Tamames, Introducción a la economía española, 19.ª ed., Madrid, Alianza Editorial, 1981, pág. 148.

stress en lugar de *estrés*:

> *Estar seis años al frente del Gobierno vasco, sin duda, debe producir «**stress**» en un país donde los sobresaltos son continuos y los retos permanentes.*
>
> El Sol, 13-X-90, pág. 2.

ticket en lugar de *tique*:

> *La condena se produjo como consecuencia de una denuncia efectuada por Santiago García Oruve, el 28 de junio, después de que la grúa retirase su coche de una zona de parquímetros por no haber abonado el **ticket**.*
>
> El Sol, 17-X-90, pág. 9.

II) *Galicismos:*

boulevard en lugar de *bulevar*:

> *El muchacho cruzó el **boulevard** de La Saline sin detener su carrera mientras los gritos de una mujer despertaban a Puerto Príncipe:*
>
> El Mundo, 10-VIII-94, pág. 2d.

cabaret en lugar de *cabaré*:

> *Ante las cámaras de la televisión surcoreana, Roh Tae-woo afirmó que adoptará una serie de medidas «extraordinarias» entre las que se incluye el cierre de **cabaret** y clubes nocturnos y el arresto de «criminales sospechosos».*
>
> El Sol, 14-X-90, pág. 21.

carnet en lugar de *carné*:

> *Hace muchos años que el contribuyente español paga las*

consecuencias de un sector público convertido en cementerio
de elefantes, retiro de ministros y altos cargos tocados por el
dedo mágico de amiguismo y del **carnet** *de partido.*

Época, n.º 512, 19-XII-94, pág. 25a.

champagne en lugar de *champaña*:

> *Un* **champagne** *Veuve Clicquot auténtico, y una sidra* **champagne** *El Gaitero, también auténtica, coinciden en ser efervescentes. Hay muchos a quienes no les gusta el* **champagne** *—ni aun extra-seco—, precisamente por la efervescencia.*

José Bergamín, *El cohete y la estrella*, Madrid, Cátedra, 1981, pág. 71.

cognac en lugar de *coñá* o *coñac*:

> *Copa especial es la destinada para el* **cognac** *y el brandy, de pie pequeño y muy barriguda. Las copas para el vino blanco suelen ser en forma de tulipa, altas y esbeltas.*

Ángel Amable, *Manual de las buenas maneras*, 5.ª ed., Madrid, Pirámide, 1991, pág. 157.

croissant en lugar de *cruasán*:

> *Es el estar esperando yo que vengas a tomar el café del desayuno y —con mi impaciencia de siempre— decirte, mientras desprendo la punta de mi* **croissant**, *que el café se enfría, y es oír tu voz que me responde: «Ya voy, impaciente; ya voy».*

Francisco Ayala, *El jardín de las delicias*, Madrid, Espasa Calpe, 1978, pág. 191.

garage en lugar de *garaje*:

> *La de cada piso o local expresará su extensión, linderos, planta en la que se hallare y los anejos, tales como* **garage**, *buhardilla o sótano.*

Código civil, 11.ª ed., Madrid, Tecnos, 1992, pág. 507.

parquet en lugar de *parqué*:

> *Andando sobre trozos de* **parquet** *carcomido, mi excursión me llevó a través de las grandes estancias de recepción, la resi-*

dencia del embajador, las dependencias del personal, reparti-
das en cuatro pisos que tienen en conjunto una superficie de seis
mil metros cuadrados.

El Sol, 3-VII-90, pág. 26.

III) *Italianismos:*

confetti en lugar de *confeti*:

> *[...] entre carrozas-cisne, carrozas-madreperla, esculturales*
> *Venus negras con penachos de pluma y colas flabeladas: arro-*
> *jando puñados de* **confetti,** *lúbricas, implicantes serpentinas: [...].*

Juan Goytisolo, *La reivindicación del conde don Julián*,
Madrid, Cátedra, 1985, pág. 253.

spaghetti en lugar de *espagueti*:

> *[...] buscaríamos alguna trattoria ahí mismo en el Traste-*
> *vere para comer* **spaghetti** *y paladear un vasito de chianti,*
> *podían distinguirse los tenaces judíos que, desde los cuatro pun-*
> *tos cardinales, traen su arrogancia y su cámara fotográfica al*
> *seno mismo de la Gran Meretriz y disparan a traición sus flas-*
> *hes contra la imagen del Redentor, [...].*

Francisco Ayala, *El jardín de las delicias*, Madrid,
Espasa Calpe, 1978, pág. 176.

Préstamos

Son vocablos foráneos que el hablante no siente como tales,
pues están ya plenamente adaptados al idioma y conviven sin
problemas con las voces patrimoniales. Aquí podríamos incluir
palabras como *avión, batalla, blanco, brindis, brújula, chime-
nea, escopeta, guerra, jamón, jardín, maleta, pijama, ropa, tenis,
tranvía, turista,* etc.

Anglicismos semánticos

Mención aparte merecen los anglicismos semánticos, que
inundan, quizá más sutilmente, la comunicación diaria. En líneas

generales, hay que evitar su uso, pues están alejados de nuestra tradición idiomática. Por otra parte, son fácilmente sustituibles por otros vocablos ya presentes en nuestra lengua:

agresivo en lugar de *dinámico*:

> *Está, es cierto, a la altura de esa ilusa pureza que, como el valor a los militares, se le supone tradicionalmente a la poesía, pero a mucha distancia de un acontecer cotidiano donde «trances líricos al margen» la competitividad no tiene nada que envidiar al más* **agresivo** *de los sectores comerciales que bregan por abrirse paso en esta sociedad de consumo.*

> *El Sol*, 13-X-90, pág. 2.

conductor en lugar de *presentador, director*:

> *En su página 3 detallaba quiénes serían los* **conductores** *y editores de los informativos diarios.*

> *El País*, 7-IX-96, pág. 45a.

contemplar en lugar de *considerar*:

> *Por otra parte, siempre he creído que el premio Cervantes, para ser verdaderamente fiel al espíritu manifestado por el Quijote, podría* **contemplar**, *no sólo la literatura en castellano, sino las diversas literaturas de España y América.*

> *ABC Cultural*, n.º 2, 15-XI-91, pág. 14.

doméstico en lugar de *nacional, interno*:

> *A la devaluación aparente del pacifismo contribuyen quienes diciendo actuar en su nombre, pretenden que la crisis del Golfo sea el escenario principal de una batalla política* **doméstica**, *o proponen la inhibición del aislacionismo.*

> *El Sol*, 11-X-90, pág. 11.

editor en lugar de *director*:

> *Por otro lado, la perspectiva de que la CNN, famosa por sus elevados índices de profesionalidad en sus emisiones informativas, pueda caer en manos del controvertido* **editor** *conservador está haciendo perder el sueño a muchos periodistas.*

> *El Mundo*, 7-X-94, pág. 33i.

filosofía en lugar de *punto de vista*:

> «*El derecho que subyace detrás de la* **filosofía** *del secreto bancario es absolutamente impresentable, cuando se trata de movimientos de capital que suponen blanqueo de dinero procedente del narcotráfico*», recalcó González.

El Sol, 27-VI-90, pág. 20.

nominación en lugar de *nombramiento*:

> *Los expertos del partido republicano insisten a coro en que Buchanan no tiene ninguna posibilidad de ganar la* **nominación** *del partido en agosto.*

ABC, 21-II-92, pág. 35c.

nominar en lugar de *proponer*:

> *En la era de la «política de la televisión», tres cadenas nacionales [...] se lanzaron a* «**nominar**» *a Dole tras su cuádruple victoria en el Medio Oeste.*

ABC, 21-III-96, pág. 37a.

Un error muy frecuente es el uso, también por influencia inglesa, de la forma **versus** con el sentido de 'frente a', en lugar de *hacia*, que es el significado correcto en español:

> *Del análisis por sujetos de los resultados se obtuvieron las siguientes dimensiones: dimensión natural* **versus** *construido; dimensión vertical* **versus** *horizontal, dimensión tierra* **versus** *agua; dimensión interesante* **versus** *aburrido, y dimensión tamaño pequeño* **versus** *tamaño grande.*

Rocío Fernández-Ballestero, El ambiente. Análisis psicológico,
Madrid, Pirámide, 1990, pág. 116.

> *En este combate de Corneille* **versus** *Molière hay pruebas más patentes que esos delitos que achacan al cómico: faltas de ortografía, escasos manuscritos... En una escena de L'Impromptu de Versailles, Corneille pinta a una troupe de cómicos recibiendo la obra inédita de un poeta.*

El Sol, 4-VII-90, pág. 49.

Palabras comodín

Son vocablos que se suelen utilizar con demasiada frecuencia y suelen valer para todo. Se trata de verbos como *haber*, *decir*, *tener*; sustantivos como *cosa*, *tema* o adjetivos como *bueno*, *grande*, *pequeño*, etc., que empobrecen en exceso la expresión, por lo que deben sustituirse por otras palabras que, sin ser demasiado rebuscadas, puedan designar con mayor propiedad los objetos o acciones que se nombran. Conviene en estos casos consultar los diccionarios de sinónimos o ideológicos[191], que nos permitirán, sin duda, elegir los términos más apropiados, de acuerdo con el contexto de la oración. Así, en lugar de decir «este músico ha hecho unas cosas muy buenas» es preferible «este músico ha compuesto obras de gran calidad». Lo mismo ocurre con la palabra *tema*, que debe sustituirse, cuando su empleo es abusivo, por los sustantivos *asunto*, *cuestión* o *problema*:

> *El gobierno está colaborando, y eso lo sabe todo el mundo, en el* **tema** *de luchar contra la corrupción, en las comisiones de investigaciones que se están haciendo o la denuncia expresa que se ha hecho del* **tema** *bancario.*

---

[191] Véanse, entre otros, el *Diccionario manual Vox de la lengua española. Sinónimos y antónimos*, 8.ª ed., Barcelona, Biblograf, 1994, y el *Diccionario ideológico de la lengua española*, Barcelona, Biblograf, 1995.

Estilo

Cacofonías

La cacofonía es la repetición de sonidos iguales o parecidos que provocan una sensación auditiva desagradable. Aunque suele utilizarse en la poesía con unos efectos estilísticos determinados, se debe evitar en la prosa, por lo que se recomienda el empleo de voces sinónimas que no contengan estos fonemas o terminaciones:

> *Los sistemas vivos y/o[192] hablantes son antipoéticos: Orga-nizacionalmente* **cerrados** *dirigidos desde dentro:* **autoorga-nizados.**

> *El Sol*, 9-VII-90, pág. 15.

Uno de los efectos cacofónicos más frecuentes es el provocado por la utilización excesiva de los adverbios acabados en -*mente*:

> **Consecuentemente**, *eran poco partidarias de trabajar fuera de casa, y cuando lo hacían,* **frecuentemente** *era por*

---

[192] Debe evitarse el uso de la combinación y/o, ya que «se trata de un angli-cismo considerado incorrecto incluso en la lengua de origen y que solo demues-tra pobreza en el dominio de nuestra lengua» (Alvar Ezquerra y Medina Gue-rra, *op. cit.*, pág. 222).

imperiosa necesidad económica de la familia. **Tradicional-mente,** *el ama de casa se ha mostrado* **aparentemente** *con-forme con su situación en el seno de la familia, salvo en casos de extrema precariedad económica, de malos tratos del marido, de conducta atípica de este o de los hijos, de enfermedades gra-ves, etc.*

Enríquez González Duro, *La neurosis del ama de casa*,
2.ª ed., Madrid, Eudema, 1989, pág. 188.

Repeticiones

Aunque este es un rasgo más propio de la lengua oral, no fal-tan ejemplos de uso de una misma palabra en un solo párrafo. Las repeticiones, que demuestran una evidente pobreza léxica por parte de quienes las emplean, se utilizan con frecuencia en los medios de comunicación y no únicamente en el discurso oral, pues muchos de los ejemplos pertenecientes a ese tipo de lengua son, en realidad, informaciones en las que el locutor se limita a leer unas noticias mal redactadas. Veamos unos ejemplos oídos en emisiones radiofónicas:

> *Yo pretendía fundamentalmente, a la hora de conformar y elaborar una* **comisión ejecutiva,** *que esta* **comisión ejecuti-va** *fuera una* **comisión ejecutiva** *de integración, pero que al mismo tiempo fuera una* **comisión ejecutiva** *eficaz, operativa y cohesionada.*

> *Empezamos con un* **número** *que detrás encierra un buen* **número** *de* **trabajadores** *andaluces y es que la mayor parte de los 900000* **trabajadores** *de nuestra Comunidad se encuen-tran sin convenio colectivo este año, según denuncia Comisio-nes Obreras.*

Las repeticiones no se emplean únicamente en la lengua oral; en algunos escritos se encuentran ejemplos como el que sigue:

> *Científicos norteamericanos* **consiguen** *imágenes de arte-rias del corazón no* **conseguidas** *hasta la fecha.*

El Mundo, 27-XI-95, 60, titular.

Redundancias

Es muy frecuente, tanto en la lengua escrita como en la oral, el empleo de redundancias, que muestran un desconocimiento del significado exacto de las palabras, aunque muchas veces formen parte del llamado discurso repetido, probablemente por su generalización en los medios de comunicación social, que son muy receptivos al lenguaje político, donde proliferan:

ambos dos:

> *Sí, claro que pueden pero no hacen nada. Son* **ambos dos** *cómplices del felipismo.*

> > *El Mundo*, 22-V-94, pág. 16a.

asomarse al exterior:

> *Artificial superficie de registro, impide que nos* **asomemos al exterior**. *Comprendemos ahora, en todas sus dimensiones, el emocionado homenaje de Avedon a esa belleza solitaria de trágico destino.*

> > Ramón Carmona, *Cómo se comenta un texto fílmico*, Madrid, Cátedra, 1991, pág. 31.

aterido de frío:

> *Caminé un rato al azar, buscando un taxi,* **aterido de frío**, *del frío húmedo del almacén.*

> > Antonio Muñoz Molina, *Beltenebros*, 10.ª ed., Madrid, Seix Barral, 1990, pág. 81.

base fundamental:

> *Aseguró que la banca tradicional en el mercado doméstico constituye una* **base fundamental** *sobre la que construir el resto de las actividades y añadió que olvidar esto «es un error tan notable como dar la espalda a las nuevas iniciativas y a la internacionalización».*

> > *El Mundo*, 30-IX-94, pág. 74c.

coordinadas entre sí:

Además de la UEO, la OTAN también realizará una vigilancia naval del embargo, y aunque las misiones de ambos organismos de defensa y seguridad son independientes, las fuerzas que aportan estarán **coordinadas entre sí.**

Sur, 1-VII-92, pág. 32.

divisas extranjeras:

El alcalde Antonio Vallejo ha solicitado a las autoridades monetarias que supriman la obligación que tienen los ayuntamientos de depositar en el Banco de España el 30% de los créditos que se solicitan para renegociar sus deudas en **divisas extranjeras**.

El Sol, 28-VI-90, pág. 14.

ejemplo paradigmático:

Cuando algunos dicen que no hay libertad de expresión en España y achacan esa carencia al Gobierno y al PSOE, ¿están diciendo la verdad? Poniendo como **ejemplo paradigmático** *este caso, ¿alguien puede decir que los que atacan a Alfonso Guerra tienen limitada su libertad de expresión?*

El Sol, 10-X-90, pág. 13.

ejemplo práctico:

¿Hacía falta siquiera el **ejemplo práctico** *que, en seguida, hubo de brindarnos el propio viejo, a quien, con toda su barriga, lo vimos sacar hacia la pista a una chiquilla muy tierna?*

Francisco Ayala, *El jardín de las delicias*, Madrid, Espasa Calpe, 1978, pág. 130.

erario público:

Estas Asambleas generales, en todo caso, no sirven sólo para que los miembros de este selecto pub pasen unos agradables días de vacaciones junto a sus distinguidos acompañantes a costa del **erario público**

ABC Cultural, n.º 47, 24-IX-93, pág. 99.

gramos de peso (y expresiones similares):

> *En una crónica sobre el cultivo de frutos tropicales en Cantabria (EL PAÍS, 26 de marzo), Jesús Delgado contaba que se han conseguido ejemplares de bábaco «cuyo tamaño oscila entre 600 y 1.000[193]* **gramos de peso***».*
>
> El País, 2-IV-89, pág. 14d.

> *Las columnas miden 22 metros de alto por más de un metro de ancho, proporciones necesarias para sujetar los paraguas de acero autooxidable de 25* **toneladas de peso***; los andenes tienen una longitud que supera el medio kilómetro.*
>
> El Sol, 13-I-92, pág. 29a.

hechos prácticos:

> *Conclusiones finales de nuestro análisis sobre la casualidad de las guerras. Ciñéndonos ya al campo de los* **hechos prácticos***, de todo cuanto llevamos dicho en las páginas que anteceden podemos concluir lo siguiente [...].*
>
> Prudencio García, Ejército: presente y futuro, I, Madrid,
Alianza Editorial, 1975, pág. 141.

joven muchacho:

> *Es la historia shakespeareana de un* **joven muchacho** *que subió al trono en 1961 y que ahora se ha convertido en un hombre gastado y destrozado por el poder. Desde el inicio de su reinado basó su fuerza en el Estado Mayor de su Ejército, y a lo largo de los años este fue desapareciendo.*
>
> Cambio 16, n.º 1011, 8-IV-91, pág. 22a.

lapso de tiempo:

> *[...] haciendo así necesaria una nueva guerra de similar magnitud y resultado, para duplicarse una vez más en idéntico* **lapso de tiempo***, y así una y otra vez en forma indefinida,*

---

[193] No se debe emplear el punto en los números de cuatro o más cifras, por lo que la forma correcta sería 1000.

lo que produciría una estabilización en dientes de sierra corres-
pondiente a una curva en ascenso y descenso permanente [...].

Prudencio García, *El ejercito: presente y futuro*, I,
Madrid, Alianza Editorial, 1975, pág. 208.

lleno completo:

Expulsó a Miguelín, y amonestó a Felu, Pelucas, Casín y
Bernardo y Paco Pérez. Incidencias: El campo Miramar regis-
tró un **lleno completo**, *unos 2500 espectadores.*

Sur Deportivo, 9-IX-91, pág. 19.

masa social:

Si la gran **masa social** *ha de construir una democracia cul-*
tural para sí misma, un objetivo de desarrollo ha de consistir en
la promoción de la conciencia política entre la misma, a fin de
que pueda comprender lo que es, en su más amplio sentido [...].

Luis Escobar de la Serna, *La cultura del ocio*, Madrid,
Eudema, 1991, pág. 24.

nunca antes:

Los cambios de la nueva alternativa han llevado al PP a
un entendimiento y relaciones con los nacionalistas vascos y
catalanes que **nunca antes** *se había producido.*

Sur, 6-IX-91, pág. 31.

posibilidades diferentes:

Hay cinco **posibilidades diferentes**, *que van desde la*
superdeportiva, cambiando por encima de las 6.500[194] revolu-
ciones por minuto, hasta la supereconómica.

El País Semanal, n.º 715, 23-XII-90, pág. 95a.

prever con antelación:

Otra medida adoptada, aunque todavía no se ha puesto en
marcha, es la informatización de las entradas al recinto monu-

---

[194] La forma correcta es 6500.

*mental, lo cual, a juicio de Vadillo, va a significar una traba
más al trabajo de las agencias, porque estas no pueden* **prever con mucha antelación** *el número de turistas que van a llevar y la hora, [...].*

Sur, 1-VIII-92, pág. 22.

protagonista principal:

*Para subrayar este aspecto, al comienzo de cada episodio
se darán algunos datos estadísticos en torno al tema y los* **pro-
tagonistas principales** *opinarán brevemente sobre él.*

El Mundo, 4-X-94, pág. 85c.

proyecto de futuro:

*El coste de la reparación de La Vinya asciende a 60 millo-
nes de pesetas, pero Font explicó que «no se pretende recuperar únicamente lo que se perdió, sino continuar adelante con
el* **proyecto de futuro** *del Centro de Creación, abierto a todos
los grupos teatrales que deseen utilizarlo».*

El Sol, 17-X-90, pág. 52.

querella criminal:

A su vez, Enatcar presentó una **querella criminal** *contra
Antonio Teruel Urbaneja, Rafael Ortega y el cuñado de este,
Fernando Calvo, fruto de la cual fueron detenidos el propio
Teruel Urbaneja y, más recientemente, el empresario salman-
tino Cecilio Cereceda.*

El Sol, 28-VI-90, pág. 9.

salir afuera:

Deben **salir afuera** *los pulsos mágicos que todos llevamos
interiorizados.*

El Mundo, 31-X-94, pág. 2d.

subir arriba:

Subió arriba *para ver a su hermano.*

vigente en la actualidad:

> *Tal prototipo de relato ha demostrado su solidez y fecundidad en los últimos años. Sin representar la única tendencia* **vigente en la actualidad**, *sí puede afirmarse que esta concepción de la novela se ha constituido en la línea dominante de la actualidad narrativa española.*

Rafael Fuentes Molla, *España hoy, II, Cultura*, Antonio Gascón [ed.], Madrid, Cátedra, 1991, pág. 127.

Muletillas, tópicos, frases hechas, refranes, etc.

Un empleo abusivo de las muletillas (*bueno*, *pues*, *por supuesto*, *en definitiva*, *en mayor o menor medida*, etc.) da un carácter insustancial al discurso. Así mismo, el uso continuo de refranes y frases hechas, lejos de conseguir la pretendida expresividad, provoca un efecto monótono. Del mismo modo, conviene desechar el uso de adjetivos y expresiones tópicas y sustituirlas por otras semejantes o, simplemente, eliminarlas, ya que muestran empobrecimiento de la expresión:

a lo largo y ancho:

> *Faltó a la cita el presidente del Senado, Juan José Laborda, afectado por una fiebre viajera que le ha llevado* **a lo largo y ancho** *del mundo en los últimos meses encabezando delegaciones de la Cámara Alta.*

El Mundo, 7-XII-95, pág. 8c.

a la caza y captura:

> *La policía anda* **a la caza y captura** *de los presuntos malhechores.*

claridad meridiana:

> *Se dijo con* **claridad meridiana**: *hay que frenar la inflación y reconstruir los beneficios de las empresas.*

Ramón Tamames, *Introducción a la economía española*, 19.ª ed., Madrid, Alianza Editorial, 1991, pág. 502.

fiel reflejo:

> *Esta decoración es para algunos autores* **fiel reflejo** *de lo italiano, no estando muy de acuerdo en su cronología.*

> María Paz Aguiló, El mueble clásico español, Madrid,
1987, pág. 183.

piel de toro (para referirse a España):

> *[...] comprueben que la justicia actúe contra toda esta pléyade de ladrones sinvergüenzas de cuello blanco que pululan impunemente por la* **piel de toro**.

> El Mundo, 4-XI-94, 4f.

plena confianza:

> *[...] es, como vimos, la segunda de las notas que caracterizan a la mentalidad quirúrgica; proceder este tácita o expresamente basado sobre la* **plena confianza** *del médico en las posibilidades de su acción técnica.*

> Pedro Laín Entralgo, Ciencia, técnica y medicina,
Madrid, Alianza Universidad, 1986, pág. 216.

pura verdad:

> *La criada extrae la moraleja: «Lo otro era una pesadilla. Esto es la* **pura verdad** *de Dios.»*

> Agustín Sánchez Vidal, Luis Buñuel, Madrid, Cátedra,
1991, pág. 163.

Abusos de locuciones, adverbios, pronombres y otras palabras, gerundios y siglas

Empleo abusivo de locuciones

El empleo abusivo de locuciones produce afectación en el discurso por lo que se han de sustituir por vocablos más simples. Los medios de comunicación suelen utilizar con demasiada frecuencia formas que alargan de modo innecesario la expresión y que son fácilmente sustituibles:

a bordo de en lugar de *en* o *a*:

> Un matrimonio salía del bingo Estela, sito en la calle de
> Arturo Soria, **a bordo de** un Seat Panda, cuando fue aborda-
> do por los tres atracadores, que se introdujeron en su coche. Los
> delincuentes retuvieron a la pareja tres horas, hasta que los
> dejaron en la carretera de Canillas.

> El Sol, 12-X-90, pág. 21.

a propósito de en lugar de *sobre*:

> Navarro Ledesma, comentarista del mismo diario, ironiza **a
> propósito de** Epitalamio: «Está pensado a la francesa y escri-
> to como el autor lo ha pensado.»

> El Sol, 27-VI-90, pág. 48.

a tenor de en lugar de *según*:

> En opinión de Ardanza, el problema estriba en saber cuán-
> do se convocarán —octubre, diciembre o febrero—, aunque se
> decanta por la fecha del próximo otoño, **a tenor de** los resul-
> tados obtenidos por el Partido Socialista en las elecciones
> europeas.

> ABC, 3-VIII-89, pág. 22a.

a través de en lugar de *con* o *mediante*:

> El presidente del consorcio europeo criticó la actitud de
> intransigencia de la Administración Bush, que es incansable a
> la hora de exigir concesiones, pero que también ayuda a su
> industria aeroespacial **a través de** programas militares y
> mediante la cotización del dólar.

> El Sol, 4-IX-90, pág. 26d.

al objeto de en lugar de *para*:

> El Gobierno Civil de Málaga pretende este verano extremar
> las medidas de seguridad en los vuelos que, sobre el litoral de
> la Costa del Sol, realizan diversos aparatos **al objeto de** pro-
> mocionar entre los bañistas sus productos publicitarios.

> El País Andalucía, 23-VI-91, pág. 3a.

de cara a en lugar de *para*:

> *Los hechos son complejos, pero están ahí, y nos incumben*
> *de lleno en nuestra calidad de militares, es decir, de ciudada-*
> *nos que han cargado sobre sus hombros con especialísimas y*
> *graves responsabilidades* **de cara a** *la comunidad que se las*
> *confió.*

Prudencio García, *Ejército: presente y futuro*, I, Madrid,
Alianza Editorial, 1975, pág. 12.

como consecuencia de en lugar de *por*:

> *No obstante, el presidente de la Comisión Europea matizó*
> *más tarde que las crisis políticas que surgirían dentro de la CE*
> **como consecuencia de** *ese eventual fracaso «no afectarían solo*
> *a dos países», en una referencia velada a la ruptura del eje*
> *París-Bonn, bastión de la construcción comunitaria.*

El País, 8-XII-89, pág. 4b.

por medio de en lugar de *en*:

> **Por medio de** *esta instrucción se pretende aclarar la presunta*
> *participación de policías españoles, entre ellos el subcomisario de*
> *Bilbao José Amedo y el inspector Michel Domínguez, en la actua-*
> *lidad presos preventivos en la cárcel de Guadalajara.*

Cambio 16, n.º 950, 5-II-90, pág. 23a.

Adverbios

Debe evitarse el uso excesivo de adverbios terminados
en -*mente*, ya que muchas veces son innecesarios y restan fluidez a la expresión. Además provocan, como ya vimos, un efecto cacofónico:

> *El concepto «morfología» (gr. morphe = «forma», «figura»)*
> *como terminus technicus fue empleado por primera vez (según*
> *OED)* **aproximadamente** *hacia 1830 en la biología. Es la*
> *época en la que la lingüística estaba* **claramente** *bajo la*
> *influencia de la biología, más* **exactamente***, de la teoría evo-*
> *lucionista de Darwin (On the Origin of Species, 1859). Recor-*
> *demos en este contexto* **simplemente** *la concepción de August*

Schleicher (Die Darwinsche Theorie und die Sprachwissens-
chaft, Weimar, 1863, páginas 6 y sig.) sobre las lenguas [...].

Werner Welte, *Lingüística moderna. Terminología y*
bibliografía, trad. Francisco Meno Blanco, Madrid, Gredos,
1985, pág. 399.

Pronombres y otras palabras

El empleo abusivo de las formas *esto* y *eso*, por influencia francesa, crea ambigüedad en la expresión; deben sustituirse por el adjetivo demostrativo o el relativo seguido de la forma sustantiva.

Por otra parte, hay que evitar el empleo abusivo de los ana-
fóricos «*el mismo*» y «*la misma*», que no es un defecto precisamente nuevo, por más que nuestros clásicos hayan evitado su
uso[195]. Pese a que empobrecen la expresión, se utilizan con bastante frecuencia en textos publicitarios, periodísticos y administrativos (el BOE es un ejemplo claro de lo que comentamos).
Además, se va generalizando en la lengua estándar, precisamente
por la influencia de los medios de comunicación social. En su
lugar debe emplearse el pronombre personal (*le*, *a él*) o el posesivo (*su*, *de él*, *de este*).

Las CCAA podrán utilizar otros programas específicos,
alternativos a los planes de empleo, con la finalidad de respe-
tar la capacidad de autoorganización de **las mismas**.

El País, 27-X-93, pág. 17c.

En la plaza de Castilla, los problemas que se mantuvieron
durante toda la mañana, estuvieron provocados por las obras
del túnel que pasará bajo **la misma**, *mientras que en el tercer*
cinturón, un vehículo averiado sobre el puente de Vallecas pro-
vocó un importante atasco, sobre las ocho y media, en sentido
Norte.

ABC, 10-VII-90, pág. 39c.

El Partido Popular encargó una encuesta de urgencia en
Andalucía inmediatamente después de esas intervenciones, y
aunque el 86 por ciento de los entrevistados estaban seguros

---

[195] Véase Salvador Fernández Ramírez, *Problemas y ejercicios de gramá-*
tica, Madrid, Arco/Libros, 1987, págs. 123-148.

que había mentido, el 73 por ciento de **los mismos** *opinaban que ellos hubieran hecho* **lo mismo.**

Cambio 16, n.º 962, 30-IV-90, pág. 12a.

Uso abusivo de gerundios

El abuso del gerundio, que debe situarse cerca del sustantivo al que modifica, provoca una excesiva sensación de monotonía y artificiosidad, como en el siguiente ejemplo extraído de una emisión radiofónica:

> *Este hombre es el que va por delante* **espiando** *y* **buscando** *y sobre todo* **averiguando** *cúales son los equipos débiles con los que tiene que enfrentarse.*

Siglas[196]

Hay que distinguir, en primer lugar, entre abreviamiento y abreviatura. El abreviamiento o truncamiento es la reducción del cuerpo fónico de una palabra. En este sentido, serían abreviamientos las formas *bici, depre, boli, mili, peli, poli, profe,* etc. Por otra parte, la abreviatura es la representación de una palabra en la escritura con una o varias de sus letras. La reducción del truncamiento es siempre de carácter fonético, por lo que no se pronuncia lo eliminado, frente a la abreviatura, que es un fenómeno producido por comodidad gráfica, y, por lo tanto, se lee como palabra completa. Las siglas son un tipo de abreviaturas que se refiere, salvo en los casos de lexicalizaciones, a nombres propios. El género de las siglas es el de la primera palabra que aparece en el compuesto[197], mientras que el número es que el poseen las palabras que lo componen.

---

[196] Para el problema de las siglas, debe verse Manuel Alvar Ezquerra, «El acortamiento de palabras», en Alvar Ezquerra y Aurora Miró Domínguez, *Diccionario de siglas y abreviaturas,* Madrid, Alhambra, 1983, págs. 3-25. Cfr. también José Martínez de Sousa, *Diccionario internacional de siglas y acrónimos,* Madrid, Pirámide, 1984. En estas obras se encontrarán las formaciones más importantes, y otras muchas, por lo que evitamos ofrecer una lista. Véase también en Alvar Ezquerra y Medina Guerra, *op. cit.,* págs. 124-129.

[197] Cfr. Félix Rodríguez González, «El género de las siglas», *Revista Española de Lingüística,* 14, 2, 1984, págs. 311-366.

El uso de estas formas no es ni mucho menos moderno, ya que se emplearon desde épocas muy tempranas (piénsese, por ejemplo, en la forma SPQR: *S*enatus *P*opulus*q*ue *R*omanus); pero sí lo es su proliferación, pues continuamente nos abruma su constante presencia no solo en los los medios de comunicación, sino también en escritos de diversa índole, aunque domine en el campo político, en el administrativo o en el cientifico-técnico.

Muchas de las creaciones síglicas han pasado a la lengua general. Estas lexicalizaciones se caracterizan por tratarse de vocablos escritos en letra minúscula, ya que son formaciones muy conocidas por la mayor parte de los hablantes: *gal*, *pyme*, *sida*, etc. Así mismo, pueden llegar a formar derivados[198], sobre todo cuando designan formaciones o instituciones de tipo político o social. Los constituyentes con los que se unen suelen ser muy variados, aunque proliferan los sufijos -*ista* (*ugetista*, *peneuvista*), -*ismo* (*cenetismo*, *ugetismo*), -*ero* (*pecero*, *ugetero*), -*ano* (*onusiano*, *usano*) -*oso* (*sidoso*) e -*ico* (*sídico*). Es difícil prever la duración de estos vocablos (sean o no derivados), pero todo parece indicar que será tan permanente como las entidades a las que aluden. En otros casos, la palabra creada mediante siglas llega a tal punto de lexicalización que la mayoría de los hablantes no recuerdan —si es que lo supieron— su origen (*ovni*, *radar*, *láser*, etc.).

A. Belot[199] se ha referido a la tendencia actual de utilizar formas abreviadas para designar las fechas de los acontecimientos políticos importantes (23-F, 28-O, etc.) o las iniciales de personajes destacados en la política o las artes; así, como se hacía con el *Poema de Mío Cid* (PMC), Don Juan Manuel (DJM) o Juan Ramón Jiménez (JRJ), en la actualidad se suelen utilizar CJC (Camilo José Cela) o incluso FG (Felipe González).

---

[198] Véase Manuel Casado Velarde, «Creación léxica mediante siglas», *Revista Española de Lingüística*, 9-1, 1979, págs. 67-88; y Félix Rodríguez González, «La derivación de las siglas», en *Boletín de la Real Academia Española*, 69, 1989, págs. 211-255.

[199] *L'espagnol aujourd'hui. Aspects de la créativité lexicale en espagnol contemporain*, Perpiñán, Castillert, 1987, pág. 51.

Podemos distinguir varias clasificaciones de las siglas:

I. Atendiendo a las iniciales empleadas en estas formaciones, tenemos las *siglas propias* y las *siglas impropias*:

1. Siglas propias: cuando las iniciales solo se refieren a palabras con significado propio, por lo que eluden las preposiciones o conjunciones: ONU (Organización de Naciones Unidas).
2. Siglas impropias: cuando también entran en la formación las iniciales de las palabras excluidas en las siglas propias: CEPAL (Comisión Económica para América Latina).

II. Atendiendo a la pronunciación de las iniciales, se dividen en *siglas silábicas* o *siglas consonánticas*:

1. Siglas silábicas: cuando no se deletrean las iniciales sino que se leen o pronuncian por sílabas: IVA (Impuesto sobre el Valor Añadido).
2. Siglas consonánticas: cuando se deletrean las iniciales que las componen: IPC (Índice de Precios al Consumo).

No hay que huir de las formaciones síglicas, pues forman parte de nuestra realidad, pero sí conviene evitar su empleo abusivo. Además, cuando utilizamos por primera vez una voz creada por este procedimiento debemos indicar, entre paréntesis, el nombre completo de lo abreviado, sobre todo cuando sea poco conocido para el destinatario, ya que, de lo contrario, haremos ininteligible el escrito. Cuando el receptor es un especialista en el tema del que se trata no será necesario aclarar el significado de la forma síglica, pues se presupone el conocimiento de aquello a lo que hacemos referencia.

Dámaso Alonso[200] se refirió al fenómeno de la proliferación de siglas en nuestra época en un conocido poema:

USA, URSS.
USA, URSS, OAS, UNESCO:
ONU, ONU, ONU.

---

[200] Incluido en su libro *Del Siglo de Oro a este siglo de siglas*, Madrid, Gredos, 1968, págs. 7-8.

TWA, BEA, K.L.M., BOAC,
¡RENFE, RENFE, RENFE!

FULASA, CARASA, CULASA,
CAMPSA, CUMPSA, KIMPSA;
FETASA, FITUSA, CARUSA,
¡RENFE, RENFE, RENFE!

¡S.O.S., S.O.S., S.O.S.,
S.O.S., S.O.S., S.O.S.!

Vosotros erais suaves formas,
INRI, de procedencia venerable,
S.P.Q.R., de nuestra nobleza heredada.
Vosotros nunca fuisteis invasión.

Hable
al ritmo de las viejas normas
mi corazón,

porque este gris ejército esquelético
siempre avanza
(PETANZA, KUTANZA, FUTRANZA);
frenético,
con férreos garfios (TRACA, TRUCA, TROCA)
me oprime,
me sofoca
(siempre inventando, el maldito, para que yo rime:
ARAMA, URUMA, ALIME,
KURDO, KONDA, KUNDE).
Su gélida risa amarilla
brilla
sombría, inédita, marciana.
Quiero gritar y la palabra se me hunde
en la pesadilla
de la mañana.

Legión de monstruos que me agobia,
fríos andamiajes en tropel:
yo querría decir *madre*, *amores*, *novia*;
querría decir *vino*, *pan*, *queso*, *miel*.

¡Qué ansia de gritar
muero, amor, amar!

Y siempre avanza:
USA, URSS, OAS, UNESCO,
CAMPSA, CUMPSA, KIMPSA,
PETANZA, KUTANZA, FUTRANZA...

¡S.O.S., S.O.S., S.O.S.!
Oh, Dios, dime,
¿hasta que yo cese,
de esta balumba
que me oprime, no descansaré?
¡Oh dulce tumba:
una cruz y un R.I.P.!

Orden y cohesión en el texto

Ordenación sintáctica

El español no es una lengua especialmente rígida a la hora de construir oraciones, por lo que el orden habitual de los elementos puede alterarse para conseguir una mayor expresividad[201], e incluso evitar la excesiva monotonía[202]. Sin embargo, no conviene olvidar el orden sintáctico para no caer en ambigüedades o en evidentes incorrecciones.

Las construcciones habituales incluyen en primer lugar el sujeto y el segundo lugar el predicado, aunque la alteración es posible por motivos estilísticos, sobre todo si pretendemos destacar un elemento determinado de la oración, salvo en el caso en el que el verbo quede al final:

> *Inés trabaja continuamente en el Departamento.*
> *Continuamente trabaja Inés en el Departamento.*

---

[201] Martín Vivaldi, *op. cit.*, págs. 85-87.
[202] Leonardo Gómez Torrego, *Manual del español correcto, op. cit.*, I, págs. 320-322.

En el Departamento, Inés trabaja continuamente.
Trabaja Inés continuamente en el Departamento.
Inés continuamente en el Departamento trabaja.

Los complementos que siguen al verbo deben tener un orden fijo: directo, indirecto y circunstancial. Además, conviene no separarlos del término al que complementan, para evitar ambigüedades:

El niño miró a su hermano cuando la policía detuvo al ladrón con extrañeza. [Debería decirse: *El niño miró con extrañeza a su hermano cuando la policía detuvo al ladrón.*]

Ordenación de las ideas: principales y secundarias.
Claridad y coherencia

Junto con la correcta ordenación sintáctica, para lograr un buen estilo necesitamos conseguir una coherencia lógica, por lo que deben delimitarse la idea principal y la secundaria en oraciones distintas y convenientemente ligadas. En este sentido, si se pretende resaltar una idea dominante podremos cambiar la disposición de los elementos oracionales, según el concepto que queramos destacar. De este modo, en el ejemplo *El político dijo que hay que acabar tajantemente con la corrupción* podremos alterar el orden sintáctico, según lo que pretendamos destacar como idea principal; por ejemplo: *Hay que acabar con la corrupción, dijo tajantemente el político.*

Es necesario seguir una cohesión lógica en todos los párrafos, ya que podemos encontrarnos con dificultades para deslindar el concepto básico que queremos destacar. Para conseguir la pretendida unidad lógica entre las frases, es preciso que haya una ligazón entre la idea general y la secundaria. Además, las oraciones deben estar convenientemente ordenadas desde el punto de vista lógico:

La noticia repercutió negativamente en la economía, y en los medios políticos no se habló de otra cosa cuando el ministro anunció su dimisión.

En este párrafo es conveniente cambiar la disposición de los elementos gramanticales para conseguir una ligazón más coherente entre las oraciones:

Cuando el ministro anunció su dimisión, la noticia repercutió negativamente en la economía, y en los medios políticos no se habló de otra cosa.

IV
PAUTAS TÉCNICAS
PARA LA REDACCIÓN
Y NORMAS PARA LA PRESENTACIÓN
DE TEXTOS

Los trabajos

Las pautas para la presentación de textos escritos que vamos a dar en este capítulo pertenecen a lo que se ha venido a denominar *ortografía técnica*, y dentro de esta, en concreto, a la *ortografía tipográfica* u *ortotipografía*[203]. Es cierto que son muy diversas y dispares las situaciones en las que a lo largo de nuestra vida tenemos que hacer uso de la escritura: no cabe duda de que es diferente escribir una carta a un amigo o familiar que redactar un informe, un currículum o una instancia; pero no podemos ocuparnos de ellas aquí por el espacio disponible, y por el tipo de público al que va dirigido nuestro libro.

Antes de comenzar a escribir es necesario documentarse lo mejor posible acerca del tema que se va a desarrollar. En este período previo de documentación, la **ficha** —tanto en papel como en soporte informático— tiene una importancia fundamental, pues nos permite ordenar nuestras fuentes y tomar las

---

[203] José Martínez de Sousa (*Diccionario de ortografía técnica*, Madrid, Fundación Germán Sánchez Ruipérez, 1987, pág. 15) define la *ortografía técnica* como «[...] un conjunto de reglas que atañen a los aspectos gráficos relacionados con la ciencia y la técnica (símbolos, fórmulas, signos), con la ortotipografía (disposición y valoración de los textos y de cada una de sus partes) y con la bibliología (consideración de un impreso como una obra de arte menor)», y a la *ortografía tipográfica* u *ortotipografía* como «[...] el conjunto de reglas estéticas y gráficas (por ejemplo, presentación de bibliografías; disposición de cuadros, índices, poesías, notas, etc.; valoración del texto y cada una de sus partes; empleo de las distintas clases de letra, etc.)».

notas necesarias. La disposición de la información en la ficha suele ser como sigue:

I. *Información bibliográfica*:

— libros: apellidos (en versalita, excepto la primera letra que irá en versal; o bien todo en mayúscula) y nombre del autor o autores, de forma abreviada o desarrollada (o en su caso de la persona o grupo responsable); en cursiva o subrayado el título de la obra; entre paréntesis los nombres y apellidos del traductor, editor, coordinador, etc. (si los hay), precedidos de las abreviaturas correspondientes; número de volúmenes o tomos (si hay más de uno)[204]; número de edición (si hay más de una); ciudad; editorial y año de edición. A estos datos bibliográficos se pueden añadir, si se consideran de interés, otros, como el número de páginas, el formato, etc.

— artículos de revistas especializadas: apellidos (en versalita, excepto la primera letra que irá en versal; o bien todo en mayúscula) y nombre del autor o autores, de forma abreviada o desarrollada; entre comillas el título del artículo; en cursiva o subrayado el título de la revista; entre paréntesis nombre y apellidos del editor o coordinador (si lo hay), precedido de la abreviatura correspondiente; número del tomo y volumen; ciudad; editorial y año de edición.

II. *Informaciones de contenido*:

Tras los datos bibliográficos, y en párrafo aparte, se deben anotar los aspectos más relevantes o significativos de la obra. Cuando se trata de un libro, suele ser muy útil hacer constar en la ficha, lo más abreviado posible, el índice.

Véanse algunos ejemplos:

ALARCOS LLORACH, Emilio

Gramática funcional del español, 3.ª ed., Madrid, Gredos, 352 págs.

Colección de artículos que, en la línea de la lingüística actual, abordan diferentes aspectos de las categorías gramaticales.

---

[204] Si todos los volúmenes se han publicado en el mismo año, entonces es preferible que el número de volúmenes o tomos vaya a continuación de la fecha de publicación.

Gómez Torrego, Leonardo

Valores gramaticales de «SE», Madrid, Arco/Libros, Colección «Cuadernos de Lengua Española», 1992, 53 págs.

El profesor Leonardo Gómez Torrego pretende con este trabajo «[...] presentar y explicar una clasificación de los muy variados usos de /SE/ en la sintaxis española [...]» y abordar algunos de sus aspectos normativos.

Una vez recabada toda la información necesaria, debemos realizar varios **borradores** con las ideas esenciales que vayamos a desarrollar en nuestra exposición. Esta tarea resulta realmente fácil y poco engorrosa si disponemos de un ordenador, ya que podremos rectificar, suprimir o añadir los fragmentos del «documento» tantas veces como lo consideremos necesario.

Los trabajos no deben presentarse manuscritos, sino escritos a máquina o con ordenador. Por tanto, antes de comenzar a escribir el texto definitivo, conviene que nos aseguremos de haber elegido los márgenes, el espacio interlineal y, en el caso de trabajar con ordenador, el tipo de letra adecuados, es decir, que permitan una lectura ágil y cómoda. En este sentido, lo más recomendable es dejar un mayor margen por la izquierda que por la derecha (sobre todo si deseamos encuadernar el trabajo) y escribir el texto a dos espacios (o algo menos si se dispone de ordenador). La distribución de la página en blanco podría ser, por ejemplo, como sigue:

Margen superior o cabecera: 2,5-3 cm.

Margen izquierdo: 3-4 cm.

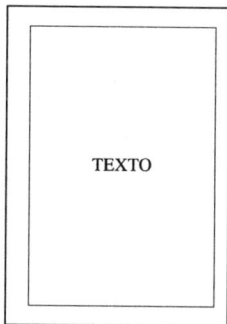

TEXTO

Margen derecho: 2 cm.

Margen inferior o pie: 2,5-3 cm

En cuanto a los tipos de letras, según el procesador de texto y la impresora que utilicemos podremos elegir entre una gama más o menos amplia. Algunos de los más utilizados son Courier 10 cpi y Times Roman 12pt.

Los trabajos, independientemente de su extensión, deben estructurarse del siguiente modo:

— título
— índice
— lista de abreviaturas y siglas utilizadas (si las hay)
— cuerpo del trabajo (dividido en capítulos o apartados)
— bibliografía
— índice de materias, términos, conceptos, etc.

Título

Es la palabra o frase con que se da a conocer el nombre o asunto de una obra o de cada una de las partes o divisiones de un escrito. Debe ser breve y preciso; no obstante, puede constar de una o más líneas, y en función de su extensión se dispone de distintas formas[205]; pero siempre centrado, o marginado por la derecha o por la izquierda. En ningún caso llevará punto[206], y en cuanto al uso de las mayúsculas (salvo que todo el título se escriba con ellas) debe recordarse que, según la Academia, es potestativo escribir con mayúscula o con minúscula la primera letra de los sustantivos y adjetivos de los títulos de los libros (por tanto, también los títulos de los originales presentados por el autor); pero nunca los artículos, preposiciones o conjunciones, excepto si coinciden con el comienzo del título. Así, títulos de obras como *La colmena* o *Historia de una escalera* pueden aparecer escrito al frente de ellas de varias formas[207]:

---

[205] Si ocupa más de una línea, se dispone en párrafos (más adelante veremos los distintos tipos de párrafos).

[206] Tampoco llevan punto los subtítulos ni las líneas centradas de epígrafes o pies de figuras (J. Martínez de Sousa, *Diccionario de ortografía, op. cit.,* pág. 267).

[207] Sin contar con las numerosas combinaciones, entre disposiciones y tipos de letras, posibles.

LA COLMENA
La colmena
La Colmena

HISTORIA DE UNA ESCALERA
Historia de una escalera
Historia de una Escalera

Índice

La enumeración de los capítulos o apartados del trabajo puede ir al principio o al final de este; sin embargo, es más cómodo para el lector que aparezca al comienzo. En el índice debemos hacer constar todas las divisiones relevantes que hemos realizado en el trabajo y las páginas en las que se encuentran; el nombre y la página se suele unir con una línea de puntos (véase como ejemplo el índice de este libro).

Lista de abreviaturas y siglas utilizadas

Esta lista no es necesaria cuando las que aparecen en el texto son muy comunes o conocidas. Si no es así, debemos facilitar la labor del lector indicando su significado[208].

Cuerpo del trabajo

Este se presentará convenientemente dividido en capítulos y apartados, prestándose una especial atención a la introducción y a la conclusión. En la introducción debemos exponer, por ejemplo, nuestros objetivos, las dificultades que hemos encontrado en la elaboración, por qué hemos tratado algunos puntos y otros no, etc.; en la conclusión, enumeraremos escuetamente las ideas que consideramos más interesante destacar de nuestro trabajo, y en especial las que creamos más originales, así como las deducciones o hipótesis a las que nos han llevado. Ni la introducción ni la conclusión deben ser en exceso amplias, intentando evitar

---

[208] Para el correcto uso de estos signos, véase lo que se dice al respecto en el capítulo dedicado a la puntuación en este libro. Cfr. Manuel Alvar Ezquerra y Antonia M.ª Medina Guerra, «El acortamiento de palabras», *op. cit.*, págs. 121-131; Manuel Alvar Ezquerra y Aurora Miró, *op. cit.*, Madrid, Alhambra, 1983.

extendernos en cuestiones que se han desarrollado en otros capítulos o apartados del trabajo.

En lo que se refiere a la *presentación gráfica* ha de tenerse en cuenta lo siguiente:

I. *Párrafos*

Se denomina párrafo a cada una de las divisiones de un escrito señaladas por letra mayúscula al principio del renglón y punto y aparte al final del trozo de escritura. Existen distintas clases de párrafo (*alemán* o *moderno*, *francés*, *español*, *en bandera*, *en bloque, de lámpara*, etc.)[209]; pero el más utilizado es el denominado *párrafo ordinario*, en el que tan solo se sangra la primera línea. Es el que utilizamos generalmente en este libro.

II. *División de palabras a final de renglón*

Por razones estéticas, deben evitarse, entre otras, las siguientes divisiones:

1. Dividir palabras de solo cuatro letras como *la-na*, *te-la*, *lo-co*, *la-pa*, *mo-no*, *be-bé*, *hi-jo*, *pa-ra*, *li-ma*, *ga-to*.
2. Separar las palabras de forma que se produzcan voces *malsonantes* o enunciados impropios como *ji-pis*, *euro-peo*, *obstá-culo*, *dis-puta*, *caca-huete*, *sa-cerdote*, *Chi-cago*, etc.:

> .... *Antes de nacer sus hijos, Antíope había huido de su casa, por temor a la ira de su padre, y buscando refugio cerca del rey de Sición, Epopeo [...].*
>
> Pierre Grimal, *Diccionario de mitología griega y romana*, 1.ª ed., 3.ª reimpr., Buenos Aires, Paidós, 1986, pág. 34.

3. Dividir palabras de modo que quede a principio de renglón una frase de sentido opuesto al que tiene en el texto:

---

[209] Véase José Martínez de Sousa, *Diccionario de ortografía técnica, op. cit.*, págs. 183-184.

.... Parecíame a veces que su contor-
no se destacaba entre la oscuridad, [...].

Gustavo Adolfo Bécquer, *La mujer de Piedra*,
Ensayos y esbozos, en *Obras completas*, 13.ª ed.,
1.ª reimpr., Madrid, Aguilar, 1973, pág. 762.

4. Dejar sílabas repetidas a principio o final de renglón:

.... Luego está la casa del bizarro Con-
de de Cantillana, gran cortesano, galán y palaciego, [...].

Luis Vélez de Guevara, *El diablo Cojuelo*, en *Tres novelas
del Siglo de Oro*, 2.ª ed., Barcelona, Planeta, 1983, pág. 214.

5. Empezar o acabar con sílabas iguales dos o más líneas
consecutivas:

.. Y antes de eso,
volviéndose a don Gaspar, le dijo: «Caballero, que aun-
que querría llamaros por vuestro nombre no lo sé, aun-
que me parece que os he visto antes de ahora, [...].

María de Zayas, «Estrago que causa el vicio», *Novelas
ejemplares y amorosas o Decamerón español*, 3.ª ed.,
Madrid, Alianza, 1985, pág. 166.

6. Terminar con palabras divididas más de tres o cuatro líneas seguidas:

.... Hubo fama que reedificaba doncellas, resucita-
ba caballeros encubriendo canas. Unos la llamaban zurzi-
dora de gustos; otros, algebrista de voluntades descon-
certadas, y mal nombre alcagüeta. Para unos era ter-
cera, primera para otros, y flux para los dineros de to-
dos. Ver, pues, con la cara de risa que ella oía esto de to-
dos, era para dar mil gracias a Dios.

Francisco de Quevedo, *El Buscón*, 5.ª ed., Madrid, Cátedra,
1983, págs. 82-83.

7. Finalizar un párrafo en una línea con solo dos letras.

*La infancia era el germen de toda la desconfianza.
A uno le hacían bromas crueles, y uno a su vez
bromeaba cruelmente. Uno perdía memoria del*

*dolor al infligirlo. Pero de algún modo, no por
propia virtud, jamás había seguido ese camino.
Falta de carácter tal vez. Decían que las escue-
las construían el carácter limando las asperezas.
A él le habían limado las asperezas, pero el resultado, pensó, no había sido el carácter: solo
algo informe, como una obra expuesta en una
de las grandes salas del Museo de Arte Moderno.*

III. *Aspectos de los tipos de letras*

Como ya hemos dicho, existe una amplia gama de tipos de
letras. «Dentro de cada familia puede haber series o clases de
letras. Una serie comprende el conjunto de los distintos trazos
que se conocen por los nombres de *superfina*, *fina*, *seminegra*,
negrita, *supernegra*, relacionadas con el espesor, desde el que
pinta el trazo más fino hasta el más negro; puede ser también, por
la anchura del dibujo, *estrecha* o *ancha*; por su figura, *redonda*
y *cursiva*, y por su tamaño, *minúscula*, *versalita* o *mediúscula*
y *mayúscula*»[210].

En esta ocasión, dado el público al que va destinado este libro,
nos vamos a centrar en las diferencias de figura y tamaño:

1. Por su figura:

La *letra redonda* (de forma vertical y circular) de trazo fino
es la que se suele emplear en la mayoría de los textos impresos.

La *letra cursiva* (inclinada, normalmente, hacia la derecha)
corresponde en los impresos al subrayado de los manuscritos. Se
escribe en cursiva:

a) Una voz, sintagma, oración o texto que se quiere destacar (los ejemplos, los nombres de las letras, etc.) o que se usa con
un sentido especial (por ejemplo, cuando se deforma intencionadamente un vocablo) en un texto escrito con letra redonda:

> . . . .
> Se quebró el jarrito
> *pintao* del querer.
> ¡Cómo plateros ni artistas joyeros

---

[210] José Martínez de Sousa, *Diccionario de ortografía técnica*, *op. cit.*, pág. 156.

lo *puen* componer!

. . . .

Manuel Machado, «Seguiriyas gitanas», *Cante hondo*,
en *Obras completas,* 2.ª ed., Madrid, Biblioteca Nueva,
1984, pág. 142.

b) Las voces extranjeras:

Averiguóse, pues, que la niña no tenía un origen tan preclaro, ni más dote que su instrucción novelesca y sus *duettos*, fincas que no bastan para sostener el boato de unas personas de su clase [...].

Mariano José de Larra, «El casarse pronto y mal»,
Artículos de costumbres, Madrid, Espasa-Calpe, 1975, pág. 64.

Es uno de los mejores tenistas del *ranking* mundial.
Montar en bicicleta es su *hobby* preferido.

c) Los apodos o seudónimos, cuando siguen al nombre:

Tere es la novia de Manolo, *el Finito.*

Manuel Benítez, *el Cordobés*, salió a hombros por la puerta grande.

José Martínez Ruiz, *Azorín*, es uno de los representantes de la Generación del 98.

Si se emplean solos, se escriben en redonda:

Tere es la novia del Finito.

El Cordobés salió a hombros por la puerta grande.

Azorín es uno de los representantes de la Generación del 98.

d) Los nombres científicos de animales, plantas y virus:

Dentro de las grandes medusas, es muy conocida la familia de los *ulmáridos*, en la cual se encuentra la conocida medusa *Aurelia aurita*, frecuente en el mar Cantábrico.

El *Mucor mucedo* o moho común se forma sobre restos de alimentos.

e) Los títulos de los libros, revistas, obras de arte, etc.[211]:

---

[211] Los capítulos o partes de libros y los artículos, notas, reseñas, etc., de las revistas deben ir entre comillas.

Quiso la suerte, y quisieron las buenas relaciones de los suyos, que Quintanar fuera ascendido con rapidez, y se vio magistrado y se vio regente de la Audiencia de Granada, a una edad en que todavía se sentía capaz de representar el *Alcalde de Zalamea* con toda la energía que el papel exige.

Leopoldo Alas, Clarín, La Regenta, Madrid, Espasa-Calpe,
1984, pág. 462.

En el *Diccionario de la lengua española*, publicado por la RAE, no se recoge la forma *parking*.

La secretaría de la *Revista de Filología Española* está en Madrid, en el Consejo Superior de Investigaciones Científicas

Excepto si se emplean unas siglas para designarlos:

En el DRAE no se recoge la forma *parking*.

La secretaría de la RFE está en Madrid, en el Consejo Superior de Investigaciones Científicas.

f) Para desarrollar las abreviaturas empleadas en el original, como las utilizadas en muchos textos antiguos:

Aulam es de ſaber que ſolían dezir por e ſ puerta o caxetado ſe guardan algunas co ſ as: por e ſ to Plauto enla comedia aulularia dixo: yo tengo una caxeta o olla de quatro libras cargada de oro [...].

Alfonso Fernández de Palencia, Universal Vocabulario,
Sevilla, 1490.

Al final de esa gramática (hojas 90-104) aparece una breve lista de palabras bajo el título de «Totius opu ſculi ſignificationes uocabulorum ſecundum ordinem alphabeti dige ſ tę hę fere ſ unt», que hace pensar en el glosario que puso Elio Antonio al final de las *Introductiones latinæ*.

g) Las acotaciones de las obras de teatro:

DOÑA ASUNCIÓN.—*(Casi perdida la compostura.)* ¡No lo haga, por Dios! Yo le prometo...

COBRADOR.—Pida a algún vecino...

DON MANUEL.—*(Después de atender a lo que le susurra su hija.)* Perdone que intervenga, señora.

(Cogiéndole el recibo.)
DOÑA ASUNCIÓN.—No, don Manuel. ¡No faltaba más!

Antonio Buero Vallejo, *Historia de una escalera*,
Madrid, Espasa-Calpe, 1987, pág. 34.

Cuando el texto se compone en cursiva, se utiliza con estos fines la letra redonda:

Es uno de los mejores tenistas del ranking *mundial*.

Tere es la novia de Manolo, el Finito.

2. Por su tamaño:

Normalmente se escribe con *letra minúscula*; pero en algunas ocasiones hay que emplear la *mayúscula* (de mayor tamaño); por ejemplo, en la primera letra de los nombres propios, de la primera palabra detrás de punto, etc.[212]

Con *letra versalita*, mayúscula de igual tamaño que la minúscula, se suele escribir en los textos impresos y en los originales tecleados con ordenador[213]:

a) En las bibliografías, el nombre y el apellido del autor, excepto la primera letra que debe escribirse en mayúscula:

FERNÁNDEZ DE MORATÍN, L., *El sí de las niñas* (ed. J. Dowling y R. Andioc), Madrid, Clásicos Castalia, 1986.

SAUSSURE, F., *Curso de lingüística* (ed. crit. de Tullio De Mauro), Madrid, Alianza Universidad, 1983.

Si no se utilizan abreviaturas, tan solo los apellidos y la inicial del nombre van en versalita:

FERNÁNDEZ DE MORATÍN, Leandro, *El sí de las niñas* (ed. J. Dowling y R. Andioc), Madrid, Clásicos Castalia, 1986.

SAUSSURE, Ferdinand de, *Curso de lingüística* (ed. crit. de Tullio De Mauro), Madrid, Alianza Universidad, 1983.

---

[212] Para el correcto uso de las letras mayúsculas y minúsculas, véase Manuel Alvar Ezquerra y Antonia M.ª Medina Guerra, *op. cit.*, págs. 85-94.
[213] En los manuscritos, para estos y otros usos se emplea la mayúscula.

253

b) El nombre de los personajes en los diálogos:

ROSAURA.　　　　　　Yo soy muerta.
　　　　　　　　　　Advierte...
SEGISMUNDO.　　　　Soy tirano,
　　　　　　　　　　y ya pretendes reducirme en vano,
CLOTALDO.　　　　　¡Oh, qué lance tan fuerte!
　　　　　　　　　　Saldré a estorbarlo, aunque me dé la
　　　　　　　　　　　　　　　　　　　　　　[muerte.
[...]

Pedro Calderón de la Barca, *La vida es sueño*, Madrid,
Cátedra, 1985, pág. 131.

c) Los números romanos de los siglos, capítulos, volúmenes, tomos, etc.:

La conquista de Granada tuvo lugar a finales del siglo xv.

Ayer terminé de leer el capítulo xx de *La colmena*.

El soneto v de Garcilaso es uno de los más leídos de la literatura española.

d) En algunas obras didácticas, las referencias internas[214]:

diccionario de bolsillo. Diccionario de formato reducido, semejante al que tienen los libros de bolsillo. (→ DICCIONARIO MANUAL.)

José Martínez de Sousa, *Diccionario de lexicografía
práctica*, Barcelona, Biblograf, 1995.

IV. *Citas*

Las citas pueden ser *directas* o *indirectas*; estas últimas no presentan ninguna marca especial; sin embargo, deben usarse las comillas antes y después de una cita textual en estilo directo:

«El proyecto, en definitiva, recogerá las actuaciones en relación con las expectativas proyectadas en el planteamien-

---

[214] En otras ocasiones, estas referencias pueden hacerse indicando simplemente entre paréntesis o en una nota el número de párrafo o página al que se remite.

to, siguiendo las directrices del propio Ayuntamiento y del MOPTMA», según fuentes consultadas por este periódico. Aunque no hay un presupuesto fijado, responsables de Renfe estiman que la inversión superará los 500 millones de pesetas.

Sur, 14-V-95, pág. 5.

Cuando la cita en estilo directo es extensa, se omiten las comillas si se escribe en párrafo aparte, sangrado, con un cuerpo menor o interlineado diferente que el usual en el texto[215]. Por ejemplo:

> *Entre las voces autorizadas que salieron en defensa del dramaturgo, merece recordarse la de Enrique Lafuente Ferrari, quien, en un discurso pronunciado en el homenaje que la Escuela de Bellas Artes ofreció a Buero, afirmó resueltamente:*
>
>> El intelectual —y el verdadero artista lo es— es una conciencia sensible e insobornable. Y Velázquez fue el dechado insuperable de esta condición que el intelectual de verdad —los hay falsos— y el artista que lo es —los hay falsificados también— lleva consigo inevitablemente, porque se encuentra siendo lo que es y no puede ser otra cosa. Cosa dura es serlo y Velázquez aceptó limpia y serenamente esa responsabilidad fatal, sin traicionarla. Eso es lo que insuperablemente nos ha hecho ver, en *Las Meninas*, Buero Vallejo.
>
> Ricardo Doménech, prólogo de Antonio Buero Vallejo, *Historia de una escalera. Las Meninas*, 11.ª ed., Madrid, Espasa-Calpe, 1987, pág. 20.

A este respecto, conviene recordar que las aclaraciones, correcciones o cualquier modificación que se haga en la copia de un texto original debe ir entre corchetes:

> *Su desenvoltura contrasta vivamente con su modesta nitidez: «Tomóle [a la criatura] ella en los brazos y miróle atentamente así el rostro como los pobres aunque limpios paños en que venía envuelto, y luego, sin poder tener las lágrimas, se echó la toca de la cabeza encima de los pechos, para poder dar con honestidad de mamar a la criatura, ...» (II, 251).*

> Harry Sieber, introducción de Miguel de Cervantes, *Novelas ejemplares*, II, 7.ª ed., Madrid, Cátedra, 1985, pág. 30.

---

[215] En las publicaciones periódicas, puede optarse también por un aspecto de letra diferente (negrita o cursiva).

Por esa razón deben ir entre corchetes —no entre paréntesis— los puntos suspensivos que indican la omisión de parte del texto transcrito[216]. Los puntos suspensivos de la cita anterior de las *Novelas ejemplares* deberían aparecer, pues, entre corchetes para indicar que no pertenecen al original. Del mismo modo, aunque no es la práctica habitual, si la cita no comienza con mayúscula por suprimirse algún fragmento, deben utilizarse los puntos suspensivos entre corchetes para indicar dicha omisión[217]:

> La autora evita una exposición teórica farragosa y rehúsa «[...] plantear problemas teóricos y metodológicos que podrían complicar la exposición de los hechos» (María Pilar Garcés, La oración compuesta en español. Estructuras y nexos, *Madrid, Verbum, 1994, pág. 9*).

> En la Ortografía *de la Academia, publicada en 1974, se sigue considerando que los tres principios fundamentales de la ortografía española son «[...] la pronunciación de las letras, sílabas y palabras; la etimología u origen de las voces, el uso de los que mejor han escrito» (§ 3, pág. 7).*

En la transcripción de poemas, cuando se suprime uno o más versos, no se emplean los puntos encorchetados, sino una línea de puntos:

> Pero en aquel momento, ¿qué me importaba ya la Historia, si la Historia era para mí el pueblo, que relata aún esta jornada con vivísimos colores y detalles sorprendentes; el romancero nacional, cuyos versos pintan las escenas con una verdad y una valentía asombrosas?

> > Blasonando está el francés
> > contra el ejército hispano
> > por ver que cubren sus gentes
> > sierra, monte, campo y llano.
> >
> > . . . .
> >
> > Van los Doce de la fama
> > con el viejo Carlomagno
> > haciendo alarde de reinos

---

[216] Véase el apartado dedicado a los signos de puntuación.
[217] José Martínez de Sousa, *Diccionario de ortografía técnica, op. cit.*, pág. 92.

que en poco tiempo han ganado;
los estandartes despliegan
de flores de lis bordados,
diciendo que han de añadirles
un castillo y un león bravo.

Gustavo Adolfo Bécquer, *Rocenvalles*, en *Obras completas*, 13.ª ed., 1.ª reimpr., Madrid, Aguilar, 1973, pág. 976.

La línea de puntos se emplea también cuando se omite uno o más párrafos de una cita; sin embargo, en este caso también se pueden utilizar los puntos suspensivos entre corchetes en párrafo aparte, tal como se hace en este fragmento de Leopoldo Alas:

> *La doncella, en verdad, tenía sus motivos para no asombrarse tanto como los otros; primero, porque las locuras de la señorita eran para ella el pan nuestro de cada día, y locuras algunas de género íntimo, secreto, que los demás no conocían; y además, se asombraba menos, porque conocía ciertos antecedentes. Juntas habían ido al teatro noches atrás, a la cazuela, vestidas las dos de artesanas.*
>
> *[...]*
>
> *Esto era lo que ignoraba Bonis; esto, y lo que había visto, oído y sentido su mujer en aquella noche de la escapatoria, y lo que después había imaginado, y deseado, y proyectado.*

Leopoldo Alas, *Clarín, Su único hijo*, 6.ª ed., Alianza Editorial, 1971, pág. 123.

Para ahorrar espacio se escriben los puntos suspensivos entre corchetes en el mismo renglón, enmarcados con el signo igual (=). El texto anterior quedaría así:

> *La doncella, en verdad, tenía sus motivos para no asombrarse tanto como los otros; primero, porque las locuras de la señorita eran para ella el pan nuestro de cada día, y locuras algunas de género íntimo, secreto, que los demás no conocían; y además, se asombraba menos, porque conocía ciertos antecedentes. Juntas habían ido al teatro noches atrás, a la cazuela, vestidas las dos de artesanas. = [...] = Esto era lo que*

ignoraba Bonis; esto, y lo que había visto, oído y sentido su
mujer en aquella noche de la escapatoria, y lo que después
había imaginado, y deseado, y proyectado.

Con este mismo fin, se separan mediante barras los renglones de un original que no pueden copiarse de forma exacta, ya se trate de versos, ya de líneas de un texto en prosa. La barra se coloca después del último signo de cada renglón transcrito y entre espacios. De este modo, el poema «Zorongo» de Federico García Lorca:

> *Las manos de mi cariño*
> *te están bordando una capa*
> *con agremán de alhelíes*
> *y con esclavina de agua.*
> *Cuando fuiste novio mío,*
> *por la primavera blanca,*
> *los cascos de tu caballo*
> *cuatro sollozos de plata.*
> *La luna es un pozo chico,*
> *las flores no valen nada,*
> *lo que valen son tus brazos*
> *cuando de noche me abrazan,*
> *lo que valen son tus brazos*
> *cuando de noche me abrazan*

quedaría como sigue: «Las manos de mi cariño / te están bordando una capa / con agremán de alhelíes / y con esclavina de agua. / Cuando fuiste novio mío / por la primavera blanca, / los cascos de tu caballo / cuatro sollozos de plata. / La luna es un pozo chico, / las flores no valen nada, / lo que valen son tus brazos / cuando de noche me abrazan, / lo que valen son tus brazos / cuando de noche me abrazan.»

V. *Notas y referencias bibliográficas*

Las notas se utilizan para hacer algún tipo de aclaración o ampliación al margen del texto. Pueden ocupar distintos lugares en el trabajo (al final de cada capítulo o de toda la obra), aunque es preferible, por ser más cómodo para el lector, que vayan a pie de página (en este caso, el cuerpo de las notas debe ser menor al utilizado en el resto de la página). Independientemente del lugar que ocupen, todas las notas tienen que estar marcadas de forma conveniente en el texto; para ello se utiliza la *llamada de nota*. Con este fin, se emplea el asterisco (*); cuando hay varias llamadas en la misma página, se aumenta el número de asteriscos (**) (***), etc.[218] Por razones estéticas, se prefiere emplear para esta misma función, en lugar del asterisco, un número volado ([1, 2, 3]) o entre paréntesis [(1), (2), (3)], etc. La numeración puede comenzar en cada página, con cada capítulo, o ser correlativa en todo el libro.

Las referencias bibliográficas facilitan al lector todos los datos que le permitan «localizar» las obras citadas (autor, ciudad, editorial y año de edición, etc.). Estos datos pueden aparecer entre paréntesis inmediatamente detrás de la cita[219] o pueden recogerse, como las notas, al final de cada capítulo, de toda la obra o a pie de página. Ahora bien, si no forma parte del texto, es decir, si no se halla inmediatamente detrás de la cita, debe utilizarse el mismo procedimiento de *llamada* que el utilizado para las notas.

Las abreviaturas son frecuentes en las referencias bibliográficas. Algunas de las más utilizadas son[220]:

---

[218] Lo habitual es escribir los signos de puntuación detrás de la *llamada de nota*. Sin embargo, para algunos autores esta práctica no es del todo acertada, pues puede dar lugar a ambigüedades. Véase José Martínez de Sousa, *Diccionario de ortografía técnica*, *op. cit.*, pág. 163.

[219] Para ahorrar espacio puede mencionarse solo al autor, año y página de la cita, ya que los restantes datos deben recogerse en la bibliografía final del trabajo:

> En 1499 el *Vocabularium ecclesiasticum* de Rodrigo Fernández de Santaella abre «[...] a la lengua vulgar la puerta de las ciencias eclesiásticas en España [...]» (Hazañas, 1909, 35), y se convierte en uno de los diccionarios más famosos de la época.

Si el nombre del autor se ha indicado antes, resulta redundante que se encierre también entre paréntesis:

> En 1499 el *Vocabularium ecclesiasticum* de Rodrigo Fernández de Santaella abre, como dice Hazañas, «[...] a la lengua vulgar la puerta de las ciencias eclesiásticas en España [...]» (1909, 35), y se convierte en uno de los diccionarios más famosos de la época.

[220] Algunas de estas abreviaturas pueden tener más de un significado; hemos recogido los más usuales.

art. cit.	artículo citado
cap.	capítulo
cfr.	confróntese
coaut.	coautor
col.	colección / columna
comp.	compilador
coord.	coordinador
corr.	corrector
dir.	director
ed.	edición, editor
et al.	et alii (y otros)
f.	folio
facs.	facsímil
fasc.	fascículo
h.	hoja
impr.	impresor
ms.	manuscrito
n.	nota, número
op. cit.	opus citatum (obra citada)
opúsc.	opúsculo
p.	página
pág.	página
rec.	recopilador
red.	redactor
reform.	reformada
reimp.	reimpresión
sep.	separata
ser.	serie
seud.	seudónimo
s.	siguiente
s. v.	sub vocem (en la palabra)
t.	tomo
trad.	traductor
V.	Véase
V. a.	Véase además
v.	verso / volumen
vol.	volumen

Bibliografía

Es la relación o catálogo de libros o escritos, generalmente, en orden alfabético por el apellido del autor. En la bibliografía deben figurar todas las obras consultadas para la elaboración del trabajo. Los datos bibliográficos que han de hacerse constar en ella son los mismos que los indicados al hablar de la *información bibliográfica* de la **ficha**. Para separarlos pueden emplearse distintos modelos de puntuación; pero lo más usual es, como vimos en el capítulo dedicado a la puntuación, emplear la coma entre ellos o separar con dos puntos el nombre del autor y el título de la obra, y con coma los otros datos:

> ALBERTI, R., *Sobre los ángeles. Yo era un tonto y lo que he visto me ha hecho dos tontos* (ed. C. Brian Morris), Madrid, Cátedra, 1981.
>
> LOPE DE VEGA, F.: *El caballero de Olmedo* (ed. Francisco Rico), Madrid, Cátedra, 1984.

Algunas editoriales y revistas mantienen unas normas muy rígidas para la presentación de originales y bibliografías, que deben respetarse en cada caso[221].

Índices de materias, términos, conceptos

Son de utilidad en trabajos especialmente voluminosos y facilitan al lector la búsqueda de aquellas cuestiones que le sean de mayor interés.

---

[221] Véanse, por ejemplo, las de la revista *Lingüística española actual*, VII, 1985, págs. 295-298.

ANEXOS

EJERCICIOS

1. Coloque los signos de puntuación que sean necesarios para la correcta comprensión de las siguientes oraciones:

— *Cuando se encontraron con Juan aún no habían decidido si vendrían a comer a casa*

— *No quiero ir me quedaré en casa*

— *En la reunión del mes pasado decidieron concederle un voto de confianza*

— *Andrés y M.ª José irán a Londres estas Navidades aunque no consigan billetes de avión por la huelga de pilotos*

— *El amigo de Ignacio que nos visitó el lunes va a organizar una fiesta este fin de semana*

— *Los niños creyendo que el profesor no vendría se fueron a jugar al patio*

— *El profesor de Física dijo «El examen será el 20 de diciembre»*

— *Si tenemos un bebé Rafa tendrá que colaborar más en casa*

— *Véanse las págs ss*

— *Yolanda quiere ir de vacaciones a Nueva York pero Manolo no*

— *Tu amigo no quiso ni caramelos ni bombones*

— *Silvia la hermana de Rafa cumple años el 25 de enero*

— *A pesar de su actitud iremos*

— *Los alumnos que han aprobado con sobresaliente son los siguientes Pedro Josefa y Yolanda*

— *Tengo consulta con el médico a las 6 30 h*

2. Ponga los signos de entonación que faltan:

— *Nada más llegar, qué casualidad, me caí y no pude esquiar en toda la semana*

— *Te voy a dar una...*

— *Cuándo vendrán a visitarnos*

— *No quiero que te subas a ese autobús, te enteras*

— *Si no te gusta la nata, por qué has pedido ese plato*

— *Tania gritó: Ya está bien, no*

— *Ojalá nieve estas Navidades*

— *No tienes que irte aún, verdad*

— *Cuánta desgracia, cuánto dolor, qué pena*

— *Qué persecución es esta, Dios mío*

3. Para facilitar la lectura y la correcta comprensión del texto no solo se emplean los signos de puntuación y los de entonación, sino también los signos auxiliares. Observe la puntuación antes o después de los signos auxiliares, según los casos, en los ejemplos siguientes. Justifique su uso:

> —*Ah, don Fabio —sonrió el oficial—, qué bien me conoce usted. Ya puso el dedo en la llaga.*
> —*Y hasta el Sargento saldrá beneficiado —replicó el Gobernador, palmoteando feliz—. ¡Claro! ¿No les digo que don Julio y el nuevo Ministro son amigos?*

Mario Vargas Llosa, *La casa verde*, Barcelona, Seix Barral, 1985, pág. 148.

> *Las mitosis anormales, congeladas en su cristalino, inmóviles —ellas que son el sumo movimiento—. Amador, inmóvil*

primero, reponiendo el teléfono, sonriendo, mirándome a mí,
diciendo: «¡Se acabó!».

Luis Martín-Santos, *Tiempo de silencio*, Barcelona, Seix
Barral, 1983, pág. 8.

Acudió la gente del hospital, y viendo aquel retablo, unos
decían: «Ya la bendita Cañizares es muerta; mirad cuán desfi-
gurada y flaca la tenía la penitencia»; otros, más considera-
dos, la tomaron el pulso, y vieron que le tenía, y que no era muer-
ta, por do se dieron a entender que estaba en éxtasis y arrobada,
de puro buena. Otros hubo que dijeron: «Esta puta vieja, sin
duda debe de ser bruja, y debe de estar untada; que nunca los
santos hacen tan deshonestos arrobos, y hasta ahora, entre los
que la conocemos, más fama tiene de bruja que de santa.»

Miguel de Cervantes, *Novela y coloquio que pasó entre*
Cipión y Berganza [...], en *Novelas ejemplares II*, 7.ª ed.,
Madrid, Cátedra, 1985, pág. 344.

También Cristina dijo: «No iré a la fiesta», pero en segui-
da cambió de opinión.

«Creo que saldremos pronto de la crisis —dijo el Ministro—,
al menos todos los datos así parecen indicarlo.»

Como se habrá adivinado ya (si fuese solamente por mi uso
del término «triángulo»), el comentario se debe a que el testigo
y los otros observadores, basándose en lo que ven y, quizás más,
en lo que no ven, suponen que usted es el culpable.

Se llevaron a cabo algunas ideas que nos dio Pedro —orga-
nizar una rifa, celebrar una verbena, recogida de ropa y ali-
mentos, etc.—, todas con gran éxito.

4. Señale todos los signos de puntuación que hay en el
siguiente texto y observe el uso que de ellos hace el autor:

Aparecieron ese año millonario: los agricultores celebra-
ban mañana y tarde sus doce cargas de algodón, y en el Cen-
tro Piurano y en el Club Grau se brindaba con champagne
[champaña] francés. En junio, para el aniversario de la ciudad,
y en las Fiestas Patrias, hubo Corso, bailes populares, media
docena de circos levantaron sus carpas en el arenal. Los prin-
cipales traían orquestas limeñas para sus bailes. Fue también
año de acontecimientos: la Chunga comenzó a trabajar en el

barcito de Doroteo, murieron Juana Baura y Patrocinio Naya, el Piura entró caudaloso, no hubo plagas. Voraces, en enjambres, caían sobre la ciudad los agentes viajeros, los corredores de algodón, las cosechas cambiaban de dueño en las cantinas. Aparecían tiendas, hoteles, barrios residenciales. Y un día corrió la voz: «cerca del río, detrás del Camal, hay una casa de habitantas».

No era una casa, sólo un inmundo callejón cerrado al exterior por un portón de garaje, con cuartitos de adobe en las márgenes; una lamparilla roja iluminaba la fachada. Al fondo, en tablones tendidos sobre barriles, estaba el Bar y las habitantas eran seis: viejas, blandas y forasteras. «Han vuelto, decían los bromistas, son las que no se quemaron.» *Desde el principio la Casa del Camal fue muy concurrida. Sus contornos se volvieron masculinos y alcohólicos y en* Ecos y Noticias, El Tiempo y La Industria *aparecieron sueltos alusivos, cartas de protesta, exhortos a las autoridades. Y entonces surgió, inesperadamente, una segunda casa de habitantas [...].*

Mario Vargas Llosa, *La casa verde*, Barcelona, Seix Barral, 1985, pág. 204.

5. Puntúe los siguientes textos:

Viéndome pues con una fiesta revuelta un pueblo escandalizado los padres corridos mi amigo descalabrado y el caballo muerto determiné de no volver más a la escuela ni a casa de mis padres sino de quedarme a servir a don Diego o por mejor decir en su compañía y esto con gran gusto de sus padres por el que daba mi amistad al niño escribí a mi casa que yo no había menester más ir a la escuela porque aunque no sabía bien escribir para mi intento de ser caballero lo que se requería era escribir mal y que así desde luego renunciaba la escuela por no darles gastos y su casa para ahorrarlos de pesadumbre avisé de dónde y cómo quedaba y que hasta que me diesen licencia no los vería

Francisco de Quevedo, *El Buscón*, 5.ª ed., Madrid, Cátedra, 1983, pág. 96.

Al final de Narváez está el bar donde como casi todas las noches Paco se encuentra con Martín es un bar pequeño que hay a la derecha conforme se sube cerca del garaje de la policía armada el dueño que se llama Celestino Ortiz había sido comandante con Cipriano Mera durante la guerra y es un hombre más bien alto delgado cejijunto y con algunas marcas de

viruela; en la mano derecha lleva una gruesa sortija de hierro
con un esmalte en colores que representa a León Tolstoi y que
se había mandado hacer en la calle de la Colegiata y usa den-
tadura postiza que cuando le molesta mucho deja sobre el mos-
trador Celestino Ortiz guarda cuidadosamente desde hace
muchos años ya un sucio y desbaratado ejemplar de la Aurora *de Nietzsche que es su libro de cabecera su catecismo lo lee*
a cada paso y en él encuentra siempre solución a los problemas
de espíritu

Camilo José Cela, *La colmena*, Madrid, Cátedra, 1988,
pág. 128-129.

6. Señale los casos de leísmo (total y parcial), laísmo y loísmo en el siguiente texto:

> *Ella tenía una carta en la mano, era la que le envió Juan.*
> *En ella la decía que la quería mucho y que tenía intención de*
> *regalarla un apartamento en la costa. También le expresaba*
> *su deseo de comprar a su hermano pequeño la bicicleta que*
> *siempre había querido. Ella estaba segura de que le haría feliz,*
> *aunque ella misma había pensado regalarlo una para Navidad.*

7. Forme el plural correcto de los siguientes sustantivos:

carey	*zodiaco*	*estándar*
ay	*caos*	*gueto*
convoy	*argot*	*penalti*
jersey	*claxon*	*rally*
guirigay	*club*	*souvenir*
paipay	*dúplex*	*telefirme*
sed	*eslogan*	*yupy*

8. Exprese el superlativo absoluto de los siguientes adjetivos
en grado positivo:

amigo	*antiguo*	*noble*
cruel	*célebre*	*fiel*
íntegro	*libre*	*endeble*
pobre	*cursi*	*sagrado*
simple	*valiente*	*mísero*

9. Determine si los siguientes sustantivos pertenecen al
género femenino o masculino:

hurí	segur	herpe
metrópoli	pus	maratón
dinamo	antípoda	tipo
troj	dracma	testigo
comezón	avestruz	autodidacta
trabazón	mar	edema

10. Señale en el siguiente texto los problemas de concordancia que encuentre y explique en qué consisten:

> El ordenador en medio de aquella sala la hacían parecer más pequeña. Sin embargo, los alumnos no estamos dispuestos a prescindir de él.
> La verdad es que la gente son bastante intransigentes y eso es un error. La paciencia, la tolerancia y la comprensión es un gran valor que se debe tener en cuenta. Él y tú siempre lo han entendido muy bien, desde que se les ordenaran a los alumnos que tuviesen cuidado con su conducta, pues en el centro habían unas normas muy rígidas.

11. Reemplace las preposiciones y las locuciones prepositivas señaladas en negrita por otras que resulten más adecuadas, solo cuando sea necesario, en las siguientes frases:

> Nuestro profesor no se dignó **a** explicarnos las dudas que teníamos. Se contentaba con mirarnos de arriba **a** abajo en un gesto de desprecio.

> En relación **a** lo explicado por el Presidente, la oposición opina **de** que tan solo trata de escapar **a** las preguntas de los diputados haciendo mención **al** atentado terrorista diez días después **al** suceso.

> **Al** descanso del partido que el Valencia jugaba **ante** el Real Betis el resultado era ya de tres goles a cero a favor de los valencianos.

> No toleraré más comentarios **en mi contra**. No puedo creerlo, **contra** más me esfuerzo por ellos, menos me lo agradecen.

> No iré a cenar con vosotros **a menos de que** me permitáis **de** invitaros unas pocas **de** veces. Ya sabéis que no me gusta ir **de** gratis a ninguna parte.

*Inmaculada está muy capacitada **de** trabajar, seguro que tendrá acabado el informe **en** cuatro días, por lo que el lunes **en** la tarde ya estará todo preparado **para** ser enviado a Bilbao.*

***Previamente a** la llegada del conferenciante, yo ya había expresado **conjuntamente con** mis compañeros nuestra afición **por** la prehistoria.*

*Hay inquietud **a nivel de** todos los institutos por la reforma de la prueba de selectividad, pero **en base a** lo que se ha publicado en el Boletín Oficial no hay por qué preocuparse.*

*Los jóvenes voluntarios de Cruz Roja tienen el propósito **por** arriesgar su propia vida en favor del prójimo.*

*No quiero acabar mi discurso sin hacer mención **a** la estupenda labor que lleva a cabo la organización humanitaria Ayuda en Acción.*

12. En las siguientes frases, sustituya las conjunciones o locuciones conjuntivas que se emplean de forma incorrecta por otras más adecuadas, o bien añada una conjunción, siempre que sea necesario:

— *¡Qué lástima que me da que no hayas podido aprobar las oposiciones!*

— *En cuanto que llegue Juan del colegio, nos iremos al cine*

— *Como que he perdido el autobús, tendré que coger un taxi*

— *Si queremos aprobar el curso, no podemos menos que estudiar*

— *Entre que hace o no la cena nos dará tiempo a ver una película*

— *Corta tú el césped mientras que yo podo los setos*

13. Señale en el siguiente texto los adverbios y locuciones adverbiales que se han empleado inadecuadamente y sustitúyalos por expresiones correctas:

Nunca podré olvidar aquellos días donde subimos al Pirineo. Nos sorprendió una fuerte tormenta, que nos obligó a cobijarnos adentro de un refugio de montaña durante varias horas,

por lo que no pudimos hacer más nada hasta la mañana siguien-
te. Pensé que no volvería a mi casa más nunca. Sin embargo,
los miembros de nuestra patrulla demostraron ser los mejores
entrenados para solventar situaciones difíciles. Recién había
cesado de llover nos pusimos de nuevo en marcha. El paisaje
era precioso, mayormente porque el agua había aumentado el
caudal de los arroyos y torrentes, y había reverdecido los pra-
dos situados en los valles. Intentábamos subir cualquier risco
exprofesamente para disfrutar de las vistas. Una vez que llega-
mos a la cumbre del Aneto, primero de nada llamamos por radio
para tranquilizar a quienes nos esperaban. Posteriormente a la
merienda, emprendimos el regreso. Con una barca hinchable nos
situamos en mitad de uno de los lagos, adonde nos fotografiaron.
Para ahorrar tiempo, en vez de seguir los senderos, cruzamos los
valles a campo a través. Es de sobras conocida mi afición a des-
viarme de la ruta. Gracias a que unimos nuestras fuerzas como
un todo volvimos sanos y salvos a la hora prevista.

14. Corrija las formas verbales en las siguientes frases:

— *Nuestros hijos habrán pronto llegado al colegio*

— *Esta tarde hemos ido al cine y cenado en una hamburgue-*
   sería

— *Hace quince años hemos estado a punto de tener un acci-*
   dente

— *Ahora mismo terminé de estudiar la lección*

— *¿Qué excusa pusistes a tus padres cuando llegastes tarde*
   a casa?

— *Todo lo que escribiera durante dos años se quemó en unos*
   instantes

— *No romped nada cuando juguéis al fútbol en el patio*

— *Si habría llovido, ya habría crecido el césped*

— *Callaros, por favor, que no puedo concentrarme*

— *Se necesita cocinero sabiendo cocina internacional*

15. Conjugue los siguientes tiempos verbales:

— Presente de indicativo del verbo *abastecer*

— Pretérito indefinido del verbo *conducir*

— Pretérito imperfecto de subjuntivo del verbo *andar*

— Pretérito perfecto de indicativo del verbo *predecir*

— Presente de subjuntivo del verbo *caber*

— Presente de subjuntivo del verbo *erguirse*

— Gerundio simple del verbo *poder*

— Futuro imperfecto de indicativo del verbo *querer*

— Pretérito indefinido del verbo *abstraer*

16. Corrija los siguientes oraciones, intentando evitar repeticiones innecesarias o términos inadecuados:

Elevada por el Tribunal la lista de aprobados a esta Dirección General, la misma ha resuelto dar la aprobación para la nominación de los mismos como funcionarios de carrera.

Gobierno versus oposición. La oposición dijo que el gobierno se había gastado más de un millón de pesetas al mes en gastos de protocolo.

Tenemos que ser más eficaces dentro de los marcos que enmarcan la ley todavía en vigor.

17. Sustituya en el siguiente texto las locuciones empleadas por términos más simples:

El partido de hoy es crucial. A falta del buen estado de ánimo de los jugadores, el entrenador hizo lo posible para levantar la moral del equipo, de cara al encuentro de esta tarde. Sin embargo, y como consecuencia de la baja de los mejores goleadores de la cantera, creo que será muy difícil ganar el partido, a no ser por medio de otros métodos menos deportivos.

18. Señale las redundancias que encuentre en las siguientes oraciones y sustitúyalas por otros vocablos o expresiones más adecuadas:

Llegó aterido de frío y bajó a la bodega, para entrar en calor.

La base fundamental de nuestro triunfo se basa en moderar el discurso, sin llegar a casos muy extremos.

La experiencia de estos países es un ejemplo práctico de derroche del erario público, al no prever con antelación la crisis económica.

19. Indique la procedencia de los siguientes términos y señale si son xenismos o no:

cocktail	nylon	office
parquet	partenaire	stand
glamour	pedigree	confetti
amateur	flash	status

20. Sustituya por otros vocablos o adapte a nuestro léxico, según los casos, las palabras del ejercicio anterior.

21. Obsérvese el uso que se hace de distintos tipos de letra en los siguientes ejemplos; justifíquelo.

Leopoldo Alas, *Clarín*, es el autor de *La Regenta*.

Debes buscar estas palabras en el DRAE.

Para celebrar tan inesperado acontecimiento, brindaron con *champagne* francés.

Clarín murió en 1901.

Se subió en su *amoto y se fue*.

VILLENA PONSODA, J. A., *El vocalismo del español andaluz. Forma y sustancia*, Málaga, Universidad, 1987.

Copie el capítulo XV de este libro.

La letra *q* solo se emplea para representar al sonido /k/ delante de las vocales *e, i*, y para ello necesita ir acompañada de una *u* que no se pronuncia.

Se consideraba a sí mismo un *snob*.

BIBLIOGRAFÍA

ABAD, Francisco: «Leísmo, laísmo: explicaciones y datos históricos», *Philologica hispaiensia in honorem Manuel Alvar,* II (Lingüística), Madrid, Gredos, 1985, págs. 11-20.

ALARCOS LLORACH, Emilio: *Gramática de la lengua española,* Madrid, Espasa-Calpe, 1994.

ALCINA FRANCH, J., y BLECUA, J. M.: *Gramática Española,* ed. Ariel, Esplugues de Llobregat (Barcelona), 1975.

ALFARO, Ricardo: *Diccionario de anglicismos,* Madrid, Gredos, 1970.

ALONSO, Dámaso: *Del Siglo de Oro a este siglo de siglas,* Madrid, Gredos, 1968.

ALVAR, M.; BADÍA, A.; BALBÍN, Rafael de, y CINTRA, Luis Felipe (dirs.): *Enciclopedia lingüística hispánica, II, Elementos constitutivos y fuentes,* Madrid, CSIC, 1967.

ALVAR EZQUERRA, Manuel: «El acortamiento de palabras», en Manuel Alvar Ezquerra y Aurora Miró Domínguez, *Diccionario de siglas y abreviaturas,* Madrid, Alhambra, 1983, págs. 3-25.

— *La formación de palabras en español,* 3.ª ed., Madrid, Arco/Libros, 1996.

ALVAR EZQUERRA, Manuel, y MEDINA GUERRA, Antonia M.ª: *Manual de ortografía española,* Barcelona, Biblograf, 1995.

ALZUGARAY, J. J.: *Diccionario de extranjerismos,* Madrid, Dossat, 1985.

BARALT, Rafael María: *Diccionario de galicismos,* Madrid, Imprenta Nacional, 1855.

BELLO, Andrés: *Gramática de la lengua castellana destinada al uso de los americanos,* edición crítica de Ramón Trujillo, Instituto Universitario de Lingüística Andrés Bello, ed. Cabildo Insular de Tenerife, 1981.

BELOT, A.: *L'espagnol aujourd'hui. Aspects de la créativité lexicale en espagnol contemporain*, Perpiñán, ed. du Castillert, 1987.

CARNICER, Ramón: *Desidia y otras lacras del lenguaje de hoy*, Barcelona, Planeta, 1983.

CARRETER, Lázaro: *Diccionario de términos filológicos*, Madrid, Gredos, 1984.

CASADO VELARDE, Manuel: «Creación léxica mediante siglas», *Revista española de lingüística*, 9-1, 1979, págs. 67-88.

— «Notas sobre el léxico periodístico de hoy», en VV.AA., *El lenguaje en los medios de comunicación*, Zaragoza, Asociación de la Prensa de Zaragoza, 1990, págs. 49-72.

CASTRO, Américo: «Los galicismos», en *Lengua, enseñanza y literatura*, Madrid, Victoriano Suárez, 1924, págs. 102-139.

Diccionario general ilustrado de la lengua española, Barcelona, Biblograf, 1987.

Diccionario ideológico de la lengua española, Barcelona, Biblograf, 1995.

Diccionario manual Vox lengua española. Sinónimos y antónimos, 8.ª ed., Barcelona, Biblograf, 1994.

FERNÁNDEZ RAMÍREZ, Salvador: *Gramática española*, Madrid, Arco/Libros, 1951

— *Problemas y ejercicios de gramática*, Madrid, Arco/Libros, 1987.

FERRECCIO PODESTÁ, Mario: «Una cuestión ortográfica: la tilde en los disílabos con vocal débil en hiato», *Español actual*, 7, 1966, págs. 6-7.

GARCÍA YEBRA, Valentín: *Teoría y práctica de la traducción*, Madrid, Gredos, 1982.

GILI GAYA, Samuel: *Curso superior de sintaxis Española*, Barcelona, Biblograf, 1970.

GÓMEZ TORREGO, Leonardo, *Teoría y práctica de la sintaxis*, Madrid, Alhambra, 1985.

— *Manual del español correcto*, 5.ª, Madrid, Arco/Libros, 1992.

HOYO, Arturo del: *Diccionario de palabras y frases extranjeras*, Madrid, Aguilar, 1988.

LAPESA, Rafael: «Sobre los orígenes y evolución del leísmo, laísmo y loísmo», *Festschrift Walther von Wartburg*, II, Tubinga, 1968, págs. 549-551.

— *Historia de la lengua española*, (9.ª ed., Madrid, Gredos, 1981), 5ª reimpr., Madrid, Gredos, 1986.

LINARES, Mario: *Estilística. Teoría de la puntuación. Ciencia del estilo lógico*, 2.ª ed., Madrid, Paraninfo, 1979.

LLORENTE MALDONADO DE GUEVARA, Antonio: «Desviaciones de la norma léxica del español: barbarismos, vulgarismos, semicultismos y otras incorrecciones», en *Actas de las II Jornadas de Metodolo-*

gía y *Didáctica de la Lengua y Literatura Españolas*, Cáceres, Universidad de Extremadura, 1991, págs. 71-99.

LORENZO, Emilio: «Pronunciación inestable», en *El español de hoy, lengua en ebullición,* 4.ª ed., Madrid, Gredos, 1994, págs. 156-167.

— *Anglicismos hispánicos*, Madrid, Gredos, 1996.

MARTÍNEZ DE SOUSA, José: *Diccionario internacional de siglas y acrónimos*, Madrid, Pirámide, 1984.

— *Diccionario de ortografía*, Madrid, Ediciones Generales Anaya, 1985.

— *Diccionario de ortografía técnica*, Madrid, Fundación Germán Sánchez Ruipérez, 1987.

MARTÍN VIVALDI, G.: *Curso de redacción*, 20.ª ed., Madrid, Paraninfo, 1986.

MARSÁ, Francisco: *Diccionario normativo y guía práctica de la lengua española*, Barcelona, Ariel, 1990.

POLO, José: *Ortografía y ciencia del lenguaje*, Madrid, Paraninfo, 1974.

PRATT, Chris: *El anglicismo en el español peninsular contemporáneo*, Madrid, Gredos, 1980.

REAL ACADEMIA ESPAÑOLA, *Esbozo de una nueva gramática de la lengua española*, (Madrid, Espasa-Calpe, 1973), 13.ª reimpr., Madrid, Espasa-Calpe, 1991.

— *Ortografía*, 2.ª ed., Madrid, Imprenta Aguirre, 1974.

— *Diccionario de la lengua española*, 21.ª ed., Madrid, Espasa-Calpe, 1992.

RODRÍGUEZ GONZÁLEZ, Félix: «El género de las siglas», *Revista de Lingüística*, 14, 2, 1984, págs. 311-366.

— «La derivación de las siglas», *Boletín de la Real Academia Española*, 69, 1989, págs. 211-255.

ROSENBLAT, Ángel.: *Las nuevas normas ortográficas y prosódicas de la Academia Española*, Madrid, Oficina de Educación Iberoamericana, 1970.

SECO, Manuel: «Repensar la ortografía», *Arbor*, n.º 350 (febrero), 1975, págs. 97-106.

— «El léxico de hoy», en Rafael Lapesa (coord.), *Comunicación y lenguaje*, Madrid, Karpos, 1977, págs. 183-201.

— *Diccionario de dudas y dificultades de la lengua española* (9.ª ed., Madrid, Espasa-Calpe, 1986), 9.ª reimpr., Madrid, Espasa-Calpe, 1995.

STONE, H.: «Los anglicismos en España y su papel en la lengua oral», *Revista de Filología Española*, 41, 1957, págs. 141-160.

Índice Alfabético de las Formas Citadas

279

282

293

GLOSARIO

ABREVIAMIENTO: Reducción del cuerpo fónico de una palabra.

ABREVIATURA: Representación de una palabra en la escritura con la supresión de una o varias de sus letras.

ACENTO PROSÓDICO: Pronunciación más intensa de una sílaba respecto de las de más en una palabra.

ACUSATIVO: Caso de la declinación latina, y de otras lenguas, que equivale habitualmente en español al complemento directo. Cfr. *dativo*.

ADYACENTE: Elemento sintáctico que guarda una relación de inmediatez con otro.

AFECTACIÓN: Falta de sencillez y naturalidad en el discurso.

AGENTE: Complemento agente. Persona, animal o cosa que realiza la acción verbal.

ALOLINGÜE: Persona que en su comunicación habitual utiliza más de una lengua.

ANACOLUTO: Desvío de la construcción sintáctica de un período oracional producido por la expresión de un pensamiento repentino, causando una incoherencia gramatical.

ANÁFORA: Referencia significativa de ciertas palabras en el discurso a otras mencionadas con antes.

ANALOGÍA: Semejanza entre los elementos lingüísticos que desempeña igual función o tienen entre sí alguna coincidencia significativa.

ANGLICISMO: Palabra o construcción sintáctica propia de la lengua inglesa.

ANTECEDENTE: Sustantivo, adjetivo, pronombre u oración a que hacen referencia los pronombres relativos.

ASIMILACIÓN: Alteración de las características de un sonido o de una palabra por influencia de otro u otra.

CACOFONÍA: Repetición malsonante o poco estética de un mismo sonido, o de un grupo de sonidos.

CAMPO SEMÁNTICO: Conjunto de términos que se refieren a un mismo orden de realidades o ideas.

CARÁCTER DIACRÍTICO: Valor especial que confiere un signo gráfico a los signos escritos.

CATÁFORA: Referencia significativa de ciertas palabras en el discurso a otras que se mencionan más adelante.

CATAFÓRICO: Ver *elemento catafórico*.

CLÍTICO: Palabra átona que se pronuncia unida a la anterior o posterior.

COLECTIVO: Sustantivo que, normalmente empleado en singular, se refiere a un número indeterminado de personas o cosas.

COMPARATIVO ANALÍTICO: Grado del adjetivo que expresa comparación con la misma cualidad referida a otro sustantivo y que se formula con las expresiones *tan...como* (para el de igualdad), *más...que* (para el de superioridad), *menos...que* (para el de inferioridad).

COMPARATIVO SINTÉTICO: Grado del adjetivo que expresa comparación con la misma cualidad referida a otro sustantivo y que se construye con una sola palabra procedente de las mismas formas correspondientes del latín.

COMPOSICIÓN: Mecanismo por el cual se forman palabras uniendo a una simple otra íntegra o parcialmente modificada.

COMPUESTO POR CONTRAPOSICIÓN: Palabra compuesta que se escribe unida mediante un guión.

COMPUESTO POR DISYUNCIÓN: Palabra compuesta que no se ha soldado gráficamente, pero que constituye una unidad léxica.

COMPUESTO POR YUXTAPOSICIÓN: Palabra compuesta cuyos elementos están unidos gráficamente.

COMPUESTO: Palabra que resulta de la composición.

CONCORDANCIA: Relación interna entre los elementos de la oración que consiste en la igualación de género y número, o de número y persona cuando hay un verbo.

CONSONANTES GEMINADAS: Consonantes pronunciadas en dos momentos de tal manera que pertenecen a sílabas distintas.

DATIVO ÉTICO: Pronombre personal átono innecesario que se emplea para significar que la persona representada por él está interesada en la acción verbal.

DATIVO: Caso de la declinación latina, y de otras lenguas, que equivale en español habitualmente al complemento indirecto. Cfr. *acusativo*.

DESINENCIA: Morfema flexivo.

DETERMINANTE: Palabra que va situada junto al sustantivo y sirve para delimitar su referencia (artículo y pronombres).

DIACRÍTICO: Ver *carácter diacrítico*.

DIPTONGO: Unión de dos vocales en una sola sílaba.

DIPTONGO TÓNICO: Diptongo sobre el que recae el acento prosódico u ortográfico.

DISCORDANCIA: Ruptura de la concordancia gramatical.

DISIMILACIÓN: Alteración de las características de un sonido o palabras para diferenciarlo de otro u otra.

ELEMENTO CATAFÓRICO: Aquel que anticipa una parte del discurso que aún no ha sido enunciada, pero que va a expresarse a continuación.

ENCLÍTICO: Palabra átona que para su pronunciación se une a la anterior formando con ella una sola, como sucede en español con los pronombres que van detrás del verbo.

EPÉNTESIS: Adición de un sonido en el interior de una palabra.

EXTRANJERISMO: Palabra o construcción sintáctica que se toma de otra lengua.

FLEXIÓN: Variación que experimentan las palabras para expresar su función, concordancia, etc., mediante el cambio de desinencias.

FLUIDEZ: Calidad del lenguaje o estilo que no cae en la afectación.

FORMA SINTÉTICA: Palabra que se construye por medio de morfemas.

FORMANTE: Elemento de la palabra que señala las variaciones gramaticales o estilísticas que afectan a su parte significativa (género, número, persona, grado, prefijo, sufijo, interfijo).

GALICISMO: Palabra o construcción sintáctica propia de la lengua francesa.

GRADO: Forma de expresar la intensidad relativa de los adjetivos y adverbios.

HIATO: Encuentro de dos vocales que pertenecen a sílabas distintas.

ITALIANISMO: Palabra o construcción sintáctica propia de la lengua italiana.

LAÍSMO: Empleo de las formas *la/las* del pronombre átono de tercera persona en lugar de *le/les* para desempeñar la función de complemento indirecto referido persona de género femenino.

LEÍSMO: Empleo de la forma *le* del pronombre átono de tercera persona en lugar de *lo* y *la* para desempeñar la función de complemento directo.

LEXICALIZACIÓN: Proceso que consiste en la incorporación al léxico general de un término especializado, o en el paso de una forma gramatical a unidad léxica con autonomía propia.

LÉXICO PATRIMONIAL: El que pertenece a la tradición de un idioma.

LOCATIVO: Elemento que expresa fundamentalmente la relación de lugar en donde algo está o se realiza.

LOCUCIÓN: Grupo de palabras que tiene significado independiente del de esas palabras utilizadas aisladamente.

LOÍSMO: Empleo de las formas *lo/los* del pronombre átono de tercera persona en lugar *le/les* para desempeñar la función de complemento indirecto.

MARCA FUNCIONAL: Rasgo o señal que indica la función que realiza un elemento dentro de una expresión o de un enunciado.

METAPLASMO: Alteración de la estructura habitual de las palabras, bien por adición, supresión, transposición de sonidos o contracción de dos de ellos.

MORFEMA: Unidad mínima de significado que expresa relaciones o categorías gramaticales.

MULETILLA: Vocablo o frase repetida reiteradamente en la conversación.

NEXO: Elemento lingüístico que sirve para unir a otros dos.

ORACIÓN DESIDERATIVA: La que, atendiendo a la actitud del hablante, expresa deseo.

ORACIÓN IMPERSONAL: La que carece de sujeto explícito, porque se desconoce, se calla intencionadamente o se omite por carecer de interés.

ORACIÓN SUBORDINADA: La que depende lógica y gramaticalmente de otra llamada principal.

ORACIÓN SUBORDINADA ESPECIFICATIVA: La que aporta un detalle fundamental delimitador de la extensión del antecedente al que se hace referencia a través del pronombre relativo. No va separada por coma.

ORACIÓN SUBORDINADA EXPLICATIVA: La que solo es un desarrollo o suplemento del antecedente, y de la que se podría prescindir sin alterar su significado. Va separada por coma.

PALABRA COMODÍN: Vocablo que se utiliza en diversos contextos y cuyo abuso denota pobreza expresiva.

PASIVA REFLEJA: Construcción oracional de significado pasivo en la que el verbo en forma activa aparece en tercera persona, precedido por *se* y sin complemento agente.

PERÍFRASIS VERBAL: Construcción gramatical formada por un verbo auxiliar más un infinitivo, gerundio o participio del verbo auxiliado.

PEREGRINISMO: Voz extranjera que no se puede reemplazar al no existir palabras patrimoniales que puedan sustituirlas.

PLURALIA TANTUM: Palabra con forma plural que no admite nunca el singular.

POSITIVO: Grado del adjetivo o del adverbio que expresa su significación sin ningún matiz de intensidad.

PRÉSTAMO: Palabra extranjera que el hablante no siente como tal, por estar plenamente incorporada al idioma.

PROCLÍTICO: Palabra átona que para su pronunciación se une a la siguiente (artículo, pronombres posesivos, preposiciones, etc.).

QUESUÍSMO: Uso incorrecto de la forma *que* seguida de un posesivo, en lugar del pronombre relativo *cuyo*.

RECIPROCIDAD: Cambio mutuo de acción entre dos o más personas, animales o cosas.

REDUNDANCIA: Repetición superflua de un concepto.

SIGLA: Tipo de abreviatura de nombres propios, especialmente de empresas, organismos, marcas, etc.

SIGLA CONSONÁNTICA: Aquella en la que se deletrean las iniciales que la componen.

SIGLA IMPROPIA: Aquella en la que las iniciales se toman no solamente de las palabras con significado propio, sino también de las preposiciones y conjunciones que integran el desarrollo completo.

SIGLA PROPIA: Aquella en la que las iniciales se toman únicamente de las palabras con significado propio que integran su desarrollo.

SIGLA SILÁBICA: Aquella en la que no se deletrean las iniciales, sino que se lee o pronuncia por sílabas.

SINGULARIA TANTUM: Palabra con forma singular que no admite nunca el plural.

SINTAGMA: Grupo gramatical que tiene un valor unitario en una oración.

SUJETO EXPLÍCITO: El que está formulado en una oración.

SUJETO GRAMATICAL: El que aparece referido al verbo a través del morfema de persona.

SUJETO IMPLÍCITO: Sujeto gramatical.

SUJETO PACIENTE: Sujeto de un verbo expresado en voz pasiva; es el que recibe la acción verbal.

SUJETO PASIVO: Sujeto paciente.

SUPERLATIVO ANALÍTICO: Grado del adjetivo o del adverbio que expresa su significación en su máxima intensidad y que se formula con la forma *muy* más el adjetivo o adverbio en grado positivo.

SUPERLATIVO SINTÉTICO: Grado del adjetivo o del adverbio que expresa su significación en máxima intensidad y que se formula con una sola palabra que lleva el sufijo *-ísimo* o, en algunos casos, *-érrimo*, o con una palabra diferente a la del grado positivo.

SUPLEMENTO: Función sintáctica que se expresa por medio de un sintagma preposicional cuya preposición viene exigida por el verbo.

TRUNCAMIENTO: Abreviamiento.

ULTRACORRECCIÓN: Deformación de una palabra por interpretar como incorrecta una forma correcta.

VERBO AUXILIADO: Forma no personal del verbo que en la conjugación de los tiempos compuestos y en las perífrasis verbales aparece en segundo lugar y lleva toda la carga significativa.

VERBO AUXILIAR: El primer elemento que forma parte de los tiempos compuestos y de las perífrasis verbales; en estas pierde todo o parte de su significado original.

VERBO INCOATIVO: El que expresa comienzo de una acción.

VERBO UNIPERSONAL: El que tiene valor impersonal y se expresa solo en tercera persona del singular.

XENISMO: Voz extranjera cuyo empleo no está justificado, ya que pueden encontrarse con facilidad palabras patrimoniales con su mismo valor.